全球化与世界史

[日]羽田正 著
葛兆光 导读
孙若圣 译

复旦大学出版社

中文版发行寄语

羽田正

拙著《全球化与世界史》(日语题名：『グローバル化と世界史』)2018年3月末在日本出版。之后两年,中译本已备付梓。在此谨对向复旦大学出版社推荐拙著的葛兆光教授、了解译者的张厚泉教授以及译者孙若圣副教授表示感谢。特别是译者在繁忙的大学教务工作之余,迅速完成了译稿,在此向他的全力付出表示衷心的感谢。

两年的时间似乎只是弹指一挥,但在此期间,世界的样貌发生了巨大变化。"本国优先"主义的势头越发强盛,2020年各国应对新冠病毒(COVID-19)危机的方式便是明证。本次新冠传染病大流行中,世界作为整体受到了巨大的影响,各国理应互相合作,共同面对这一棘手的病毒。然而事实如何呢？各国政府始终只实行守护本国及本国国民利益的政策,对外则一再批判其他国家及国际组织。在国际政治的层面上,可以说几乎看不到任何共同抱着"地球居民"意识,相互协调地应对这一危险的传染病的行动。

在本书中，笔者主张世界上的人们需要保有强烈的"地球居民"意识，相互协作，以应对当今的全球化以及全球化所带来的社会、自然环境的剧烈变化等课题，并提议朝着这样的方向重新思考对世界史的理解与叙述。笔者认为，正是在难以实现世界性的协调态势的当下，本书可以在已成长为世界大国的中国出版才具有非常重大的意义。

疾病肆虐期间，政府间的合作并未如预期般展开，但民间层面出现了暖人心脾的交流。比如 2020 年 1 月末 2 月初，彼时新冠尚被认为是中国的国内问题，日本的民间团体向中国输送了包括口罩在内的医疗用品等大量支援物资。装载物资的箱子上写着"山川异域，风月同天"，触动了中国人民的心弦。之后经过了两个月，日本的感染情况愈发严重，商店里的口罩发生断供。虽然政府呼吁民众佩戴口罩，但是民众根本无处求购，无计可施，这样的状态持续着。危机之中，这次是中国人民向日本送来了大量支援物资。我供职的东京大学也收到了来自中国的众多慈善人士及友好人士的口罩，在此向他们表达诚挚的谢意。作为校方代表接受支援物资时，我确信在民间层面，人们完全可以作为地球居民，超越国境进行交流。如果可以与阅读这本书的汉语圈读者一起，追求以地球居民意识为基础的世界史理解与叙述，并且进行坦诚的对话与协作，那么我将感到莫大的喜悦。

我在书中亦有提及，这是我首次在意识到书稿将被译为外语的情况下执笔写作。在此之前，使用日语写作时，我总是不自觉地将读者设定为能够读得懂日语的人。在这种前提下，我自然地认为无须对日语深厚的知识体系或者日语特有的语境和词汇进行格外说明。然而，如果把这样的文章原封不动地翻译为外语，恐怕读者很难完全理解文中想表达的意思。就本书的主题"世界史"而言，当书写语言发生变化时，该词的含义也同样会发生变化。既然我在书中叙述的内容不仅关系到日本，同样也关系到世界各国，那么就有必要让生活在世界各地的读者都能理解我的论点。

因此，在撰写本书时，我致力于细致地说明与叙述，以便不熟悉日语知识体系、甚至不理解日语的读者充分理解本书的内容。即便如此，由于中日两国在政治与科研的关系及大学的组织形式方面存在差异，中国读者恐怕也很难理解书中的某些部分，如序章中对于日本的科研相关政策制度的论述等。因此，希望读者不要拘泥于微小的细节，能够理解我所主张的方向性议题就再好不过了。

本书中强调的其中一个要点，是不通过英语来进行国际学术交流的重要性。中日两国一衣带水，又共同使用汉字，在这种情况下，两国知识分子特意使用英语进行讨论实非最善之策。当然，这并非否定英语作为国际通用语言的便捷性。本书得以在中国出版，意味着汉语圈的读者可以不以英语为中介，直接接触日语写作的研究成果。书中所强调的非英语母语群体之间直接的知性交流借由本书的出版实现,我对此甚感高兴。

想必会有读者通过阅读本书,开始关心地球居民的归属意识、新世界史的解释与叙述、全球人文科学等问题集合。我一直盼望,有一天可以和读者们进行直接交流。

2020 年 7 月

目　录

导读 …………………………………………………………… 1
序章　全球化时代的历史学 …………………………… 29
　第一节　"了解过去"的意义 ……………………………… 29
　第二节　历史认识 ………………………………………… 34
　第三节　全球化 …………………………………………… 44

第一部分
人文社会科学与现代世界

第一章　人文社会科学的"国际化" …………………… 59
　第一节　来自文部科学省的"国际化"要求 …………… 59
　第二节　"国际化"的现实和必要性 …………………… 65
　第三节　人文社会科学的定义 …………………………… 70
第二章　人文社会科学中的默会知识 ………………… 74
　第一节　德国与日本的人文科学体系 …………………… 75

第二节　西欧与日本人文科学的默会知识 ……… 86
　　第三节　亚洲研究的默会知识 ……………………… 93
第三章　知识的多元化与语言 …………………… 108
　　第一节　人文社会科学与其所用的语言 ………… 108
　　第二节　人文社会科学和知识体系 ………………… 115
第四章　全球化时代的人文社会科学 …………… 129
　　第一节　作为世界通用语的英语 ………………… 129
　　第二节　今后日本的人文社会科学 ………………… 136

第二部分
新世界史与全球史

第五章　世界史谱系与新世界史 ………………… 155
　　第一节　"世界史"一词的谱系与意涵 ………… 155
　　第二节　新世界史 …………………………………… 168
第六章　多样化的全球史(Global History) ……… 178
　　第一节　各国的全球史 ……………………………… 178
　　第二节　日语中的全球史 …………………………… 184
　　第三节　英语中的"World History"与"Global History" ……………………………………………… 191
第七章　作为全球人文社会科学的"Global History" …… 201
　　第一节　康拉德的"Global History" …………… 201
　　第二节　作为全球人文社会科学的世界史 ……… 212

第八章 全球史的可能性 ············· 220
第一节 近代化和外籍雇员 ············ 220
第二节 21世纪构想谈话会 ············ 223
第三节 世界遗产——长崎教堂建筑群 ······ 226
第四节 甘肃省石窟寺院调研 ··········· 229
第五节 柏林的德国历史博物馆 ········· 232

第九章 为推进新世界史描绘的四张全景图 ······ 236
第一节 实际描绘的全景图 ············ 236
第二节 1700年的世界 ··············· 240
第三节 1800年的世界 ··············· 256
第四节 1900年的世界 ··············· 265
第五节 1960年的世界 ··············· 276
第六节 我们所处的位置与未来的图景 ····· 283

终章 为了连接未来的新世界史 ············ 300
第一节 新世界史与全球史 ············ 300
第二节 基于日语的知识与基于英语的知识 ···· 306

后记 ································ 312

译后记 ······························ 318

导　读

葛兆光

引言：思考世界史研究的"暗默知"

历史学家的职业，就是回顾以往的世界、国家和人们走过的路，所以，一个好的历史学家一定会追根究底，不仅追溯历史本身，而且追溯历史叙述的来龙去脉。也就是说，当他反思历史的时候，也质疑形成历史论述的基本依据：第一，为什么历史这样变化而不是那样变化？第二，为什么历史要这样论述而不那样论述？第三，为什么我们要相信这个历史论述，而不相信那个历史论述？英国的历史学家柯林伍德（Robin George Collingwood，1889—1943）在《自传》（*An Autobiography*）中，就曾经用比喻来批评某些学者，说他们总是不提供有关历史论述的根基，这就如同告诉读者"世界放置在一头大象的背上。但他希望人们不再追问，支撑大象的东西是什么"①。有意思的是，这个比喻和

---

① R. G. Collingwood, *An Autobiography*, 1939, p.87.（中译本《柯林伍德》，陈静译，中国社会科学出版社1993年版）。

中国宋代理学家程颐的故事很接近,《伊洛渊源录》中记载程颐面对着桌子思考时,也向他的老师追根究底:"此卓安在地上,不知天地安在甚处?"不过,和柯林伍德所说的那些历史学家不同,据说程颐的老师给了他答案,也给了他启迪。①

我读日本著名学者羽田正(1953—)教授的《全球化与世界史》时,就感觉到,当一个历史学家开始反思,而且这种反思不只是针对历史,更是针对历史论述的根基的时候,他就不得不追问"支撑大象的东西"或者"天地安在甚处",同时也不得不对过去习以为常的历史论述,做一番重新检讨。在写这部书的时候,我想,羽田正所面对的,不只是日本明治、大正、昭和、平成以来百余年的学术积累,他也不得不面对19世纪以来全球的现代历史学传统,甚至还要重新检讨当前,也就是21世纪全球人文社会科学的基本预设。在书中,他把这个"安放天地"或"支撑大象"的"基本预设",叫作"暗默知"(あんもくち,本书译为"默会知识")。我查了一下词典,"暗默知"在英文中是"tacit knowledge",也就是我当年在《中国思想史·导论》中说的"不言而喻的预设"②。

---

　　① 《伊洛渊源录》卷一《遗事》,《丛书集成》本,商务印书馆1936年版,第3—4页。
　　② 参见葛兆光《七世纪前中国的知识、思想与信仰世界——中国思想史第一卷》(复旦大学出版社1998年版)"导论"第三节"'道'或'终极依据'"。羽田正在本书中,也同样将这个"暗默知"解释为"不需要特意检证的前提"(第二章)。

据说,这个词是一个叫波兰尼(Karl Polanyi)的学者在1958年提出来的。不过,羽田正特意解释说,"暗默知"不仅有"知识"(knowledge),还有"意识"(consciousness),也就是说,这个"暗默知"应当是在所有的知识、经验和直觉之下,支撑着一切理解的前提。这个"安放天地"或"支撑大象"的东西,在哲学家看来,似乎有点儿像伽达默尔(Hans-Georg Gadamer,1900—2002)所谓的"前理解"(Vorverstandnis)。

那么,在羽田正面对的世界史研究领域中,他觉得需要反思的"暗默知"是什么呢?

一、在全球化背景中:日本人文社会科学的处境

正如书名《全球化与世界史》所显示的,羽田正思考世界史的问题意识,首先与当下的全球化趋势有关。

当然,现在全球化(globalization)已经出现了种种问题,2020年的新冠肺炎疫情也凸显了全球化的困境,甚至有人预言,一个"逆全球化的时代"即将到来。但是无论如何,15世纪以来的近六个世纪,仍然可以看作全球化的时代,因为在历史学家看来,全球化首先就是一个历史过程。按照我的理解,如果说15世纪的大航海揭开了全球化的序幕,那么,从16世纪中叶欧洲传教士来到日本和中国开始,东亚就逐渐被整编到早期全球化历史过程中了。在这个漫长的全球化历史过程中,同在东亚的日本,比中国更加迅速地融入了世界。也许,这是因为日本并不像中国那样,对异

文明有"整体主义"和"改造主义"的传统①,日本的"受容"和"变容"往往采取实际态度。无论是早期接受汉唐宋的华夏文化,还是16世纪后期相当令人震撼的天主教皈依潮(当然也有后来的禁教),无论是流行、实用的南蛮医学或兰学(当然江户时代还有更重要的程朱理学),还是也可以叫作"睁开眼睛看世界"的如新井白石(1657—1725)的《西洋纪闻》《采览异言》和西川如见(1648—1724)的《增补华夷通商考》,都是如此。我们看到早在明治维新之前,日本就曾积极地拥抱世界,这一点似乎比中国、朝鲜和越南更迅速、更顺畅。尽管明治时期也有过"脱亚入欧"和"亚洲主义"的一波三折,但总的来说,这100多年里,日本显然比中国更愿意融入源自近代欧洲的国际秩序,特别是在如今,这个全球化(日本通常用"グローバル化"直接翻译英文"globalization")对于日本来说,似乎已经是不可阻挡的大趋势。

确实是这样。作为日本首屈一指的东京大学曾经的主管外事的常务副校长,同时也作为一个深知国际学术资讯

---

① 历史上中国强烈的"天朝意识"和"华夷思想",使得中国对于本土文化怀有很强的自信,对外来文化则相当警觉,由于传统中国思想文化的独立性与自主性相当牢固,对于外来思想与文化总是要采取"整体主义"的理解(也就是追求道与器、本与末的贯通)与"改造主义"的接受方式(如"格义""注疏"的方式)。这一点请参看葛兆光《"王权"与"神佛":日本思想史的两极》(《读书》2020年第5期),该文是给末木文美士《日本思想史》(岩波书店2020年版)写的书评。

的世界史学者,羽田正在书中列举的若干日本学界的现象,就说明日本——无论是官方还是学界——在面对全球化的潮流时,都曾经试图大力推动日本科学与人文的"国际化"。而为了这种"国际化",日本政府和有关机构也曾使出浑身解数,包括推动大学的国际排名,争取更多的诺贝尔奖,增加人文社会科学在国际上的话语影响等。这在日本似乎已经是不言而喻、天经地义的共识。但还是让我有些吃惊的是,羽田正在书中提到,日本官方居然会发出"日本大学全球化的迟滞程度已达危机"这样的严重警告,而著名的学术振兴会,甚至罕见地直接指责日本的人文学者,"在当今国际化的时代中,大多数研究者不能自如运用英语(或相应的语言),这一现状乃是日本人文科学的致命弱点"。日本的这种似乎不能融入全球化,就等于自绝于世界的危言耸听,看上去是那么焦虑和紧张,这让我想起当年中国曾经流行过的"会被开除球籍"等言论。

可问题是,全球化就是国际化吗?国际化就是西方化吗?日本人文社会科学要进入世界知识系统,就必须用英文(或相应的语言)写作吗?日本的人文社会科学难道一定要有和西方学界一样的问题意识和论述策略吗?显然,羽田正对于全球化,尤其是日本人文社会科学领域追求的国际化趋势,保持着冷静的思考立场和批判态度。我与羽田正有十几年的交流,据我了解,他是一个坚定的世界主义者,他当然知道在全球化时代,人们必须超越国界去思考,也当然知道人文社会科学确实需要具有宽广的国际视野和国际共通的问题意识,只有这样,学术才能融入国际语境,这也就是中国学者熟悉的所谓"预流"①。不过,同时他也特别警惕,为什么人文社会科学的学术国际化就是欧美化?为什么这个国际化不是他化过来,而偏偏是我化过去?为什么日本人文社会科学学者不能用日语表达日本的思考,而一定要用英文?换句话说,这种人文社会科学的全球化趋向,会不会使得日本从此失去"主场",也失去自己的"言说"?

更何况,欧洲人文社会科学本身所包含的"暗默知",也就是需要反省的思考前提,其实存在偏见,未必那么适合"世界公民"或者"地球居民"。那么,为什么日本的人文社会科学学者一定要完全接受它呢?具体到世界史研究来说,就是当日本学者撰写世界史的时候,他怎样才能避免来自欧洲学界的"暗默知",使得这个世界史既有全球的视野和世界的眼光,又具有日本学者和日本语言才能呈现的论述立场和问题意识呢?

二、"暗默知":人文科学术难以回避的前提

在第二章里,羽田正曾提到他的一次经验。

---

① "预流"是中国著名历史学家陈寅恪的名言,见陈寅恪:《陈垣敦煌劫余录序》,载氏著:《金明馆丛稿二编》,生活·读书·新知三联书店2001年版,第266页。

2015年,他在德国某大学参加为了"Excellence Initiative"(卓越创造)计划而召开的全球有识之士座谈会。他注意到,德国大学人文社会科学研究领域的学科分类表分成五列。其中,第二列是"文化人类学""印度学及比较宗教学""中国学""朝鲜学""日本学""伊斯兰及东方学",而第三列是"古代史""中世史""近世史""近代史""地域史""东欧史"。这表明,在德国同行的心目中,"本国与'欧洲'的相关研究纳入一个体系,并将该体系与'非欧洲'相关的研究明确地进行区分,而这种区分最终形成了学科领域二元对立式的体系化"。羽田正把德国的这种学科体系与日本进行了比较,众所周知,日本从明治时代那珂通世(1851—1908)提议之后,历史学已经形成"本国史""东洋史"和"西洋史"的三分天下的局面①,尽管东京大学的历史学科以及现代日本的历史学从一开始就深受德国学者路德维希·里斯(Ludwig Riess)的影响,但毕竟东京大学是日本的大学,所以,它还是形成了和德国不同的历史分类,而在这两个不同的历史分类背后,就有欧洲和日本各自都未必自觉的"暗默知"。

学科分类本身的意义,就是为了给知识建立秩序,而建

---

① 那珂通世将历史分为本国、东洋和西洋的三分法产生了重要的影响。那珂通世的传记是日本有名的学者三宅米吉写的,他也认为,这个三分历史观是那珂通世的最大成就。见田中正美:「那珂通世」,江上波夫编:『東洋学の系譜(1)』,大修館書店,1992年,2頁。

立知识秩序的背后,则是提供思考的价值和等级。以前,米歇尔·福柯(Michel Foucault,1926—1984)就曾经在《词与物》的前言中,以一个据说是他杜撰的,即所谓赫尔博斯"中国百科全书"(une certaine encyclopédie chinoise)的动物分类①,说明不同文化有不同的知识秩序和观念基础②。也许,正是因为德国(甚至整个欧洲或西方)学术有这样"欧洲 vs.非欧洲"的这种"不言而喻的前提",所以,如今欧美各个大学才有那么特别的"东亚系"。人们很容易注意到,无论是在美国还是欧洲,西方各大学里,往往东亚的历史不在历史系,东亚的文学不在文学系,东亚的思想不在哲学系。羽田正在书中就列举了美国耶鲁大学、英国牛津大学,以及亚洲各大学的"亚洲研究",指出这些大学学科的分类背后,其实都有各自区分"自我"和"他者"的意图。

显然,学科分类并不只是为了院系分类。更重要的

---

① 这个动物的分类是:(1)属于皇帝所有的;(2)进行防腐处理的;(3)驯顺的;(4)乳猪;(5)鳗螈;(6)传说中的;(7)流浪狗;(8)包括在目前分类中的;(9)发疯似的烦躁不安的;(10)数不清的;(11)浑身绘有十分精致的驼毛的;(12)其他等;(13)刚刚打破水罐的;(14)远看像苍蝇的。见[法]米歇尔·福柯:《词与物:人文科学的考古学》,莫伟民译,上海三联书店2016年版,第1页。

② 福柯的《性史》中,也曾经有类似的说法,中译本没有把它叫作"前提",而是把它叫作"共识"。福柯说,这个共识仿佛一个无意识的结构,但是它却是"联结一切修辞、科学与其他话语形式的一种总体关系"。见[法]米歇尔·福柯:《性史》,张廷琛、林莉、范千红等译,上海科学技术文献出版社1989年版。

是,这种"欧洲 vs.非欧洲"的分类,又带来了进步与落后、文明与野蛮、中心与边缘这样的价值区别。正如羽田正所说,"对于当时西欧国家的知识分子来说,他们所属的'欧洲'这一空间,包含了他们所信仰的所有正面价值观,如进步、自由、平等、民主、科学等;与此相对,'非欧洲'则充斥着诸如停滞、不自由、不平等、专制、迷惘等负面的价值。两者虽共存于地球上,但是两个完全异质的空间。(由于)当时西欧国家陆续对非欧洲国家进行了军事征服与殖民统治,这一事实似乎可以为这种二元对立世界观的正确性进行背书。生活在地球上的人类群体,存在毫无理由的优劣之分,其中'欧洲'人在所有方面都优于'非欧洲'人"(第二章)。

具体到世界史的叙述,由于这种"暗默知"不仅包含了知识分类,而且隐含着价值等级,同时也涉及历史叙述的中心和边缘等潜意识或无意识,因此,过去的世界史,常常就是以欧洲为中心,以近代欧洲观念中的文明与野蛮、进步与落后、传统与现代变迁为主轴,也是以历史上欧洲社会的发展阶段的模板为典范来书写的。甚至在历史叙述的概念上,那些从西方语言翻译过来的概念,也会裹挟着来自近代欧洲的知识论和价值观,重新切割和组合着包括东方和西方,也包括了日本的世界历史。这使得19世纪兰克(Leopold von Ranke, 1795—1886)以来的世界史,无论如何变化,它的底色仍然只是以欧洲为中心的世界史。

不过,羽田正又说回日本。他说:"在西欧各国形成体系化的人文社会科学等学科在进入日本后,以'自我'和'他者'的转换为轴心,逐渐本土化,并孕育出了日本人文社会科学独特的性格。"作为日本学者,羽田正为明治以来的日本历史学传统进行辩护,说日本与德国不同,"日本在如何看待理解世界这一问题上,表现出了与德国及西欧殊异的、独特的'暗默知'"(第二章)。由于日本的人文科学意识到"自我"是"日本",除此之外无论是东洋还是西洋都是"他者",此处并没有"欧洲"之于德国那样的另一个"自我",日本认知中的"他者","欧洲"与"非欧洲"各占一半,也就是"西洋史"和"东洋史",日本的世界史领域因此避免了"欧洲vs.非欧洲"这样的尴尬问题。特别是在亚洲研究领域,他说,由于日本学者把亚洲研究的对象设定为除了本国以外的所有亚洲地区,所以他们可以立足于日本,观察世界特别是亚洲。这种独特的立场,源自19世纪末20世纪初形成的、日本式的世界历史认知,也就是把世界分为日本、东方与西方这种历史三分法。

也许这有道理。但是,这里我也有一些疑问:第一,这种历史三分法,也就是把历史分为本国史、东洋史、西洋史的方法,难道没有另一种"暗默知"吗?第二,这种把本国看作"自我",把"西洋"和"东洋"看成两个"他者"的"暗默知"背后,难道没有难以察觉的历史意识和价值观念吗?第三,它真的凸显了"世界上所有区域都具有相同的研究价值"

(第五章)这一认识吗①?

这是我想继续和羽田正教授讨论的问题。

三、如何超越国境:重建全球史/新世界史

现在,让我们来讨论新世界史或全球史,羽田正教授是近年来日本"新世界史"的提倡者,特别是近几年,他的很多著作都在谈论"新世界史"②。

如前所说,从19世纪的兰克以来,以欧洲为重心、以近代欧洲价值尺度为标准、以现代民族国家为单位组合的世界史模式逐渐形成。对于这种世界史,羽田正在另一部著作《面向新的世界史——为了地球市民的构想》(新しい世界史へ——地球市民のための構想)中,已经进行了严厉的批评。在本书第五章"世界史谱系与新世界史"中,他再次提及这些批评,在他看来,日本目前通行的世界史有三个缺陷:第一,(日本)现行的世界史是日本人的世界史,也就是说它只是从日本的角度去看世界;第二,这些世界史强调"自我""他者"的区别与差异,也就是说,总是有一个现代民

---

① 第五章中羽田正又说道:"这是当时西方知识分子对世界的认知方式,即在先进的西方(Occident)与落后的非西方或东方(Orient)这种二元对立的世界观基础上,赋予了日本一个特别的位置,这正是日本独有的世界认知。"

② 除了本书之外,还包括他的著作『新しい世界史へ——地球市民のための構想』(岩波書店,2011年)、英译本 *Toward Creation of a New World History*(trans. by Noda Makito, Japan Publishing Industry Foundation for Culture, 2018),以及羽田正编『地域史と世界史』(ミネルヴァ書房,2016年)、『グローバル・ヒストリーの可能性』(山川出版社,2017年)等。

族国家的框架;第三,现行的世界史并未摆脱欧洲中心史观,包括欧洲中心的价值尺度。

这种批评都很有道理。以现代国家(民族国家或国民国家)为单位的历史叙述,有时候会捉襟见肘,因为某些历史事件放在更大视野中的时候,往往会出现很难解释的矛盾。中国有一个成语叫作"顺理成章",原本在一国史或者单线的世界史中,那些看起来"顺理成章"的历史解释,放在全球史/新世界史的视野中,却出现理解和解释的歧义,并不"顺理成章"了。原因就在于原来的"理",可能并不一定是"放之四海而皆准"的。中国古人所说的"东海西海,心同理同",如果超越国境用全球眼光来看,其实未必可能。近来,我曾用清朝乾隆皇帝八十大寿盛典为例,说明同一事件在中国史、亚洲史和世界史的不同背景下,会有相当不同的理解和评价。[①] 而羽田正也在第八章"全球史的可能性"中,举了一个相当有趣的例子:他参加一个博士生的论文答辩,该生的论文以福柯《规训与惩罚》的思路批判殖民主义,讲述在19世纪末20世纪初的埃及,任监狱总监等职的英、法外籍官员不顾当地埃及人的反对,强行引进了西欧制度,这些外籍官员在埃及史中显然是殖民者的负面形象。然而,这一论述让羽田正联想起日本,就在同一时代,许多

---

① 葛兆光:《朝贡圈最后的盛会——从中国史、亚洲史和世界史看1790年乾隆皇帝八十寿辰庆典》,《复旦学报(社会科学版)》2019年第6期,第21—31页。

西方人作为"外籍雇员"在日本政府任职,他们也同样把西欧及北美的政治制度引入日本,可是,这样做的法国人布瓦索纳德(Gustave Émile Boissonade,1825—1910)在日本甚至被尊称为"日本近代法之父"。他追问道,如果是民族国家框架下的历史,这两起同类事件的不同评价,似乎都是合理的,但是,如果把它们放在超越国境的全球史中,我们该怎样理解和解释呢?

这样的例子很多。比如,建筑未必有特色、历史也未必那么悠久的长崎天主教堂群,凭什么值得列入世界文化遗产?位于中国西北的敦煌和麦积山石窟在14—17世纪的修复,可以算明代中国的事业吗?德国历史博物馆关于"在欧洲中的边界(border)"解说中,有关"德国""历史"与"国境"的说法,是不是可以祛除"自古以来(就有日本)"的"暗默知"?在第八章中,羽田正列举了好些例子,说明在价值观念、历史论述和疆域变迁等问题上,拘泥于"现代国家"立场和遵循"世界视野"的历史是很不一样的,那么,历史究竟应该怎样论述?这确实是值得思考的问题。我们知道,由于19世纪世界史形成的时代,正处于民族国家或者国民国家的形成过程中,历史书写的意义可能主要在于凝聚认同和确立国家,因此这种历史叙述,哪怕是整个世界史的叙述,也必然是默认世界上各个现代国家从传统帝国蜕变出来的合法性和合理性,并且在这样的历史观念下进行历史叙述的;可是,正如我在"从中国出发的全球史"导言中所说①,"历史学总是有两个崇高理想",凝聚认同和确立国家的理想只是其中之一,"也就是通过国别史追溯民族和国家的来龙去脉,让人们意识到,我们是谁?'我们'有一个共同的根,流着同样的血,有着同样的历史"。然而,历史学还应该有另一个崇高理想,那就是培养地球居民的共同意识。正如羽田正所说,现在是全球化的21世纪,不同于主权国家的20世纪,这个时代的全球史或新世界史,希望培养我们所说的"世界公民"。顺便可以说到,"世界公民",或者"global citizen"这个词,羽田正仍然觉得不足以表达超越国家、民族和地域的意味,特别是在日语中,"citizen"与对应的"市民"仍有其微妙的差异,所以,他宁愿接受美国学者的建议,把它称为"residents of the earth"(中文译本把它叫作"地球居民",见第五章)。而现在的全球史或新世界史,它的意义就是"唤起人们作为地球居民的意识"(第七章)。

那么,全球史或新世界史怎样才能"唤起人们作为地球居民的意识"呢?羽田正指出,在传统的世界史中,"世界被视为由国家及若干个国家聚集而成的地域或文明圈构成。这些国家和地域各自拥有基于时间轴的自身历史,把这些

---

① "从中国出发的全球史"是北京"看理想"文化传媒公司推出的面向公众的音频节目,由葛兆光策划,目前已经完成第一季"人类文明的共同起点"(27+12+1讲)、第二季"战争与移民"(19+3+1讲)和第三季"商品、贸易和物质交流"(12讲,未完),余下的还有第四季"宗教与信仰"、第五季"疾病、气候与环境"和第六季"大航海之后"。

历史合并起来归结为一个整体,就是世界史"。但是,羽田正设想的新世界史却接近如今盛行的全球史。显然,羽田正很认同康拉德(Sebastian Conrad)在《全球史是什么》中的意见①,康拉德在第一章"导言"中,曾把传统世界史的缺陷归结为"内在主义"和"欧洲中心",一方面是世界史的起源与国民国家具有深厚关联,另一方面是世界史深陷欧洲中心论,他把它们称为"(世界史的)两个胎记",也就是世界史与生俱来的两个缺陷。因此康拉德主张,全球史(global history)正是解决近代人文社会科学这两个不幸特质的有效且独特的路径。而羽田正说,"康拉德的见解和提案,在全球人文社会科学的框架中,完全具备可接受的价值"(第七章)。所以,他也把新世界史或全球史的对象和目标,设定为以下三点:(1)为地球居民培养全球意识;(2)破除某种中心主义,无论是欧洲或西方中心主义,还是东方或日本中心主义;(3)超越国境,强调历史联系,即"一直以来被忽视的关联性和相关性的存在"(第五章)。为了这样的新世界史叙述,他觉得新世界史应当努力描绘某个时代的世界全景图,不必拘泥于按照时序书写的历史,强调横向关联的历史。我想,这正好就是如今国际历史学界的趋势。不仅

---

① Sebastian Conrad, *Globalgeschichte: Eine Einführung*, München: C. H. Beck, 2013. 此书现在有中译本,见[德]塞巴斯蒂安·康拉德:《全球史是什么》,杜宪兵译,中信出版社2018年版。该书第一章"导言"开头第一个小标题就是"全球史如何脱颖而出?超越内在主义与欧洲中心"(第2页)。

德国学者康拉德这样说过,英国学者彼得·伯克(Peter Burke)在《什么是文化史》中也这样说过:"未来历史学研究的趋势之一,可能是'文化接触',即不同文化间的相互影响、接受与转移、边缘对中心的影响,以及从边缘重思世界历史。"①我当然完全赞同这个想法。全球史或新世界史最应当做的,就是寻找整个历史里这种潜伏的、有机的、互动的关系,其实,历史的关联并不都那么神秘和诡异,一个好的全球史或新世界史学者,必须有意识地发掘这种关联性,因为新世界史或全球史的学者总是希望让读者意识到我们生活在一个地球,自古以来我们互相就有联系,我们要学会共同生活,成为"地球居民"或者"世界公民"。

问题只是,作为历史学家,他面对的具体学术问题是,历史叙述不能散乱,它必须有某种清晰的脉络,那么,全球史或新世界史如何把漫长时间里全球范围内繁多的联系和接触,放置在井然有序的历史框架内,呈现出时间和空间的交错?也就是不仅有纵向的清晰的时代变迁,又有横向的丰富的全球联系,就像羽田正所说,把历史书写成有经线和纬线的"织锦"呢?

四、全球织锦:经线与纬线

让我简单提及一下英国史家霍布斯鲍姆(Eric

---

① [英]彼得·伯克:《什么是文化史》,蔡玉辉译,北京大学出版社 2009 年版。

Hobsbawm，1917—2012）。

我一直非常佩服霍布斯鲍姆的"年代四部曲"。他对历史不仅有深刻的洞察力，而且在历史叙述上有精准的概括力。他用"革命"（1789—1848）、"资本"（1848—1875）、"帝国"（1875—1914）和"极端"（1914—1991）四个高度概括的关键词，清晰地梳理了法国大革命至今的四段历史，让人一眼就看到历史的变迁轨迹和历史学家对历史重心的把握。不过，在"年代四部曲"中，霍布斯鲍姆讨论的重心，还是以欧洲为中心的历史，我始终在猜想，如果他还在世，对于更广阔的全球历史，他会用什么样的角度和词语，来概括更复杂和更宽广的世界历史变迁？

在羽田正的这部书中，我很高兴地看到一个非常有意义的尝试，当然，尽管它只是尝试，而且相当简略，但已经很有启发性。在第五章"全球史谱系与新世界史"里，他对日本通行的世界史模式进行反省，他认为在这个模式中，"（各个）国家和地域各自拥有基于时间轴的自身历史，把这些历史合并起来归结为一个整体，就是世界史"。这也就是前面说的，过去的世界史往往就是各国历史按照时间顺序的组合。而贯穿这个纵向历史的主轴，则是"16世纪以后欧洲或者说'西方'地域开始经略世界各地，世界在'西方'的主导下，开始推进一体化"。但是，羽田正觉得，新的世界史不能够被这个脉络绑架，而是应当在时序的纵向脉络之外，另外设计交错的横向联系。他说："试将'世界史'当作一张纺织品。那么，时序史是'经线'，而我的提案则是'纬线'。相对于积累到相当程度的经线而言……应当在修补经线漏洞的同时，用心强化纬线。随着纬线被顺畅地编入，想必一定会呈现出美丽的新图案。"

我完全赞成这个想法。就像一幅织锦需要经纬交错一样，世界地图上也必须有南北纬线和东西经线，而理想的世界史或者全球史，当然更希望兼有时间与空间。但是，仅有理想是不够的，理想必须有落实的方案和途径。世界太大，历史太长，线头太多，历史学家如果不能像霍布斯鲍姆那样，从丰富的历史中拈出"革命""资本""帝国"和"极端"这样的关键词，将丰富的历史提纲挈领，然后纲举目张，历史将成为一团乱麻。全球史或世界史的难处就在这里。然而，羽田正在第九章"为推进新世界史描绘的四张全景图"中，选出1700年、1800年、1900年和1960年这四个坐标性年份之后，用非常精彩的帝国史或新帝国史的眼光[①]，对这几百年的全球史编织做出了交错贯穿的尝试。他在这里再次批评了通常以西方为中心的世界史，他认为，那种"欧洲"

---

① 这只是我个人的理解。关于帝国史或新帝国史，可以参看凯瑟琳·霍尔（Catherine Hall）编《帝国文化读本：19与20世纪不列颠与帝国的殖民者》(*Cultures of Empire: A Reader: Colonizers in Britain and the Empire in Nineteenth and Twentieth Centuries*, Manchester University Press, 2000)，卷首有她写的引言"Thinking the Postcolonial, Thinking the Empire"；凯瑟琳·威尔逊（Kathleen Wilson）编《新帝国史：不列颠与帝国的文化认同与现代性（1660—1840）》(*A New Imperial History: Culture Identity and Modernity in Britain and the Empire, 1660-1840*, Cambridge University Press, 2004)。

与"非欧洲"对峙的"暗默知",不是全球人文社会科学意义上的世界史,无法解释和概括丰富的历史世界,他希望在通常的"经线"之外寻找"纬线",也就是绘制"某个时代的世界全景图,通过全景图与现代的比较,可以对现代世界产生更深入的理解"。

问题是,1700年、1800年、1900年和1960年,在全球史或者新世界史中,它们有什么特别的意义?是否能够贯穿起整个世界,而不仅仅是欧洲或者日本的历史?同时,日本(或者其他区域和国家)的历史,又是否能够被恰如其分地安置在这个全球史或新世界史的经纬线中,得到贯通的解释呢?

五、四张世界史图:旧帝国和新帝国

让我们来看一下羽田正作为世界史"纬线"的四幅图像。

(1)第一幅 "帝国、王国和小共同体共存的时代:1700"

羽田正用帝国的统治与支配、宗教与政治合法性、民众构成与社会结构、认同与归属、语言等要素,描述1700年前后的世界历史横断面。他指出,在1700年前后,世界上存在着各个庞大的帝国,"从东开始依次是清帝国、莫卧儿帝国、萨菲帝国、俄罗斯帝国、奥斯曼帝国及哈布斯堡帝国",也存在着各个王国,例如西班牙、葡萄牙、法国、英格兰、尼德兰以及斯堪的纳维亚半岛、亚平宁半岛的周边地带的一

些王国。这些帝国和王国的共同之处，首先在于多种多样的人生活在帝国的统治之下。但是，这些帝国或王国内部的民众在语言、宗教、生活习惯、价值观、归属意识上都有差异，不同的族群交错地生活在一起，他们并没有"国家认同"。而帝国或王国的上层，也由各种复杂的贵族构成，皇帝或国王的权力及正统性由某种宗教或精神确认，而皇帝也充当这一宗教或精神的保护人，有时候皇帝或国王还会充当不同群体，甚至不同族群的代理人，像清朝皇帝就同时是儒、佛、道的代言人和多民族的统治者。帝国并没有固定的疆域，皇帝们"在理念上并非以现有疆域为对象，而是带有普遍性地辐射到更远的四方，就神圣罗马帝国的两个继任者哈布斯堡及俄罗斯帝国而言，这种理念并非难以理解，清帝国同样认为自己皇帝的德行泽被着整个世界"。但是，在这样的世界中，欧洲的王国英格兰和法兰西"实行将支配领域内部的政治统一（王权强化）与宗教统一相联结的政策"，逐渐趋向中央集权这种政治方向，这种方向在不知不觉中更进一步，走向了主权国民国家。而在这样的世界历史语境中，回头来看日本，当时的日本，逐渐形成把荷兰人、中国人、朝鲜人、阿依努人视为他者，把日本列岛的人视为日本人这样的自我认识与世界认识，并且形成以"神佛习合"为特征的共同信仰，似乎与同时期欧洲的英、法相似。因此，羽田正认为，在世界史中看日本，它似乎在那个时代已经初具主权国民国家的雏形。

(2) 第二幅 "帝国变动的时代：1800"

在 1800 年前后,大清帝国和俄罗斯帝国在中亚角逐,莫卧儿和奥斯曼帝国在衰落中,哈布斯堡帝国卷入与普鲁士和法国的争斗,各个帝国疆域发生了变化,有些帝国甚至已经衰亡,但帝国这种政体依旧在亚欧大陆发挥着作用。值得注意的是,这时出现了两种新的政体,一是英、法等主权国民国家,二是美利坚合众国。现代主权国家(或国民国家)的兴起,促成了国族认同意识。民族国家的统治正当性不需要宗教来进行保障,从这点可以看出它与帝国的巨大差异。同时,100 年前分散在世界各地的小共同体,逐渐不复存在,它们都被置于英、法、俄、中等强大政治体的支配下。而在 1700 年,这样的情况并不存在,这就是从 1700 年到 1800 年前后,世界史发生的重大变化。

(3) 第三幅 "旧式帝国与国民国家竞争的时代：1900"

按照羽田正的说法,到了 1900 年前后,世界变动的规模远远超过前 200 年。变动可大致理解为两种类型：第一类是由于国民国家兴盛导致的旧式帝国的困境；第二类是与民族国家兴盛相关的新式帝国诞生。前面一类包括四大传统帝国,如俄罗斯进行了农奴制改革,清朝开展洋务运动,哈布斯堡变革为奥匈帝国,奥斯曼颁布了"米德哈特宪法"。由于帝国包含了不同族群与不同信仰,现在刺激出了新的归属意识,所以帝国遭遇统治的麻烦；也由于国民国家比传统帝国在政治与社会管理上拥有优越性,迫使这些传统帝国艰难转型。后面一类,比如英、法、德、日等国民国家体制在逐渐完善中,由于它们的经济和军事实力大幅度增强,与这些国家作战的传统帝国逐渐处于下风,它们成了新式帝国。

在书中,羽田正用了一个非常形象的比喻。他说,从现代国民国家发展出来的新帝国,就像核心有蛋黄的荷包蛋,蛋黄是同一性的国民国家,蛋白则是它们的殖民地;而传统的旧帝国则像蛋黄和蛋白被搅在一起的炒鸡蛋。"因为其(旧帝国)基本的统治构造,是在统治中心并不存在明确的族群支配集团,蛋黄和蛋白不加区别地被搅和在一起"。在新式帝国和旧式帝国的竞争中,传统的旧帝国逐渐衰亡,只有俄罗斯和中国,仍然保存了庞大的疆域和复杂的族群。而恰恰是这一旧帝国传统的延续,给这两个庞大的帝国带来了此后的种种问题。"1900年这个时间节点上,一方面旧帝国企图通过改革维持其统治体制及社会秩序,另一方面新帝国在互相争斗中,将触手伸展至世界各个角落,将各地作为自己的殖民地"。而在这个世界史背景中,日本正好就是经由国民国家转向了新式帝国。在东亚各个国家中,那时的日本似乎是一个例外,但在整个1900年前后新式帝国与旧式帝国角逐的世界史中,日本又不是一个例外。

(4) 第四幅 "现代的国际秩序与主权国家:1960"

经过60年,世界历史又发生变化,近200个国家组成的联合国,象征着现代国际秩序和主权国家构成了世界。

羽田正再次用鸡蛋作比喻,他说,表面上看,这近200个主权国家都成了"蛋黄",即当时盛行的"民族独立"所建立的国民国家,而"蛋白"已经不见了。不过,世界并没有形成普遍的和同一的现代国家。其中一种,是传续着"炒蛋"式传统构造的苏联、中国(还有情况不太一样的印度),虽然建立了形式上的国民国家,但它主要依靠的,一方面是设置半独立的共和国(苏联)或者少数民族自治区(中国)来管理多个族群,另一方面是用强大的政治意识形态维持国家正当性和国家认同。而另一种呢?即使形式上是同质化的现代国家,但其内部的认同仍然存在差异。表面上它已经从过去的附属殖民地转型成为主权独立的国家,但内部国民由于族群、宗教、经济和文化之差异,并不具备同一的"国民"意识。其中一些国家沿袭了殖民时期的国境,而这些国境却并不与族群、宗教、经济与文化叠合。所以,尽管现代世界越来越全球化,但是事实上差异仍然存在,并成为世界各国互相融合、彼此接近的障碍。羽田正在这一节中,描述了追求地域统合的欧洲,作为新帝国的美国,问题重重、难民众多的非洲与中东,与全力维护安定与秩序的中、俄之后,又回头说到日本,"日本与其他国家一样成了主权国民国家。这个国家的国民保有第二次世界大战战败的共同回忆,从语言、宗教、习惯等人类文化环境的均质性来看,日本可以说是当时世界上最典型的国民国家"。

　　这四个世界史的横断面,相当精彩也很有概括力。但我心中还有一点疑虑,我想到的问题是,当我们使用"传统帝国""新帝国""民族国家"或"现代国民国家"等,作为历史关键词,来梳理和整合 1700 年以来的世界史或全球史时,背后是否仍然还会有欧洲或西方的观念阴影呢?

结语:对新世界史或全球史的期待

"学者若不为理想奔走疾呼,则世间理想之声殆矣"(第五章)。

当我看到书中这句话,心里非常感动。我知道,羽田正对"新世界史"这个理念的普及和推动,自有他自己的特别关怀。羽田正的祖父是日本最著名的东洋史家、担任过京都大学校长的羽田亨(1882—1955)。虽然他一直坚持说,自己没有家学渊源,但是,自羽田亨以来越出日本国境、关怀整个亚洲的学术传统,也许曾经影响了他的专业选择和历史视野。自从 2008 年我和羽田正教授、艾尔曼(Benjamin Elman)教授一起,开始推动复旦大学、东京大学和普林斯顿大学三校合作的时候起,我就逐渐开始理解,他始终在追求超越国境的大历史叙述,也始终在促进日本的"地球居民"意识。也许,第二次世界大战之后出生并且在 20 世纪后半成长起来的我们这一代,都会有一些关于世界主义的理想,也都有一些面对全球化的焦虑。这些年,我常常有机会和他交谈,我想,读一读这部《全球化与世界史》,我们可以看到,羽田正教授作为杰出的伊斯兰世界史专家，也作为日本东京大学学术与行政领导人之一，面对目前全球化的趋势，以及不得不适应全球化的日本学术，显然有他的理想，也有他的深刻思考。

我对于羽田正所提倡的新世界史或全球史，当然抱有深切而热烈的期待。不过，作为一个中国的历史学者，也许和日本历史学者的关怀各有偏重，我在积极支持全球史或新世界史的同时，也同时提醒从不同角度和不同立场叙述全球史的必然性和必要性，也许，这里也有来自中国的"暗默知"吧。我在"从中国出发的全球史"的"导言"中曾经说到，没有哪一个全球史家可以宣称自己全知全能，会360度无死角地看历史。几百年前，意大利传教士艾儒略（Giulio Aleni, 1582—1649）在《职方外纪》里曾说："无处非中。"① 当你明白这个地球是圆的，那么地球上就没有哪一个地方可以宣称自己是"中心"，但是与此同时，地球上的任何地方也都可以宣称自己是"中心"。在17世纪他说这个话的时候，他的前一半意思颠覆了古代中国固执的"天圆地方，我在中央"的观念，后一半意思带来了一种多元的世界观。可是反过来，如果把后一半意思用在全球史或新世界史上，那么全球史或者新世界史的写作，就一方面要破除单一的中心主义，承认历史是多元的、复杂的、相互联系的，另一方面

---

① ［意］艾儒略：《职方外纪》卷首，载谢方校释：《职方外纪校释》，中华书局1996年版，第1页。

也要破除历史学家傲慢的全能主义。我们的历史学家不能以为自己全知全能,要承认自己不是千手千眼观音菩萨,我们只能或者更能从某一个角度(中心)看世界。

所以,中国学者看全球史,也许和从美国看全球史,从欧洲看全球史不同,也和从日本看全球史不同。所以,我才把我参与策划的全球史计划,命名为"从中国出发的全球史"。我希望的是,首先有各种不同视角、不同形式的全球史,直到我们达成共识,并且有能力把这些全球史整合起来的时候,我们才有一个从多个角度观看、多种立场协调的"全景式全球史"①。我很高兴地看到,羽田正也注意到了这一点,并且特意为此修正了过去对"日本人的世界史"的批评,觉得这种世界史"并非致命的缺陷。因为目前尚不存在被地球上所有人所共有的世界史,并且这样的世界史也并非目下急需之物"(第五章)。我想,也正因为如此,羽田正在强调普适性学术研究和世界性学术课题的同时,也提到日本学界和日语论著的重要性。② 这种站在日本的"主

---

① 这也是康拉德的说法,见[德]塞巴斯蒂安·康拉德:《全球史是什么?》,第 7 页。值得一提的是,羽田正本人就主编了面向少年儿童的《全景世界史》(张厚泉译,复旦大学出版社 2018 年版)五册。

② 他在书中指出,日本人文社会科学面对全球化的时候,需要注意:(1)强化目前为止人文社会科学各领域内基于日语的研究;(2)将用日语写作的研究成果通过外语(而不仅仅是英语)进行展示说明;(3)在全球人文科学与全球社会科学的研究领域中发表成果。当然,同时他也指出,最重要的是,日本学界必须理解和深入国际学术界,"重新寻找必要的新研究框架、研究主题、现代世界中亟待解决的问题群"(第四章)。

场",又超越日本"视界"的理念,以及用这样的理念撰写的面向"地球居民"的新世界史论著,进一步重建为全球的人文社会科学,其实也正是日本学界和中国学界所需要的共同理想。①

最后我要说,羽田正《全球化与世界史》这部著作篇幅并不长,但涉及面相当宽。这部书从日本学界面对全球化时代,如何寻求国际化的焦虑开始,讨论了当今世界人文社科学术背后的"暗默知",提出了知识多元化与语言问题,然后进入他所熟悉的世界史的讨论。在世界史的讨论中,他不仅提到新世界史或全球史的写法,并且现身说法,提供了有关 1700 年以后世界史的四幅图景。我个人感受最深的,其实还是书中关于如何超越国家、族群和个人局限的想法。我感觉到,羽田正始终在追问人文社会科学的"暗默知",也就是反思全球化时代人文社会科学背后那些被无意忽略的预设或前提,不断地在追问它是否真的是绝对正确的。同时他也在追问,谁来提供世界历史的叙述脉络,现在的世界历史叙述能否适合未来地球居民的认识。新世界史或全球史在打破了传统的前提或预设之后,"安放天地"或"支撑大象"的又是什么呢?

---

① 我在《宅兹中国——重建有关"中国"的历史论述》(中华书局 2011 年版)的序中也曾经提到,我的希望是"一个身在中国的学人,应当如何既恪守中国立场,又超越中国局限,在世界或亚洲的背景中,重建有关中国的历史论述"(第 1 页),也许我们这一代学者都处在这种"恪守"与"超越"之间吧。

中国哲人庄子曾经感慨:"百家往而不反,必不合矣。后世之学者,不幸不见天地之纯,古人之大体。道术将为天下裂。"①进入21世纪,人们开始意识到这个世界的人文社会科学,好像已经如庄子所说的那样"道术将为天下裂",尽管地球越来越小,可是知识、价值和理想却渐行渐远。那么,通过全球人文社会科学,通过新世界史或全球史,能不能让人类意识到我们将是"地球居民"呢?而作为未来的地球居民,我们能不能共享世界,学会平等相处,而且找到共同的"道"呢?

---

① 郭庆藩辑:《庄子集释》卷十(下),中华书局1961年版,第1069页。

序　章
全球化时代的历史学

第一节　"了解过去"的意义

一、关注世界史

我们生活在怎样的时代？我们所处的当代与过去相比，呈现出怎样的特征？这些特征为何而来？如何而来？基于这些特征，我们面对未来应做怎样的准备？采取怎样的行动？对于现代的我们而言，时间被认为是从过去到现在呈直线型流动的，而沿着这条时间线展开的人类活动就被理解为历史，因此，上述问题就是我们首先需要提出的疑问。

社会是人类赖以生存的空间，同时又因人类的生存被形塑。这样的社会瞬息万变。每当社会发生剧烈变化时，人们总会格外关注历史。例如，在第二次世界大战中战败的日本，关于如何理解历史的讨论曾大行其道，因为第二次世界大战前基于皇国史观的历史认识，无法令人信服地解释大日本帝国为何会战败。20世纪五六十年代,围绕如何解释日本的过去、如何理解当时日本的处境这两大问题,不仅是狭义上的历史学家,大量的知识分子也参与其中,运用"欧美""马克思主义""民主主义"等关键词进行了激烈的讨论。

冷战结束后,第二次世界大战后长期持续的世界秩序与权力关系发生了变化。此时,先前从属于东方阵营的国家自不待言,老牌西方国家以及日本也都出现了重新审视历史、展望未来的热切探讨。此外,第二次世界大战结束70周年的2015年夏季,时任日本首相安倍晋三发表了关于历史的讲话,受到了日本国内乃至国际社会的关注。在安倍的此次讲话之前,国内外的人们就表明了各式各样的意见与见解。在历史的重要节点,人们伫立在原地,侧耳倾听历史的话语,寻觅应去的方向。

在政治、经济、信息、环境等诸多领域,全球化均在急速推进。但是美国总统特朗普的上台与英国脱欧等现象,又表明了内向型的民族主义倾向在不断加强。现代正是一个呼唤着新历史到来的时代,这个时代中,以历史为研究对象的学者们重任在肩。

历史学直接的研究对象是过去。但是,仅仅"了解过去"并非历史学的目的。站在现在回顾过去,理解、确认我们所处的位置,从而远眺未来,才是历史学应尽的使命,也是其终极目标。历史学家必须认清其肩负的重要使命,并通过自身的研究成果为他所处的社会提供可信的情报，回应大众的殷切期盼。

现在，毫无疑问，"世界史"不仅在日本，也在世界各国成为人们用来理解历史的一种框架。无论身处哪个国家，我们都能清晰地洞察到，生活中的森罗万象都与本国国境线之外的动向密切相关，互相联动。于是，人们不得不意识到"世界"的存在。现代世界的特征是何时、又是如何诞生的呢？现代世界和过去的世界相比，又在何处、有何种不同呢？进一步而言，我们应如何面对未来？人们都在寻求以上问题的答案。

据说，世界史相关书籍正在日本街头巷尾热销。不过话说回来，目前在日本流行的世界史书籍是威廉·麦克尼尔（W. McNeill）20世纪60年代阐述"西洋"是如何崛起的译著，或者《再读世界史》这样能够帮助我们再次确认20世纪后半的人们如何理解世界史的读本。然而，在日语世界中，尚缺少让生活在21世纪的人们了解世界的形成路径、作为面向未来的指针所必须的世界史叙述。

二、新世界史与"我们"

正如卡尔（E. H. Karr）在其20世纪60年代的著作《历史是什么》中已经指出的，所谓历史是现代与过去的对话，如果改变了现代的面貌，对话框架以及占据重要位置的主题自然也会发生变化。历史学是负责提供理解过去的框架和方法的学科,因此,如果历史学的架构与方法仍然墨守成规,就很难在合适的语境中说明我们现在所处的境遇。

笔者在本书的开头便提出了一个问题:我们应该如何理解现代世界?为了有效地回答这一问题,讨论新世界史的研究方法是非常必要的。在 2011 年出版的拙作《面向新世界史》中,笔者已探讨了新世界史应当如何建构①,本书是该作的续篇。

本书分为两部分。第一部分中,笔者将在当今日本的全球化进程语境中,探讨被统称为文科研究的人文科学与社会科学的研究意义与重要性。世界史研究是人文社会科学研究的一部分,当思考世界史的时候,我们不能忽视包括日本在内的世界各地最近都甚嚣尘上的文科研究的社会作用问题。因此,笔者在探讨文科研究中的语言与默会知识(日语:暗黙知,英语:tacit knowledge)之后,将今后日本人文社会科学的应尽之事与努力方向整理为三点。

在第二部分中,笔者将新世界史作为全球性人文社会科学的一个案例进行讨论。首先,确认"世界史"的日语意涵及其变迁过程,然后考察各国史学界经常使用的"全球史"一词在日语与英语中的含义及研究方法上的差异,并讨论全球史与新世界史两者之间的关系。最后,作为新世界

---

① 羽田正:『新しい世界史へ——地球市民のための構想』,岩波新書,2011 年。

史的具体案例,笔者将使用全球史的研究方法,将过去300年的世界样态描绘为四张全景图,作为理解现代世界的一种线索。当然,这个案例并不能代表新世界史研究的全部。

本书使用日语撰写,因此目标读者是能使用日语读写的人,其主体大致是日本人。但与此同时,笔者也意识到这本书可能会被译为其他语言,因此并未将本书的风格设定为仅面向日本读者。① 此时需要特别留意文中的"我们"②一词。本书开头提到了"我们生存在怎样的时代",读者会如何理解此处的"我们"呢?是指日本人?还是指全人类?甚至是指所有生物?是指作为读者的你和作为作者的我?还是指超越国境的知识分子集团?抑或是指像家人或夫妻那样的小规模团体?随着对"我们"具体所指的理解发生变化,以上诸种问题的答案也会相应地发生巨大的改变。

日语是不必明示主语就能进行书写、表述的语言,在翻译英语文章时,有时也因"we"这个单词的指代不清晰,而只能翻译成泛指的"我们"。然而,在讨论像世界史这样宏大的、与地球上所有人息息相关的研究对象时,如果使用"我们"一词,就必须明示发话者与接受者究竟是谁。在使用"我们"一词之时,笔者会有意识地弄清它所指代的对象,

---

① 前述《面向新世界史——为了地球市民的构想》的韩语版已经出版(2014年),中文与英文版也将于近日付梓。

② 译者注:考虑到读者对象的转换,译者在翻译过程中将表达作者的"我"译为第三人称的"笔者",并尽量通过语言转换中的技术性方式规避文中明确代表日本人的"我们"。

并且尽可能地予以明示。

除了"我们"之外,本书所使用的术语中,还有一些需要格外注意。笔者将首先探讨其中尤为重要的两个概念:"历史认识"与"全球化"。

第二节　历 史 认 识

一、历史学与研究成果

作为本书的重点,笔者首先将确认历史认识与历史学研究成果之间的关系。历史认识听起来很拗口,换一种方式表述,就是对过去的理解,换言之即如何理解过去。在英语中,历史认识在很多场合被表述为"understanding of history"或是"perception of history"。人们的历史认识往往与人们对现代世界的看法密切相关。有古才有今,因此,与对现代世界的看法深度关联的历史认识,有时会对国内及国际形势产生影响。

2015年,日本及东亚各国的政治家、官员、有识之士、大众媒体乃至一般民众,甚至包括以美国为首的世界各地的历史研究者在内,众人围绕安倍晋三首相在战后70周年发表的讲话,展开了热烈的讨论。此时,安倍首相的历史认识成了重大的问题,这就是一个典型的例子。那么,人们的历史认识是如何形成的? 此外,历史学与历史认识的形成又有怎样的关联?

近代意义上的历史学遵循史料批判等一定的程序和方法,来解释和叙述过去。在 19 世纪之后,这些方法的有效性作为人们理解过去的方法得到承认,从西欧转播至北美,再之后传播到日本等国家,并与当地的知识传统相融合,作为一门学科确立下来。如今,一般来说,当阐释并理解过去问题的时候,这些方法被认为是最值得信赖且最为重要的。历史学最基本的运行规则在于,研究者们将自己的研究成果公之于众,有些是通过口头讲演的方式,但更多的是通过论文和书籍等形式,当下将成果在网上公开也非常盛行。学者对于自己致力的、关于过去的某个主题,会尽可能多地运用历史资料,逻辑性地展现自己的解释与见解,这就形成了研究成果。学者围绕着公开的成果,自由地交换各自的想法与见解。如果一项成果被判定为优秀,那么这项成果会在随后成为学界的共识。这些关于共同主题和框架的共识不断累积,就会成为定论或是通说。

虽说称之为定论或者通说,但由于时代更迭、社会变迁,亦需学者们不断地进行修正。这可能是因为相关的新史料层出不穷,需要以新框架来解释过去,由此导致历来的主题的意涵发生变化。历史学研究中不存在一成不变的答案,依靠研究成果也无法再现过去。历史学研究成果所展现的,毋宁说是站在当时的时间节点,对过去的某个侧面的一种解释。正因为此,在论述历史学与历史认识的关系之前,笔者要先指出历史学中两个不可忽视的特质。

二、基于现在审视过去

第一点,历史学家在运用历史学的方法讲述过去时,他们使用的是现代的知识、概念与语言。这理所应当——过去必须经由现代解释,这种解释由生存于现代的人提出。在理解过去时,不单单是历史学家,一般的大众也会使用过去未曾出现的概念,使用古今异义或是当时未被使用的术语。现代人不可能理解当时语境中的、原封不动的过去。

试举几个日本史领域的例子。1549年,耶稣会士沙勿略①(Francisco de Xavier)到达鹿儿岛,该事件一般被认为是基督教在日本传播的起源。然而,当时"基督教"这个词在日语中并不存在,在西方的各种语言中,也极少能找到相对应的词汇。我们运用后来的时代才广泛使用的词汇,来解释和理解过去的现象。现代"基督教"的上位词汇"宗教"一词,是在明治时代作为"religion"的译文开始使用的。如果视沙勿略登陆日本列岛为新宗教的到来,那我们又在使用现代的概念来解释过去了。

用于指代武家政权的"幕府"一词,在后世特别是江户时代的末期才开始使用。后期水户学者为了强调德川政权终究还是由京都的天皇任命的所谓"将军"政府,强行开始使用

---

① 译者注:沙勿略(Francisco de Xavier,1506—1552),西班牙人,耶稣会创始人之一。1549年8月在日本人弥次郎的引介之下登陆鹿儿岛,成为第一位踏上日本国土的天主教传教士。

"幕府"这个词汇。明治之后,这一用法通过学校教育得到确立。根据渡边浩的观点,在江户时代初期,天皇作为日本历史中唯一正统的主权者这种情况并不成立。而"幕府"一词与这一历史现象相结合,成为皇国史观的一种象征。在江户时代,一般使用"公仪"一词指代德川政权,该词的意义在现代日语中接近于"政府"这一具有敬意的美称。① 生活于现代的我们使用"幕府",就是将过去进行现代化的阐释与理解。我们无法将过去人们所生活的时代原封不动地呈现在自己面前,也无法像他们一样理解他们的时代。

当思考外国的现象及历史时,情况会变得更加复杂。日语使用者并非用当时的外语,而是用现代的日语来理解外国的现象及历史。之后笔者会详细论证,将外语的意涵原封不动地转换成日语是极其困难的,更不必说若时代较为久远,即便是同一地区,当时所使用的语言与概念的意涵与现在也会存在不同。

举例来说,英语的"diplomacy"在现代日语中被译为"外交"。单词"diplomacy"起源于 18 世纪末期在法国开始使用的"diplomatie"一词。因此,如果要用"外交"来说明该词出现之前欧洲各国政府之间的交涉行为,就会在两种意义上脱离当时的实际情况。其一是使用了当时并

---

① 渡边浩:『東アジアの王権と思想』,東京大学出版会,1997 年,1—5 頁。

不存在的"diplomacy"这个词,其二则是使用了作为日语译词的"外交"。

另举一例,世界各地都有近似于现代日语的"首都"的概念,但这个词的意涵在不同的年代、不同的地域存在着微妙的差异。如果我们单纯地认为"17世纪伊朗萨菲王朝的首都是伊斯法罕"的话,那么我们的理解则未必与当时、当地的实情相符。因为国王身居之处才是王朝政府的中心(并非"首都"),而这一中心会随着季节的改变而移动。此外,罗马帝国、莫卧儿帝国、印加帝国等类似语词中的"帝国",可以被单纯地视为同义吗?当时的人们并未使用"帝国"一词来指称政治权力。在理解国外的现象及历史的时候,需谨记存在这种双重意义上的语言障壁。

三、历史学与主权国民国家①

第二点,历史学自建立以来,其发展过程一直与主权民族国家密切相关。人类自古以来都对自己的过去抱有兴趣。世界各地曾有数种记录过去的方法,而现代世界中作为学问的历史学起源于19世纪的西欧。在德国和法国,学者们完善了作为历史研究之根本的叙述和理解的框架,以

---

① 译者注:"国民国家"为"nation state"的日译。国内学界目前一般将"nation state"译为"民族国家"。由于日语中"国民国家"与"民族国家"的意涵存在细微差异,本书保留"国民国家"这一日语用法。葛兆光先生所作"导读"亦使用了"国民国家"译法,特此说明。

及史料批判的方法。之后,这门学科随着西欧各国在政治、军事、经济上向世界各地的扩张,被传播到诸多区域。当然,这种传播绝非单纯的模仿或转移——全新的学问和研究方法与其他地区过去已有的类似学术传统相遇,互相渗透、融合,在此过程中修正和改良了历史研究的视野、重心和叙述方法,而且令各地区分别形成了独具特色的历史学。举例来说,日本历史学的主要特征包括严密的史料批判和基于第一手史料的事件解释。与此相对,美国的历史学则非常重视论文或著作整体的叙述方法。

尽管由于国家、语言与地区的不同,历史学存在着微妙的差异,但总体而言,历史学这门学科在19世纪至20世纪中,对以西欧和日本为代表的世界各地的主权国民国家建设做出了巨大贡献。我们将"法国""日本"这样的"国家"作为研究框架,在此框架内,通过时间轴将过去发生的事情关联起来,赋予其意义,进行阐释和解读,据此将作为"我们的国家"的法国或日本的过去具有说服力地叙述为"法国史"或"日本史"。硬要说的话,这样的叙述促使人们承认法国和日本作为主权国家的存在,并培养他们产生了归属于该国的国民意识。

19世纪以降,世界各地的许多大学都开设了历史学课程,来推行历史研究与教育,这与国民国家的建设运动并非毫无关联。历史学研究的首要目的,就在于理解并描绘本国历史。基于这层含义,历史学研究对国家而言理应具有重大作用。日本最早的国立大学东京帝国大学①在成立之后立刻开设了日本史课程,这件事可以说象征性地显示了国家与历史学之间的关联性。

四、多样化历史认识的形成

在留意历史学"基于现在审视过去""贡献于国民国家的创建"的两大特征的同时,笔者尝试更进一步考察历史学和历史认识之间的关系。不止日本,在世界上的许多国家,历史学的研究成果都会被写进中小学教科书以及面向普通读者的历史书籍,采用本国的语言,传播到该社会的各界人群中。这些人具体包括青少年、政商界领袖、知识分子、大众媒体以及普通社会成员等。如此一来,历史学成为促进国民意识与国家形成的有力手段。一般认为,历史学与人们的历史认知的形成具有密切关联。

但是,需切记在教科书以及历史书籍以外,也有许多能够帮助每个人理解过去的渠道,包括个人的人生经历、祖辈或父辈等身边亲人的故事和意见、历史小说、乡间的历史遗迹、电视剧或新闻、纪录片、网络信息等。除了直接接触历史学研究成果及学校教育外,这些渠道也为人们提供了用于形成自身历史认识的诸多信息。

---

① 译者注:东京帝国大学成立于1877年,是日本最早成立的国立大学。1947年9月改称东京大学,沿用至今。

五、安倍首相与历史认识

在过去数年的国会论战中,安倍晋三首相展现出的历史理解非常令人玩味,具有深入探讨的价值。2012年12月安倍再度就任首相以来,多次被问及历史认识问题,安倍几乎每次都给出了千篇一律的回答。回答的主旨即希望将与历史认识相关的问题交于历史学家和专家们,如下两例:

"面对历史,掌权者必须慎之又慎……(中略)……应避免擅自进入历史认识的领域""历史认识是应当交给历史学家的问题""历史学家经历了漫长历史的试炼后,逐渐拥有了冷静的眼光……(中略)……因此我想要将历史认识问题交给历史学家""如果我在这里就历史认识的相关问题进行发言,这些发言会发展为政治问题和外交问题。因此,我认为这些应当是托付给历史学家的问题"(2013年5月15日第183次国会参议院预算委员会议上,安倍对民主党议员小川敏夫提问的回答)。[①]

"我认识到,包含厘清历史事实在内的有关历史的诸多问题,应是托付给历史学家的任务,面对历史必须谦逊""历史问题不应该被作为政治及外交问题。我认

---

① 日本第183次国会参议院预算委员会议事录:http//kokkai.ndl.go.jp/SENTAKU/sangiin/183/0014/18305150014018c.html.

为历史的研究应该交由有识之士以及专家来完成"(2014年3月21日第186次国会参议院预算委员会议上,安倍对自由民主党议员有村治子提问的回答)。①

仅阅读这些发言记录,似乎可以判断安倍首相的想法是,政治家不应轻易提及自身的历史认识,谈论历史认识应该是以历史学家为代表的专家们的工作。或许正是因此,在第二次世界大战结束70周年,即2015年这个时间节点上,安倍在作为首相发表关于历史的讲话之前,举行了"回首20世纪、构想21世纪的世界秩序和日本的职责之有识之士恳谈会"(即"21世纪构想谈话会"),听取并参考了会议意见。② 这是为了获得广泛认同而采用的合乎情理的方针。同年8月14日安倍首相发表的讲话事先参考了谈话会的报告,在国内外获得了相对正面的评价。

安倍首相当然有其个人的历史认识。但既然他是代表主权国民国家日本的首相,他的发言就会被外部视为作为国家法人的日本的历史认识。不单是首相,其他大臣、国会议员和高级官员等公职人员也是如此。他们充分理解这一点,因此明确区分自己和主权国民国家日本的历史认识。他们在注意不和首相与政府过去的讲话及发言存在根本性

---

① 日本第186次国会参议院预算委员会议事录:http://kokkai.ndl.go.jp/SENTAKU/sangiin/186/0014/18603140014013c.html.
② 本次恳谈会中报告和讨论的全部内容载于21世纪構想懇談会編:《戦後70年談話の論点》,日本経済新聞出版社,2015年。

出入的基础上，慎重地准备并发表新的讲话。这一点应该得到高度评价。不能由于某一时期出任公职的某个个人，而随意地变更层层积累而成的主权民族国家的历史认识。如果要考虑变更历史认识，应尽可能在公共的领域内进行透彻的探讨，一定要能令大多数人理解变更的意义和程序。

首相在国会的答辩中，提到政治家面对历史时应时刻保持谦逊，这一点也应得到高度评价。但是坦率而言，笔者对于安倍反复重申"应把关于历史认识的问题交给历史学家"这一主旨存有疑虑。正如之前所述，历史学家的研究成果和人们的历史认识不能等量齐观，因为历史学家提出的研究成果经常受到批评，有时甚至会被无视。从现实的角度来看，相比历史学家的研究，有很多事物对普通人的历史认识具有更大的影响力，例如电视剧和电影、历史小说、漫画，以及网络上的信息等。历史学家并非特权人士，拥有塑造普通人历史认识的权限和能力，他们只不过是为人们提供形成历史认识的材料。在判断这些材料时，作为个体的历史学家亦保有自身的历史认识，并且因人而异。首相或许是为了避免提及自己的历史认识，而抬出了历史学家，但这并非令人信服的逻辑。

暂且不论安倍首相对于历史学家研究成果的评价，对历史学家而言，重要的是时常关注自身所处的立场和自身的问题意识，以及自身的言说对象（即向谁言说），同时如实地发表具有社会意义的研究成果。历史学家根本的追求，应在于当人们阅读并理解他们的研究成果时,能够将其作为参考,形成与时俱进的历史认识。毋庸置疑,在当代,关于人类全体的过去,也就是世界史的历史认识非常重要。生活在当下的历史学家于此问题责无旁贷。这也是笔者撰写本书的理由之一。

第三节 全 球 化

一、国际化与全球化

接下来,笔者想探讨一下本书书名中"全球化"一词的意涵。全球化在日语中用片假名书写①,表明其来自英语的"globalization"。日语中"全球化"的近义词是"国际化",但实际上,这两个词表示的是不同的概念。如若不然,则根本没必要在国际化一词已经使用很长时间后,再特意导入全球化一词。然而在日语当中,这两个词却经常被混为一谈,很多人认为这两个词的意涵并无太大区别。下面试举一例。

设立在首相官邸的"教育再生实行会议"在平成 25 年(2013 年)5 月 28 日,发表了题为《关于今后大学教育等的存在方式(第三次提案)》的文件。其中"导言"部分中有如下背景记述:

---

① 译者注:日语中全球化一词为片假名书写的"グローバル化"。日语中习惯用片假名来拟音外来语。

日本大学全球化的迟滞程度已达危机。①

随后,正文中具体提出了面对该危机时,政府应采取的方针政策。第一点是"推进构建适应全球化的教育环境",文章开头内容如下:

在社会各层面都进行着全球化的大环境下,大学应坚决贯彻教育内容和教育环境的国际化,培养在世界各地都能积极活动的全球性领袖,培养具有全球性视野、能带给区域社会活力的人才。大学应立足于自身特色及方针,立足于自身教育研究领域与生源的多样性,努力达成以上目标。

此外,大学应通过积极接收优秀的外国留学生,促进大学的国际化,提高教育水平与研究能力,向世界传播日本的学术与文化。为了实现这些目标,国家应实行战略性支持,如将一些地区和学科领域设为重点交流对象,将这些交流活动与向世界传播日本文化放到同等重要的位置等。②

这一提案通篇以视全球化为"正确"方向作为前提,但如果换作今日全球化之弊端被不断诟病、美国总统特朗普

---

① http://www.kantei.go.jp/jp/singi/kyouikusaisei/pdf/dai3_1.pdf,第1页。

② http://www.kantei.go.jp/jp/singi/kyouikusaisei/pdf/dai3_1.pdf,第2页。

甚至主张"美国优先"的这个时间节点，那么提案里恐怕不会单纯地将全球化记述为如此美好的事情。然而2013年，日本政府的认识确实就是如此。

进一步而言，为了应对"正确"的全球化，大学必须将国际化贯彻到底。姑且不论全球化的意涵是什么，这一提案的逻辑是全球化是一种将日本的大学裹挟其中的现象，大学也必须通过国际化来应对。这样来看，全球化与国际化并非同义。仅就这个部分而言，在逻辑上是不存在问题的。但是，应如何理解这部分内容和导言里指出的"日本大学全球化的迟滞程度已达危机"这句话的关系呢？到底是大学应该全球化，还是大学须得以国际化来应对全球化呢？这一点提案中并不明确。此外，大学应以何种形式推进国际化，才能应对全球化呢？

就阅读文本的印象而言，似乎参加本次会议的人并没有意识到国际化与全球化应明确区分使用。随着笔者继续阅读后文中关于具体方针的内容，这种"印象"逐渐转变为"确信"。

> 国家应从"大学国际化网络形成推进事业（全球30事业）"等大幅度推动大学全球化的现行项目中汲取经验与知识，重点扶持那些通过积极任用外籍教员，与外国大学合作，扩充全英文授课的学位课程等方式来推进国际化的大学（即"超级全球大学"，此为暂定名）。以期今后10年

中,能有10所以上大学在世界大学排名中进入前100名,提高日本大学在国际上的存在感。①

此处全球化和国际化几乎作为同义词使用。全球化不仅是大学置身的环境,大学自身也应通过坚决执行国际化而实现全球化。

如上所述,整体而言,提案中没有明确区分使用国际化和全球化。然而,国际化和全球化真的具有相同含义,可以如文中那样相互交换使用吗?如果真可如此,那么明明已有国际化一词,为何还要多此一举使用全球化呢?非要强行解释的话,或许可以这样理解,推进国际化会导致全球化,换言之,可以把全球化理解为国际化的进化结果。

在"教育再生实行会议"建言数日后(6月14日),在首相官邸发表的《日本再兴战略》以及设置在文部科学省的中央教育审议会工作组等一系列政府组织的相关会议及机构中,将这两个词作为同义词使用的做法被原样延续:

> 根据"教育再生实行会议"关于大学全面改革的提案,从强化产业竞争能力的角度出发,国立大学应谋求通过全球化实现世界顶尖水平的教育,促进产学合作,培养创新人才,活用更多的青年研究

---

① http://www.kantei.go.jp/jp/singi/kyouikusaisei/pdf/dai3_1.pdf,第2—3页。

人员及外籍研究人员。①

关注近期政府讨论的动向,尤其是"教育再生实行会议"的第三次提案,就能发现日本大学的全球化再次面临着危机。如果大学不能彻底贯彻教育内容和教育环境的国际化,就无法培养出能够活跃在世界舞台上的全球领袖。为了达成以上目标,会议提出了数种政府应当采取的措施。②

在首相官邸召开的"教育再生实行会议"讨论了包含全球化在内的大学改革,并在5月28日归纳成了第三次提案。其中与全球化相关的内容包括提议国家应重点支持彻底推进国际化的大学,并倡导对促进日本的大学与外国大学间积极合作的活动,以及扩大学生双向交流的活动加强支援力度。

根据最近的政府方针以及来自以经济界为代表的各界的建议,为了在第七期大学分科会上进行促进大学全球化的专门调查与审议,会议决定设置与大学国际化相关的工作组。③

政府要求大学推进的究竟是"全球化"还是"国际化",

---

① http://www.kantei.go.jp/jp/singi/kyouikusaisei/pdf/saikou_jpn.pdf,第36页。

② http://www.mext.go.jp/jp/b_menu/shingi/chukyo4/036/gijiroku/1339428.htm.

③ http://www.mext.go.jp/jp/b_menu/shingi/chukyo4/036/gijiroku/1339428.htm.

抑或是两者兼有？有一件事情是一目了然的，即那些位居日本的政治或行政中心，并在向上峰进言献策的人，并没有明确地意识到这两个词的差异。

虽然可能显得有些啰唆，但是我想再介绍一个与大学相关的、将这两个词混用的例子。2016年7月23日，《朝日新闻》朝刊的教育栏刊载了题为《大学职员也赴海外学习，采用商务英语会话研修措施，提高国际化意识》的文章。报道开头的导入部分这样写道："面对全球化，大学开始加强职员的外语研修和去国外大学的考察研修等活动。"正文部分介绍了以大学职员为对象的英语会话课程。该大学的事务管理人员介绍道："在寻求国际知名理科人才的过程中，'职员也必须拥有承担着大学的全球化使命的意识'。"这篇报道同样将全球化理解为正面的现象。不过，全球化究竟是大学所处的社会环境，还是大学自身应努力达到的目标？这个问题的答案仍不明确。此外，从文章中亦无法读出国际化和全球化的区别。

二、全球化的意涵

如上所述，在现代日语中，国际化和全球化常常被作为两个可以相互替换的概念混同使用。本书为了展开明确的论述，需要首先界定这两个词的意涵。

一方面，国际化这个术语包含了多种意涵，在各种场合广泛使用。但是，从"国际化"中包含"国"这个字可以看出，国际化本意指深化国与国之间,或国民与国民之间的交流,促进其相互理解与合作。只要使用国际化一词,国家就是先验性的存在,而且是所有有关国际化的思想的源泉。因此,国际化经常会让人联想到国家领域、国境或是国民。

另一方面,全球化在字典中的解释是:"超越至今出现过的国家、区域等纵横界限,地球逐渐变成一个整体的趋势或过程。"如果以上定义难以理解的话,那么简单而言,我们不把各种人类活动与国家、国境、国民等等量齐观,或者不主动把人类活动与国家之间相勾连,随之而产生的诸种让世界融合为一个整体的变化就是全球化。

英语中首次使用"globalization"一词,是在国际发展问题独立委员会 1980 年发表的《勃兰特委员会报告》(*North-South: A Programme for Survival*)中。自那之后至 20 世纪 90 年代初冷战结束时,许多知识分子已经开始使用这个词来描述国际形势。① 其概念本身诞生至今尚未满 40 年。但是,该词自诞生起就具有正面与负面的双重意涵,在各种场合被广泛使用。全球化始于何时?"将地球变成一个整体"究竟说的是怎样的状态?围绕这些问题,出现了各种见解。但是全球化区别于国际化这一点相当明确。全球化意味着必须在主动忽略国境和国民这些因素的状态下,

---

① ジェレミー・エイデルマン:「グローバル・ヒストリーへといたるいくつかの道」,羽田正編:『グローバル・ヒストリーの可能性』,山川出版社,2017 年,25 頁。

连接世界各国或各地的人们。至少在产生这两个概念的英语语境中,"国际化"(internationalization)和"全球化"(globalization)是两个意涵截然不同的术语。

试想那些全球性企业的例子。微软、谷歌、雀巢等巨型企业超越了国家的框架,在世界各地开展事业。举例来说,微软将由世界各地不同国籍的工人生产的零件收拢并组装起来,再将成品运送到世界各地进行销售。这些产品并非像"Made in USA"或"Made in Japan"的产品那样,由某一国为本国的国民所生产。微软公司在美国最初落成时,遵守的是美国当地的法律与惯例。如今,虽然微软的总部仍在美国的华盛顿州,但并非仅须遵守美国的法律。甚至微软也并非仅仅为了美国及其国民而开展业务①,作为企业,其经营目的是通过跨国活动以期实现利益的最大化。

搜索引擎的检索功能虽然在世界各国通用,但是由于各国对于个人隐私和信息管理的法规不尽相同,因此网络公司的业务和各国的法律常常存在抵牾,甚至有些国家不允许特定公司在其国内开展业务。索尼、丰田这些诞生于日本的企业也同样正在跨国开展业务。此外,最近经常能看见贴着"Made in Europe"商标的产品,这些产品是企业小规模跨国行为的成果,也可以被视为全球化的一个例证。

许多读者应该听说过在中东、非洲等地从事医疗以及人

---

① 美国总统特朗普反对这样的情况,仿佛想要让时光倒流。

道支持活动的"无国界医生"。这是1971年由法国的医生和记者们创建的非政府组织(NGO),如今这个组织跨越国境,秉持中立、独立、公平的立场进行非营利活动。当今社会像乐施会(OXFAM)①和世界经济论坛(World Economic Forum)②这样的非政府组织、非营利组织(NPO)不胜枚举,这些组织不拘泥于国境,也并非为了某个国家而开展活动。

是否要将地球视为一个整体暂且不提,这些企业及市民团体跨越国家与国境开展活动,有时也会做出与某个国家或某国国民的利益相对立的行为,我们也称之为全球化。因此,如果把全球化理解为更进一步的国际化,就会出现谬误。一方面,国际化的概念里终究包含有"国",无论进展到何种程度,国与国民的意识都不会消失,国际化只能够促进国家或国民间的关系,深化彼此的交流与理解。另一方面,全球化的概念则与此相对,是指人们主动忽略国家与国民的差异,或者说超越国家以及地区行动的状态。全球化现象产生的原因在于随着科技的进步,用以连接远距离人员及地区的交通与通信技术飞速发展。

三、正面价值与负面价值的全球化

如今的世界上,很少会有人否定国际化的重要性,但全

---

① 译者注:乐施会,成立于英国的非政府组织。
② 译者注:世界经济论坛,总部位于瑞士的非营利组织,以每年冬季在瑞士达沃斯举办的年会(俗称达沃斯论坛)闻名于世。

球化究竟是好是坏,答案则因人而异。的确,在交通方式与通信手段的便捷程度上,现代与过去相比有着天壤之别。因此,将世界各地连接在一起的新型商务、共同研究和共同事业的出现成为可能,这些均是全球化的正面价值。但是,依然出现了例如英国脱欧、美国特朗普总统的极端美国优先主义等现象,这些现象可以被视作是从对全球化的反感和抵抗中产生的。此外,2015年11月13日在巴黎多地同时发生的恐怖袭击事件,将全球化的负面价值暴露无遗。若将全球化理解为主权国家及其边境的相对化,这次的恐袭事件则成了急速进展的全球化的象征。

回到本节开头的话题,政府和文部科学省假若充分理解了国际化和全球化意涵的异同、全球化的利弊等,也许会思考是否应该推进国立大学的全球化。由于这一点与本书的主题相偏离,此处不做深入讨论。但如果政府和文部科学省简单模仿"欧美"①的大学推进改革,并将这些意见作为工作目标,问题就会变得相当严重——此举本身仅仅是浅薄

---

① "欧美"作为自明治以来常常在日语中出现的词汇,其根源在于日本人想象在日本的外部存在着日本所没有的优秀事物。用"在欧美"这种表达批判性地言说日本的现状,是日本言论界特有的现象。向外部学习的姿态固然很好,但是在现代,这种用"欧美"来评价日本的做法正来源于幕府以来对"西方近代"根深蒂固的自卑感。正如本书论述的那样,在全球化不断进展的现代世界里思考知识的现状时,应该将英语世界和非英语世界区分开来理解,并考虑相应的对策。在这层意义上,德国与法国等虽然地理上处于欧洲,但应和日本同处非英语世界。德国和法国的大学和日本一样,也面临着该如何将英语融入教育和研究中去这个大问题。需要意识到的是,从日语论述中特有的"欧美"等于幸福美好这种认知中,无法产生任何对生活在现代的我们而言必要的新知识。

地追随欧美的例子。单纯地旨在世界大学排名中力争上游①,只会带来全球化的负面后果,与以往的做法没有差别。

---

① 日本的大学因在各类世界大学排名中表现不佳而常常受到诟病。例如,在2017年6月发表的QS世界大学排名当中,东京大学的综合排名是28名。排名前列的多为美国(14所)及英国(6所)的院校,此外还有新加坡的南洋理工大学(第11名)、新加坡国立大学(第15名)、澳大利亚国立大学(第20名)等英国曾经殖民地的大学。换言之,英语世界的大学总体排名较高。在非英语世界的大学中,排名高于东京大学的只有瑞士的两所大学(第10名的瑞士联邦理工大学苏黎世分校、第12名的洛桑分校),以及中国的清华大学(第25名)。

该世界大学排名以QS公司设定的六项指标的分数总和来对世界各地的研究型大学进行排序。这六项指标分别是:研究者评价、雇主评价、教员人均指导学生数、教员人均论文引用数、外籍教员人数、留学生人数。其中,东京大学在"研究者评价"指标中获得满分100分(获得满分的一共只有11所学校。南洋理工大学该项得分93.9分)。虽然第四项论文引用数指标的分数略低,但前四项指标几乎与排名前10的学校没有区别。与此相对,东京大学第五项外籍教员的比例和第六项外国留学生人数比例的具体得分却没有刊载在QS公司的官网上。这是因为东京大学的该两项数据没有进入世界前500名。在这两项各占5%比重的指标上,东京大学的得分极低(低于30分),因此东京大学在排名上落后于新加坡国立大学(这两项指标分别是100分和86.1分)。

的确,排名前列的美、英等英语世界的大学中,确实有很多外籍教员和留学生。但是他们的日常用语是英语,上课也是英语授课。相对的,在日本,由于日语几乎是唯一的日常用语,要招募能流畅使用日语的外籍教师相当困难。即便能够勉强应对校园生活,若日常生活中不具备日语知识,恐怕也很不方便。此外,在日本以外的国家,掌握出色日语的学生并不多,因此留学生的数量也无法同英、美和新加坡的大学相竞争。话虽如此,为了提高大学排名,只要全部英语授课,并且增加外籍教员和留学生的数量就足够了吗?笔者绝不认同该观点。为何要在日本创立与英、美一样的大学呢?虽然有必要用英语授课,但不应该放弃用日语授课。正如本书后文所论述的,这样的行为意味着会丧失日语以及基于日语构建的高度的知识体系。如果真的为了追求外籍教员和留学生数量的飞跃式增加,而所有课程都使用英语授课的话,则不应只让大学成为特区,政府和国民也必须要有将日本变为英语世界国家之一的觉悟。

更何况,大学排名公司无视世界上各种社会和高等教育的框架,以及大学的构造、职责等如何缤纷多样,一律使用英、美社会中被认为重要的(转下页)

无论我们喜欢与否,全球化都在推进。笔者认为,有识之士应就全球化中日本大学的意义与作用进行彻底探讨,提出不被欧美的模型束缚的、最优的大学模式,以便在新时代中生产知识。国立大学更应如此。

本书中明确区分使用国际化与全球化的概念。在此基础上,笔者将探讨在全球化急速推进的现代世界中,人文科学、社会科学的作用以及对新世界史的理解、叙述和意义。

(接上页)基准来评判并排序世界上的各所大学。这种将世界上各种社会同一化、均质化的导向本身就体现了全球化的负面性,是应当被批判的倾向。尽管并未成为大学排名的标准,但是日本的大学有许多欧美大学中见不到的优点。例如相对便宜的授课费用、健康诊断及就职指导等可让教员和学生享受到的福利、安全的校园环境等。日本的政府和行政机构本应以"多样性"为旗帜,与其他非英语世界国家的政府一起,强烈反对明显有利于英语世界大学的排名方式和指标。然而事与愿违,现实是日本原封不动地接受了作为英国公司商业行为的世界大学排名,并宣布要在今后 10 年中使日本有 10 所大学进入前 100 名,这一表态十分令人遗憾。此外,大众媒体还照搬"欧美"言论,报道"东大沦落到亚洲第四了",只能说明他们缺乏批判精神。

与上述观点相反,笔者认为,世界大学排名在厘清世界各大学的特征和特性的差异这一点上发挥了积极作用,但对于使用同一标准来给所有大学进行排名,笔者抱有深切的质疑。

第一部分
人文社会科学与现代世界

第一章
人文社会科学的"国际化"

第一节 来自文部科学省的"国际化"要求

一、反复提及的要求

自21世纪初以来,在日本的主要大学中,人文社会科学的"国际化"问题便被作为重要的论题反复提及。只要浏览对日本学术研究趋势具有重大影响的文部科学省的官方网站就可以发现,在学术政策的领域"国际化"是如何被不厌其烦地反复言说的。本章将按照时间顺序,介绍一些主要的事例。

首先在2001年,时任科学官的立本成文发表了题为《应对国际化以促进人文社会科学振兴》的备忘录。该备忘录整理并展示了"走向国际化的基础条件""走向国际化之路"和"升级人文社会科学,促进其国际化的方法"三点内容。[1]

---

[1] http://www.mext.go.jp/b_menu/shingi/gijyutu/gijyutu4/015/siryo/attach/1343068.htm.

文部科学省科学技术及学术审议会中设置有学术分会,负责审议日本的学术政策。对分会而言,人文社会科学的国际化问题一直是重要议题之一。在 2007 年 1 月举行的第四届学术分会上,日本学术振兴会学术系统研究中心(以下简称"学术系统研究中心")提交了题为《日本学术研究动向(阶段总结)》的报告,对涵盖了人文科学和社会科学在内的所有学科领域进行了以下四个方面的评估:(1)该领域的特征、特性等;(2)过去 10 年间的研究趋势和当前的研究状况;(3)预计在未来十年里取得特别进展的研究和应该推广的研究;(4)诸课题与推进方法等。[1] 在人文科学与社会科学两大领域中,该报告强调"在国际上传播研究成果及提高国际竞争力"(社会科学),"有必要提高研究人员在国际上的学术影响力"(人文科学)。尤其是对于人文科学而言,报告将"与海外研究人员强化合作(人文科学的国际化)"提为需要推进的项目之一。[2]

之后的 2009 年 1 月,学术系统研究中心在第五届学术分会上提交了题为《关于如何振兴人文社会科学(报

---

[1] 最终报告题为《日本学术研究动向Ⅲ——日本学术振兴会学术系统研究中心报告》(我が国における学術研究の動向についてⅢ—日本学術振興会学術システム研究センター報告書),刊登于《学术月报》(学術月報)2007年9月号,并在线发表于日本学术振兴会的官网:https://www.jsps.go.jp/j-center/chousa_houkoku.html。

[2] http://www.mext.go.jp/b_menu/shingi/gijyutu/gijyutu4/siryo/attach/1337411.htm.

告）——通过"对话"和"实证"构筑文明基础之路》的报告。该报告中论及了人文社会科学发展的方向，开篇便提出"推进国际共同研究，推进作为不同学科间'对话'的共同研究"。为将报告内容付诸实施，学术系统研究中心设立了"人文社会科学国际化研究会"，对日本人文社科学术国际传播的现状进行了调研，并于2011年10月发表了题为《关于人文社会科学的国际化》的最终报告。最终报告对东洋史学、社会学、法学、政治学和经济学等领域的学术传播现状进行了分析总结，并提出了促进"国际化"的若干具体方案。

其后，"人文社会科学振兴委员会"在第六届学术分会上得以设立。2012年7月，该委员会提交了题为《振兴人文社会科学，力求克服风险型社会及建设成熟的知识型社会》的报告。这份报告中首次使用了"全球化"这一概念，并认为"全球化与国际学术空间"是促进人文社会科学振兴最重要的三个条件之一。[①] 日本学术促进会接受了这份报告，并于2013年度开始了"课题导向的先导性人文社会科学研究推进事业"。在作为其支撑框架设立的三个项目中，有一项是"全球展开计划"，其主旨在于"以人文社会科学中的各个领域为对象，推进国际共同研究，通过建立国际化网络，促进与国外学者的对话，并传播全球化的研究成果"。

---

① 该报告中将"全球化"与"国际化"进行了有意识的区分。

尽管文部科学省和日本学术振兴会如此活跃,力图推进人文社会科学的"国际化",但是在过去十几年间,这一问题依然被反复提起讨论。由此可见,人文社会科学所面临的状况一直未发生剧烈的变化,这一点不禁让人陷入沉思。

二、日本学术振兴会主导的文科研究批判

上述学术系统研究中心整理的《日本学术研究动向(阶段总结)》在提及人文科学课题一项时,做出了非常悲观的预测:"由于相关研究领域均倾向西方,未具备宏观性地考察世界的研究环境。考虑到人们很难期待其组织内部研究体制(讲座等)的自发性重组,改善研究环境的道路看来非常艰险。"如今,距离报告提出虽然已经过去十余年,但是只要日本人文社会科学的"国际化"一日没有取得突破性进展,这个悲观预测的正确性也就一日无法撼动。

此外,在该报告最终部分的"诸课题与推进方法"一项中,学术系统研究中心对人文科学与社会科学分别苛以如下酷评。

(1) 人文科学

> 日本的人文科学对于西方的研究亦步亦趋,又极度缺乏把自己的研究成果向海外传播的能力。除了一部分顶尖研究人员外,大部分人文科学的研究人员仅仅止步于在国内学术会议上交流成果,并不耻于把发

表在不进入海外研究者视野的国内学会杂志上的文章列入业绩中。人文科学的研究者,尤其是学科主场在海外的研究者,必须勤用国际通用语言与国外研究人员反复进行交流,为了使外部的目光汇集到自己的研究成果上来不懈努力。在国际化的时代,大多数研究者不能自如地运用英语(或相应的外语)乃是日本人文科学的致命弱点。[1]

(2) 社会科学

对于社会科学整体而言,向国际传播研究成果的必要性及提高学科的国际竞争力俨然已成为重要的课题。在经济学或实验心理学等领域,日本的研究者们以数据和公式为基础展开研究,并将成果发表在欧美的杂志上,与各国的研究者们站在同一赛场上相互竞争。反观以语言为载体的其他社会科学领域,毫不夸张地说,总体形势依旧是对以欧美为主的外国的先行研究进行跟进,研究成果的传播仅限于日本国内。

本报告想要补充的是,在思考日本社会科学的国际立足点时,不仅应当考虑与已经成为主流的欧美各国进行共同研究,以下各种课题的重要性也在与日俱增:与亚洲国家间的联合研究;亚洲国家研究的系统

---

[1] 『学術月報』2007 年 9 月号,23 頁。

性阐释,以及在海外发表研究成果等。日本应当承担将基于亚洲人视野的亚洲研究传播至全球的重任。①

报告指出,人文科学的问题在于大多数学科的研究主场在海外,尤其是西方国家,而日本的大部分研究者满足于在日本国内进行成果汇报,并且研究者无法自如地运用英语等外语。同时,社会科学的问题在于在以语言为载体的学科的研究中,使用日语开展研究遭到严厉的批评。报告反过来强调了向世界传播基于亚洲人视野的亚洲研究的重要性。

需要注意的是,报告强调,无论在何种情况下,仅仅使用日语发表研究成果都是远远不够的。因为日本的人文科学对作为主场的西方亦步亦趋,社会科学也以西方的研究为主流。乍看之下,这似乎是有理有据的批判,然而正如笔者在序章的注释中所指出的那样,这是将"欧美"奉为圭臬的日语表述中才有的言说,具有特征性。笔者认为,日本的人文社会科学学者恐怕不能将这样的批判原封不动地接受下来。在当下的日本,隶属于人文社会科学的诸多学科起源并成长于以欧美为主的西方国家,这一事实无可辩驳。然而,这并不意味着基于日语的学术研究毫无意义,更不能断言人文社会科学的中心在西方甚至欧美。笔者认为,由于学术系统研究中心的批评本身是由在日本的人文社会科

---

① 『学術月報』2007 年 9 月号,65—66 頁。

学界浸润多年的研究者们所提出的,这些研究者历来接受的学术训练,均早已使他们在无意识中受到西方中心主义的影响。关于这一点,后文将另行详述。

第二节 "国际化"的现实和必要性

一、英语出版即国际化?

文部科学省和日本学术振兴会为何如此执着于人文社会科学的国际化工作呢?为什么人文社会科学必须国际化?在讨论这些问题之前,首先要确认的是他们所谓的"国际化"到底是什么。

正如本书序章所述,日语中的"国际化"对应英语中的"internationalization"。从字面上理解的话,应是指各国超越国境,加深对彼此的交流和理解。所以,某日籍学者将公开发表的研究成果与非日籍学者进行共享,双方就内容进行讨论后取得新发现,这个过程就是"国际化取得进展"的体现。从这层意义上讲,如果所有非日籍学者都通晓日语,并可以参与到日语学术世界的讨论中来的话,那就意味着日本的学术界完成了国际化。总之,人文社会科学的国际化是指日籍学者与非日籍学者"站在同一赛场上相互竞争"。

然而,阅读2011年的《关于人文社会科学的国际化》可以发现,整理报告的委员会引用了2002年学术分会上题为

《人文社会科学的振兴——回应21世纪学术被期待取得的作用的当下的振兴方案》的报告,引用的具体内容为"日本学术界在包括发行英文学术杂志、投稿英文论文等学术的国际传播上投入力度不足。日本有必要采取具有组织性的措施,把日本杰出的研究成果借由英文向世界传播"。同时,报告指出,研究会委员一致认为目前在国际上传播的研究成果数量较少,因此增加成果在国际上的传播数量是非常重要的。这里提到的"国际传播"显然不是使用日语发表论文或著作,如果是用日语的话,那么相关领域的许多研究者已经做得相当出色了。也就是说,文部科学省和日本学术振兴会认为,"国际化"是指用包括英文在内的外语来发表研究成果。

相对的,在美国和英国等英语国家中,绝大多数人文社会科学研究人员只会说母语英语,并且只用英语发表研究成果,然而却未听闻他们在自己祖国受到国际化程度低这样的质疑。[①] 这是因为大部分非英语国家的研究者都会使用英语发表研究成果,并使用英语参加讨论。同时,美国、英国、澳大利亚等英语国家的大学中,有一大批来自非英语国家的学者,他们同样使用英语进行教研活动。

因此,在英语世界中,"国际化"并不构成学界的问题,

---

① 例如,在美国进行美国史研究的学者被批评为极端内向,对外国史或外国学者的研究成果漠不关心。

而主要以日语发表研究成果的日本人文社会科学界却被视为不够"国际化"。日本学术振兴会甚至认为,仅满足于用日语发表成果是一种"耻辱"。英语"internationalization"与日语"国际化"虽是对应的一组词,但其意涵绝非完全相同。在世界范围内,同样都是用本国的官方语言来从事研究工作,在是否"国际化"的问题上得到的待遇却截然不同。虽然令人无奈,但现实如此。

二、世界上各语言间金字塔式的等级制度

毫无疑问,当今学术界使用的语言存在着明显的等级秩序。在这个秩序中,英语位于顶点,其他语言以使用国家的政治、经济、军事和文化实力为参照顺次排开。第二次世界大战之前,在美国的政治、经济、军事和文化力量还未在世界上独领风骚之时,法语和德语也被视为与英语处于同等地位的国际通用学术语言。老一辈的人可能还记得,到某个时期为止,日本的医生还都使用德语来写病历,这是因为自明治以来,日本许多医生赴德国留学,用德语学习医学。

截止 20 世纪 70 年代,通信和交通还远不像现在这样方便,世界各地尚未被紧密地联系在一起。在那个时代,若干种语言并列为国际通用语言。我曾经专攻伊斯兰世界史,以该领域的权威参考书《伊斯兰百科全书》(*Encyclopedia of Islam*)为例,该书第一版(1918—1936)出版了英、法、德三

种语言的版本,第二版(1954—2005)则只出版了英、法两种语言的版本,而2007年开始发行的第三版仅存英文版。20世纪中叶之后,英语影响力的增长可见一斑。

仅看这种趋势似可推断,至少在一段时间内,英语将继续作为世界学术交流的通用语言存在。这就是现实。文部科学省与日本学术振兴会可能正是据此认为,日本研究者也应该用英语这一国际通用语言来发表研究成果吧。① 他们认为,用英语展开的学术交流可称为"同台竞技"。但笔者的观点与此稍有相悖。的确,人文社会科学研究者有必要用英语来发表成果,但这样做绝不应该是因为英语是国际通用语而做出的无可奈何的选择,而是出于其他理由,确实需要用英语进行发表。关于这一点,笔者将在之后的第三章和第四章中详述。

三、国际化的必要性

如果人文社会科学的"国际化"意味着用英语进行学术交流,那么我们现在就应该重新回到源头,对以下问题提出质疑:为何日本的人文社会科学必须实现"国际化"?为什么日本的学者必须使用英语,与英语圈的学者们"同台竞技"?仅仅使用日语进行人文社会科学的研究是不够的吗?

---

① 《关于人文社会科学的国际化》中提到,应"将研究成果译成英语等语言向世界传播"。笔者想提醒读者注意,该句也可以解释为使用除英语以外的外语传播也是国际化的方式,此点留待后文详述。

倘若是不够的,其中的原因又是什么呢?

一旦提出这样的质疑,仿佛立刻就能听见来自周围的批评:"事到如今怎么还在说这些胡话?学问具有普遍性,所有的研究成果理应与世界上的学者共享,供大家体味与批评。看看理科的学问吧!理科不就是在用英语与世界各国的学者相互竞争吗?"以政治家和文部科学省为首,代表社会一般民众的大众媒体把学问比作奥林匹克运动会,各国的选手们以获得奖牌为终极目标,在同样的规则与条件之下竞争优劣。大众媒体对诺贝尔奖得主的狂热追捧即是明证。媒体对待诺贝尔奖得主的态度与报道方式和对待在奥运会上夺金的选手完全一样。

确实,对于像物理学、生物学、数学这样主要使用数字与符号来开展研究工作的理科诸学问而言,或许可以认为世界各地的学者遵循着同一规则,在同一条件下进行研究。① 但是最近,笔者意识到人文社会科学的情况并不那么单纯。人文社会科学有时会被统称为"文科",它真的可以像理科各学科一样,被称为具有普遍性的学问吗?换句话说,在文科领域,世界各地的学者们真的可以遵照同样的

---

① 只有发达国家受政府支持的研究机构,才能够提供大型观测设施与先进的实验器材。这意味着哪怕是在理科层面上,世界各国也并非在"同一条件"下竞争。假设日本政府将学术研究视为奥林匹克运动会一样的国别竞争,认真考虑打造世界首屈一指的大学与研究机构的话,那么投入巨资整备其他国家所不能购置的观测与实验装置,以此来吸引世界各地优秀的研究者与学生,才是最高效的方法。

规则和条件,站在同样的立场上展开讨论,并得到一致的结论吗?从下一章开始,围绕这个问题,笔者将聚焦于人文社会科学研究的前提——默会知识,以及研究中所使用的语言这两点,进行更加深入的思考。在那之前,笔者将首先总结日语中一般被称为"文科"的人文科学与社会科学究竟包含了哪些内容。①

第三节 人文社会科学的定义

一、日本学术振兴会的定义

19世纪后半到20世纪初,在德、法、英等西欧诸国及其周边地区中,大量学科集群被创建并形成体系。其中,人文科学与社会科学是主要通过语言,对人类及其所在的社会进行阐释、说明,从而得出结论的学问的总称。不过,人文科学与社会科学这两门学科之间的界线,尚未得到明确清晰的划分。

前文介绍过的《日本学术研究动向(阶段总结)》对这两门学科做出了如下定义:"人文科学是指从共时的、历时的

---

① 这一大疑问本应在大量著作中得到论述。然而,尽管存在诸多文学、历史、政治、经济这样的独立学科的研究,但是令人意外的是,几乎见不到从整体上讨论人文社会科学的研究。此处提供以下两份文献作为参考:日本学术振兴会学术「人文科学及び社会科学の振興について(報告)——「対話」と「実証」を通じた文明基盤形成への道」(2009年1月)、安酸敏真『人文科学概論』(知泉書館,2014年)。

角度考察人类的思想与行动,以及由人类群体构成的社会的价值观与行动准则,以此加深我们对不同人群本质及各种文化特性的认识。"①"社会科学是实证性地、规范性地、理念性地分析考察人与社会的关系及社会存在形态的学问总称。"②由此可知,两者都以人类及其所在社会作为研究对象,单从定义上来看,未必能清晰地判断两者的差异。

概括来说,人文科学主要通过解读以文字为载体的文献资料,通过对资料的阐释来说明各个体和群体的特征,即力图说明与强调研究对象的固有性与独特性。与此相对,社会科学以人类的行动或社会为研究对象,运用普遍性的理论与研究方法,通过语言文字对研究对象的各种位面进行说明。同时,社会科学里也有部分学科,如经济学与社会学等,重视由数字与符号组成的材料。但是,这种解释只说明了两者的倾向性,实际上,人文科学与社会科学的研究对象经常重叠,研究领域的边界极为模糊。

例如,关于江户时期城镇社会的实态,不但可以从隶属于人文科学的文献史学中社会史的路径出发进行研究,而且可以从社会科学中历史社会学的路径出发进行考察。再比如,文艺复兴时期的政治思想既可以作为人文科学的思想史,又可以作为社会科学中的政治学来进行研究。两者

---

① 『学術月報』2007 年 9 月号,4 頁。
② 『学術月報』2007 年 9 月号,38 頁。

的区别在于接近研究对象的路径方法,以及对理论化的不同追求。

本书主要讨论的历史学,也可以根据研究对象与内容的不同,被分别划分进人文科学或社会科学的范畴中。一方面,历史学通过大量阅读文献资料,对研究内容做出定性分析的研究方式,符合人文科学的定义。另一方面,对过去的经济或社会相关信息进行数据处理,最后得出定量结论的研究方式,则可以被归纳入社会科学的范畴。

二、世界各国对文科研究的定义

人文科学与社会科学学问上的区别、内容、意涵并非国际共通,世界各国均存在有关人文社会科学的特有的指称与特征。应该注意的是,许多相似的词汇或概念根据语言的不同会在意涵上产生微妙的差别。

在日语中,狭义的人文科学主要包括哲学、史学、文学三个次级学科。这样的分类方法是在西欧近代学术体系进入日本之前,由在日语学术圈占有主要地位的汉籍研究的分类演变而成的。在法语世界,人文科学与社会科学通常被视为一体,两者多被合称为"science sociale"(社会科学)。法语中虽然也有"science humaine"(人文科学)这种表达方式,但历史学一般被认为隶属于"science sociale"。在美国,在"humanities"(人文科学)与"social science"(社会科学)之外,还有与"文科"意思相近的"arts"(人文学)。譬如,耶鲁大学就将历史学归纳在"arts"学科下,颁发的学士学位也被称作"Bachelor of Arts in History"(历史学文学士)。

像这样仔细探讨这些指称的细节部分可以发现,世界各国的人文社会科学并不具有同样的结构、组织与意涵。然而,人文科学与社会科学作为学科的普遍使命,可以被归结为以下两点:一、用语言文字来理解并解释人类及其精神与文化、社会与行动的各种位面;二、用语言文字恰当地说明并理解现代社会中存在的为数众多的问题,并且提供解决方案。在这里,需要特别留意"语言文字"。对于历史学及其所隶属的人文社会科学等文科学问而言,语言文字是最不可或缺且最为重要的工具。

第二章
人文社会科学中的默会知识

为了厘清人文社会科学的特征,本章将从三个角度论述"默会知识"。"默会知识"是文科学术体系建立的前提,是被认为不言自明、无须验证的对世界的观察方式。

本章选取了德国、日本两个国家为例,其中德国代表着人文社会科学诸种学问诞生发展的西欧,而日本则是这些学问的进口国。首先,本章将确认日本和德国的人文社会科学是如何体系化的,接着探讨默会知识这一使这些学科体系化的前提。理论上需要分别探讨人文科学和社会科学两者的情况,但由于笔者知识能力有限,此处选择与历史学密切相关的人文科学的具体研究作为案例进行说明。最后,本章将以与人文科学和社会科学两者都有关的学科——区域研究为例,论述作为其研究前提的"默会知识"。

第一节 德国与日本的人文科学体系

一、德国大学的组织结构

2015年6月初,笔者拜访了德国南部一所历史悠久的综合性研究型大学(以下称"A大学")。自2005年以来,德国在联邦政府的主导下一直进行着名为"卓越计划"(Excellence Initiative)的大学研究能力强化计划,旨在强化顶级研究,提升德国大学的国际竞争力。该计划从设立新研究院、创立尖端研究基地、确立组织改革战略三个方向进行招标[①],经过层层筛选后立项的计划将会得到政府的财政支持。在2012年的第二期招标中,新建研究院方向45项、新建尖端研究基地方向43项、组织改革战略方向11项,共计99个计划立项。这些项目在2012年至2017年的五年间,总共获得了24亿欧元(约合185亿人民币)的经费支持。A大学在三个方向的计划中各入选其一,正由校长牵头,极力整合推进这三个项目。同时,A大学设立了国际有识之士会议,对A大学各方面的改革成果进行评价并提供意见。笔者受邀成为会议的一员,并借出席首次会议之机,拜访了这所大学。

---

① 第三期项目招标与此前两期不同。这一期优先尖端研究据点的申请,预计将针对已经拥有一定数量据点的大学的未来构想,进一步支援其发展。

两天的会议日程从一早到深夜安排得非常充实。从听取大学的组织架构与预算等基本事项的介绍,到了解改革的现状及各种研究教育项目的内容,访问尖端研究基地,再到与大学执行部交换意见,等等,A大学准备了丰富多彩的活动。大学还为我们一行六位国际有识之士会议成员安排了闭门讨论时间。通过两天热情周到的说明与细致的讨论,笔者充分了解了A大学致力于开发以理科专业为中心的、融合协作的新型研究领域的现状。对于笔者而言,相比提供意见,似乎说这是一个宝贵的学习机会更为妥当。

即便如此,我也并非完全接受这所大学的组织及改革动向。在听取了关于人文科学院①的说明之后,我心中顿生诧异。

请看表1。在A大学中,人文科学院的组织分为五个序列,共设有28个专业方向。各个序列所属的专业方向都具备相对明显的特征。第一列是古典研究、古代研究与考古学;第二列是非欧洲世界研究;第三列是历史;第四列是欧洲诸语言;第五列是以上四列之外的新旧人文科学。其中特别值得注意的是第二至第四列。可以看出,第二列是非欧洲研究,第三列和第四列是欧洲研究。虽然没有明确

---

① 德语原词"Philosophische Fakultät"的字面意思是"哲学院"。当天的答疑与说明全部使用英语,英语说明用了"Faculty of Humanities"一词,这也体现了不同语言之间相似词语意涵上微妙的区别。

说明，但第三列的"历史"研究其实就是从古代到近代的"欧洲"史研究，由此很容易判断出，德国非常重视对其周围地区过去历史的研究。这并非狭义上的德国史，而是"欧洲"史，而且并非地理意义上的欧洲史，而是作为概念的"欧洲"史，从东欧史被单独划分为一个方向也可看出这一点。第四列是语言与文学的研究，但这个序列中研究的仅仅是德语、英语、法语与意大利语等罗曼语系语言，以及俄语等斯拉夫语系语言。

表1

第一列	埃及及古代东方的考古学与语言、新石器时代、欧洲与中世纪考古学、希腊及罗马考古学、希腊及拉丁语、美术史、音乐史、欧洲宗教
第二列	文化人类学、印度学及比较宗教学、中国学、朝鲜学、日本学、伊斯兰及东方学
第三列	古代史、中世史、近世史、近代史、地域史、东欧史
第四列	德语（中世语、现代语、语言学）、英美语（文学、语言学）、罗曼语（文学、语言学）、斯拉夫语（文学、语言学）、普通及比较语言学
第五列	修辞学、哲学、媒体研究

同时，第二列集结了日本学、中国学、朝鲜学等非欧洲研究，对日本、中国等国的语言或历史研究必定隶属于这一范畴。就这样，包括德国的欧洲研究与包括日本、中国等的非欧洲研究，在组织化的过程中被明确地区分开来，各成体

系。一方面,在欧洲研究中,历史学、文学等多种学科的方法被用于研究对象,另一方面,非欧洲研究则是以"日本""中国"这样的国别或以该国文化为框架开展,两者在认识框架上存在明显的差异。事实上,将日本和中国当作独立的单位进行研究,已算是待遇不错了,因为对非洲国家或东南亚地区的研究,甚至只能归属于与地区无关的文化人类学专业。

A 大学人文科学院的这种学科结构,从整体上如实地反映了 19 世纪后半到 20 世纪初,在西欧诸国确立的当时人文诸学科的基本特征,即把本国与"欧洲"的相关研究纳入一个体系,并将该体系与"非欧洲"相关的研究明确进行区分,而这种区分最终导致了学科领域二元对立的体系化。当然,本国和"欧洲"的相关研究所占的比例是压倒性的多数。时至今日,在德国、英国、法国等西欧国家的大学中,人文科学依旧基本按照这种形态进行体系化,只是在名称和组织构成上稍有差异而已[①],A 大学并非特例。

---

① 例如,牛津大学的人文科学研究由以下 13 个方向构成:古典学、英语语言文学、历史学、语言音声学、中世及近代语言学、音律学、东方学、哲学、牛津人文科学研究中心、美国研究、美术、神学宗教学、伏尔泰基金。除东方学之外,都是与英国及西方有关的研究。历史学部下设 9 个研究中心,研究对象基本是英国及欧洲的历史,包括近世英国及爱尔兰史、性别归属意识及主观性、儿童史、近代欧洲史、拜占庭研究、全球史、古代后期史、美国史、医学史等。日本与中国等的历史归属于东方学院。详情请参照网址 https://www.ox.ac.uk/research/divisions?wssl=1 或 http://www. History. ox. ac. uk/research-centres。

二、人文科学院院长之烦恼

在本节中,笔者想继续在 A 大学考察的话题。目前,A 大学所维持的学问体系是以早在 100 多年前就已经形成的、二元对立的世界观为基础发展而来的,它真的能实现所谓的"改革"吗?现代世界发生的各种与人文科学相关的现象,并不能用这种二元对立的世界观进行说明,若硬要如此说明,可能也只会得出错误的结论。例如,"欧洲"与"非欧洲"的文学,除了使用语种以外存在着哪些根本性的不同呢?"非欧洲"的日本与"欧洲"在各种社会价值和基于这些价值的思想延展层面,又存在哪些根本性的不同呢?这就是令我感到诧异的地方。因此提问环节中,笔者直接向负责进行说明的 A 大学人文科学院院长提出了以上质疑。院长的回答简短明了:"正如您所说的那样,我们知道现状中存在着问题,目前正在努力探索改革的方向。希望诸位给予宝贵意见。"这个回答出乎笔者的意料,因为原本预想院长会对组织体系的正当化稍做辩解反驳。

报告环节结束后,院长前来致谢:"您提出了非常重要的问题。"通过与他的交流,笔者终于理解了为何这位研究中世拉丁文学的院长面对质疑,会做出这样的回答。大多数日本大学的院长任期两年,由在编的老师轮流担任,而 A 大学的院长由校长指定,且没有特定的任期。原则上,在校长发令使其卸任之前,院长可以一直履职,这样的院长被称为"职业院长"。人文科学院院长遵照校长的意见推进学院的改革,但由于很难描绘出与其他学科开展跨学科合作的改革整体蓝图,加之教员们并非通力合作,院长在推进改革的过程中如履薄冰。在这层意义上,笔者的批评对他而言反而是一阵"及时雨"。

两天的日程结束后,国际有识之士会议的最终报告被寄给 A 大学的校长。报告中提议进一步深化人文社会科学相关学科的组织改革,将这些学科的研究与大学所追求的具备跨学科、学科融合性质的尖端研究进行有机的结合。① 由于会议讨论的风向已转移至跨学科与学科融合的问题上,因此笔者未继续发言。但依笔者之见,人文社会科学即使不与理科专业加强联系,单从重新审视其构成前提的"默会知识"出发,就可以重新获得自身的现代性存在意义。有关此点,本书之后的章节将另行详述。

三、东京大学的人文科学组织架构

接下来,笔者想探讨一下日本的人文科学的组织架构。自 19 世纪末起到 20 世纪上半叶,以东京大学为代表的日

---

① 在 2016 年 6 月初举办的第二届国际有识之士会议上,A 大学提出了两点提议:第一点是重视现代德国社会存在的首要问题——"移民"问题,对于此问题人文社会科学中诸多学科应以"相异"作为关键词制订共同研究的体制;第二点是文科研究者应积极参与到可持续发展研究中来。仅仅一年时间内,A 大学内部的讨论与意识改革呈现了相当大幅的进展。

本主要国立大学在政府的主导下,参照德国大学的模式建校。① 这些学校在设立人文科学研究组织之时,势必会参照 A 大学人文科学院这样典型的西欧型的组织和体系。那么,现代日本大学与 A 大学是否存在相同的人文科学的教育研究组织架构呢?

在日本,很多大学都设置有文学院,来进行人文科学的教研活动。此处以东京大学作为综合性研究型大学的代表进行讨论。

东京大学文学院拥有四个学科,下设 27 个专业方向。

思想文化学科:哲学、中国思想文化、印度哲学佛教学、伦理学、宗教学、宗教史学、美学艺术学、伊斯兰学

历史文化学科:日本史学、东洋史学②、西洋史学、考古学、美术史学

语言文化学科:语言学、日本语言文学、日本语言文学、中国语言文学、印度语言文学、英美语言文学、德国语言文学、法国语言文学、斯拉夫语言文学、南欧语言文学、现代文艺论、西洋古典学

行动文化学科:心理学、社会心理学、社会学

---

① 吉見俊也:『大学とは何か』,岩波新書,2011年。
② 译者注:日语中习惯用"西洋""东洋"表达"西方""东方"。本译作中遵从中国学术界的习惯,使用"西方""东方"的译法,但日语中的学科专有名词"西洋史""东洋史"按照现地法则译为"西洋史""东洋史"。

将其与先前列举的德国 A 大学的人文科学院的组织结构进行比较,可以发现一个意味深长的事实:东京大学人文科学的组织结构并没有像 A 大学那样,将欧洲和非欧洲严格地区分开来,并采取不同的路径进行研究。无论是英国、法国、德国等欧洲国家,还是日本、中国、印度等非欧洲国家,东京大学都将其统一置于依照思想、语言与文学、历史研究等划分的学科中。除此之外,两者还有一些细微的不同之处,而这些不同之处正是本书最关注的问题。

东京大学这样的组织架构是何时成型的?为何东京大学与 A 大学存在这样的组织差异?针对这些问题,我们首先需要梳理一下东京大学组织架构的变迁。

东京大学自 1877 年建校以来,经历了数次组织架构的大重组。其中,有关人文科学的组织起初被称为文科大学,后来先后更名为文学院、人文社会系研究科,并作为一个独立部门运营至今。《东京大学百年史》简要总结了这一组织的历史,据该书所述,1919 年的文学院由以下 19 个专业组成:

哲学、中国哲学、印度哲学、伦理学、宗教学宗教史、美学美术史学

日本史学、东洋史学、西洋史学

日本文学、中国文学、梵文学、英国文学、德国文

学、法国文学、语言学

　　心理学、社会学、教育学

彼时隶属于文学院的教育学,此后作为一个学院独立了出去。此外,1919年作为一个学科的美学美术史学,后来也分为两科。在那之后,文学院又加进了伊斯兰学、考古学、社会心理学等新兴研究领域,文学领域也出现了若干新的专业,并存续至今。但是可以说,如今以思想、历史、语言、行动为关键词,将几乎所有专业编入这四大学科的组织核心,早在1919年就已经形成了。也就是说,东京大学文学院的教研体制的基础早在100多年前业已形成,而且在之后也未经历根本性的变化。

这意味着早在19世纪末到20世纪初,日本借鉴德国的框架设置新大学之时,人文科学的组织架构就已经产生了不同于德国的变化。这一变化具体呈现了怎样的内容?在此笔者仅对历史学领域内的变化及其理由进行简单的说明。

四、日式历史研究体制的确立

1887年,东京帝国大学开设了名为"历史"的课程,这是与作为模板的德国大学一样教授"欧洲"历史的一门课。从授课教师聘用了德国人路德维希·里斯(Ludwig Riess)可以看出,这一时期的课程完全复制了德国的学术体系与组织。然而,仅仅两年后的1889年,东京大学便开设了"日本史"课程,1910年又增设了"东洋史"课程。[①] 设置这两门德国所没有的课程,正是日本独自做出的改变。而最初设立的"历史"课程,后来更名为"西洋史"。至此,历史研究范畴下的三个专业——日本史、东洋史、西洋史设置完成。

在东京帝国大学将学科群重新体系化的时候,考虑并尽量融合了日本曾经的学术传统。在研究日本的过去的"日本史"方面,已经有了自江户时代开始编纂的《大日本史》这一实绩;而在"东洋史"的主干,即中国的过去方面,在清朝盛极一时的考据学与王朝史研究已经得到了引进,因而有所积累。虽然研究方法并不全然相同,但正因为有了这些前提条件,日本史、东洋史、西洋史的三分法才成为可能。

另外,东洋史学科设置时,正值日本在甲午战争及日俄战争中获胜,准备通过朝鲜半岛大规模侵入中国,因此需要记住,这种三分法与当时日本的知识分子及政治家的世界观有着密切的关联。这种世界观指世界由三部分组成,一部分是"祖国"日本,一部分是日本应模仿并赶超的西方诸国,一部分是日本需要对其进行指导的东方诸国。[②]

---

① 其前身是成立于1904年的中国史学科。中見立夫:「日本的「東洋学」の形成と構図」,岸本美緒(責任編集):『岩波講座「帝国」日本の学知　第三巻　東洋学の磁場』,岩波書店,2006年,30頁。羽田正:『新しい世界史へ——地球市民のための構想』,岩波新書,2011年,24—26頁。

② 羽田正:『新しい世界史へ——地球市民のための構想』,岩波新書,2011年,29頁。

此处举的虽然是东京大学的例子,但是其实京都大学的人文科学相关组织结构与东京大学大同小异。今天的京都大学文学院下设文献文化学、思想文化学、历史文化学、行动文化学与现代文化学五个学科,共 31 个专业。其中,现代文化学下设科学哲学科学史①、20 世纪学、现代史等东京大学未开设的课程,但是其他四个学科的专业设置几乎与东京大学毫无二致。② 京都大学于 1907 年设置了东洋史学,比东京大学更早。如果把从东洋史学中分离出来的西南亚史看作广义上的东洋史学,把从西洋史学中分离出来的现代史看作西洋史学的一部分,那么京都大学的历史研究也是由日本史、东洋史、西洋史三部分组成的。

日本的主要国立大学在明治时期从德国引入近代大学制度后不久,其历史教育与研究就被分为日本史、东洋史与西洋史三个框架,分别进行推进。这种设置在当时的世界上绝无仅有,是日本独有的历史教育研究框架。同样,文学与思想领域也出现了一些变革,印度文学或中国思想的专业设置就是这种变革的体现。日本虽然从整体上导入了德

---

① 译者注:经确认,该名称无误,参考京都大学文学研究科科学哲学科学史主页: https://www.bun.kyoto-u.ac.jp/philosophy_and_History_of_science/phs-top_page/。

② 文献文化学被分置于东洋系与西洋系中。在有关"思想"的各研究领域中,中国哲学史、印度古典学、佛教学属于文献文化学的东洋系,西洋哲学史与基督教学被划分为思想文化学范畴(西洋系)。此外,还有日本哲学史、西南亚史学、地理学等东京大学未设置的学科。

国的人文科学教育研究组织架构,但很快形成了与"宗家"不同的独立的学科体系。

为什么在以德国为代表的西欧与日本,人文科学的学科领域会出现不同的体系化趋势呢?这是一个与人文科学的"普遍性"相关的重要问题。为了探究这个问题,在此需要讨论西欧的人文科学和日本人文科学在默会知识上存在的差异。

第二节 西欧与日本人文科学的默会知识

一、西欧人文科学的默会知识

19世纪后半到20世纪初,近代大学在西欧诞生,其中制度化的人文科学背后,存在着一种默会知识。默会知识指的是不需要特意验证的前提,西欧大学的这种默会知识即"欧洲"与"非欧洲"的区别。对于当时西欧国家的知识分子来说,他们所属的"欧洲"这一空间包含了他们所信仰的所有正面价值观,如进步、自由、平等、民主主义、科学等。与此相对,"非欧洲"充斥着诸如停滞、不自由、不平等、专制、迷惘等负面的价值观。两者虽共存于地球上,但是两个完全异质的空间。当时,西欧诸国陆续对非欧洲地区进行了军事征服与殖民统治,这一事实似乎足以为这种二元对立世界观的正当性进行背书,而不需要其他理由。生活在地球上的人类群体存在优劣之分，"欧洲"人在所有方面都优于"非欧洲"人。

当时西欧国家的知识分子意识到，属于"自我"的空间是欣欣向荣的德国与法国等国民国家。但这并不妨碍他们把包括德、法在内的更大的"自我"空间"欧洲"与对照性的"他者"空间"非欧洲"进行二元对立式的理解。对这些知识分子而言，这种理解是不存在争辩余地的须知事项，换一种表达方式就是默会知识。

西欧各国人文社会科学的主要学术领域和基本研究方法，就是建立在这种默会知识的前提下的。伊曼纽尔·沃勒斯坦（Immanuel Wallerstein）考察了学科诞生初期的分类后，将在西欧大学中新构建的人文社会科学体系做了如下整理。

(1) 19世纪以前就存在的学问——神学、哲学、法学

(2) 用于理解进步且具有普遍性的"西方"的学问——政治学、经济学、社会学、历史学

(3) 用于理解恒态并具有特殊性的"非西方"的学问——东洋学、人类学[①]

其中，第(2)类就是在这一时期得到发展的与"欧洲"有

---

① ウォーラーステイン著、本多健吉·高橋章監訳：『脱＝社会科学——19世紀パラダイムの限界』，藤原書店，1993年，31—33頁。

关的研究。各国首先以本国为研究单位,将各学科分别进行体系化,然后将与更大的"自我"空间"欧洲"有关的诸种研究置于这个序列的上位。以历史学为例,首先有"德国史"和"法国史"等,然后有统括这些国别史的"欧洲史"。相对的,属于"非欧洲"研究的日本研究或中国研究被归入第(3)类的东洋学范畴,分为日本学、中国学等。在当时看来,"非欧洲"特别是"东方"毫无进步,且处于停滞状态,因此不存在以进步为前提的历史。但东方确实存在着留有文字记载的过去,西欧的研究机构认为,这些文字记载可被用来了解已高度发达的欧洲的过去,为此整饬了"日本学""中国学"等研究。德国 A 大学人文科学院的组织架构就完全遵循了沃勒斯坦整理的体系。

这里有一个极其重要的问题。当时,认为自己属于"欧洲"的人们以为,他们所处的社会已经来到了人类历史的最前端,这个社会拥有许多具备普遍性的特征,非欧洲的人们迟早也会接纳。他们相信,自己生产出的知识从基本前提到理解范畴也全都具有普遍性。由他们总结归纳的学科所产生的知识和"非欧洲"地区人们的知识存在诸多差异,但这些差异是由人类集群的成熟度所决定的。假以时日,"非欧洲"也会接受"欧洲"的知识体系。虽说地球上的人类分属于不同的集群,但大家都沿着同样的道路、向着同样的目标前行。在文明进步的过程中,后进的"非欧洲"经由十分先进的"欧洲"履行文明教化的使命后,便能够理解"欧洲"

具有普遍性的学术方法及知识体系，并将其内化为自身的东西。① 由此可见，至少对当时的欧洲知识分子而言，在欧洲体系化的人文社会科学毫无疑问具有普遍性，生产着人类共通的知识。

本章的话题由德国的大学而起，所论述的二元对立的默会知识存在于"欧洲"与"非欧洲"之间。但在此之后，以美国为中心的北美人文科学研究突飞猛进，特别是在北美地区，"欧洲"的概念开始被包含地理上的欧洲与北美地区的"西方"(the West)概念取代，其对立概念也从"非欧洲"转变为"非西方"。"欧洲"和"西方"虽然不同义，但都具有所有的"正面"价值，而其相对概念"非欧洲"与"非西方"则皆具有一切"负面"价值，从这个特征来看，"欧洲"与"西方"的特性是相同的。沃勒斯坦在进行学科分类时使用的"西方"，正是基于这样的意涵。

二、日本人文科学的默会知识

佐藤仁在最新发表的研究中阐明，在草创期，东京大学

---

① 本来应该运用以欧洲诸语言写作的大量文献资料来对这些总结进行论述，但条件有限，在此笔者姑且列出以下日语文献供参考。武田英尚：『文明と野蛮のディスクール』，ミネルヴァ書房，2000年。工藤庸子：『ヨーロッパ文明批判序説—植民地・共和国・オリエンタリズム』，東京大学出版会，2003年。羽田正：『イスラーム世界の創造』，東京大学出版会，2005年。ウォーラーステイン著，本多健吉・高橋章章監訳：『脱＝社会科学—19世紀パラダイムの限界』，藤原書店，1993年。ウォーラーステイン著、山下範久訳：『ヨーロッパ的普遍主義』，明石書店，2008年。

的人文社会科学已经出现了探索具有独创性的知识体系结构的动向。东京大学第二任校长、为政治学创立做出巨大贡献的加藤弘之曾经言道:"政治学以实验科学为模板,并非简单地将欧美的理论当作金科玉律去吹捧,然后将其直接置换为日语,而是立足于与各种事实进行对话的实证研究。"①加藤以此倡导建立新的政治学。

人文科学的学科变迁也可以在同样的语境中理解。以历史研究为例,西方的大学并未设置日本史课程。但既然是日本的大学,即使该课程在西方的大学中并不存在,也毫无疑问应该设置这门课。虽然无法确定当时的知识分子对此有多明确的认识,但是否设置日本史课程关系到学者开展研究活动时采取何种立场、从何种角度去言说研究对象。换句话说,这关系到"自我"与"他者"的界定问题。在如何看待世界这一世界观的问题上,日本表现出了与德国及西欧殊异的独特默会知识,从西方引入的人文科学组织架构经历了这种日本特有的默会知识的重新梳理。接下来,笔者将就此问题稍做详细探讨。

如上所述,德国大学里基本的认知方式是将本国作为"自我",除此之外皆为"他者",在此基础上,还存在着认为

---

① 佐藤仁:「大学の内なる国際化に向けて—東京大学にみる国際化の一四〇年」,羽田正編:『グローバルヒストリーと東アジア史』,東京大学出版会,2016年,299—300頁。政治学一开始被设置在文科大学中,后移设至法科大学。

欧洲是"自我",非欧洲是"他者"的默会知识。人文社会科学的各学科也依照这样的默会知识形成体系。但是,对于当时正处于国民国家建构中的日本而言,如果原封不动地照搬这套体系,就会立刻面临相当严重的问题。因为本应作为"自我"的日本在原体系中被归类在"他者"的"非欧洲"范畴内,这势必会引起自他认知上的"扭曲"。如果就这样照搬德国的人文社会科学体系,本来理应作为"自我"来进行的日本研究,就不得不从理解"他者"的角度,即东方学的角度和方法来开展,本来理应作为"他者"的欧洲研究就必须从"自我"的角度出发,采取法学、哲学等方法进行研究。在日本的知识分子们看来,日本理所当然应像西欧诸国那样,成为从政治、经济、历史等各种角度进行研究的对象。

因此,本来被用于研究"欧洲"或是"西方"的政治学、经济学与历史学的视角与方法,变得适用于研究日本"自我"的政治、经济与历史。在人文科学方面,与日本相关的专业课程被纳入历史与文学的系列,日本历史与日本文学的研究与西方诸国的相关研究在同样的框架下进行。[①] 另一方面,在西方作为"他者"来研究的东方学因其研究对象中包

---

① 与思想相关的学科中,不知为何独缺日本思想或者日本哲学。这或许是因为"哲学"已涵盖了日本哲学,或许是因为日本没有能够被称为"哲学"的学问,又或许是因为与佛教、神道教相关的宗教思想无法被定义为哲学。这是一个很值得讨论的课题。

含了作为"自我"的日本,在日本并未被接受。相对的,日本设置了对其而言较为重要的中国研究专业与印度研究专业。

关于明治时期的知识分子究竟在何种程度上感知到了"自我"与"他者"的对立,这一点至今没有定论。但是从结果来看,通过以上举措,日本的人文科学总体而言具备了与西欧及北美人文科学相异的、独特的体系与视点。日本的人文科学意识到"自我"是"日本",除此之外是"他者",此处没有"欧洲"之于德国那样的另一个"自我"。[①] 日本型人文科学的默会知识是"日本"与"非日本"的二元对立。当然,这种知识受到了其来源地的西欧诸国"自我＝欧洲"与"他者＝非欧洲"的二元对立世界观的微妙影响。需要注意的是,日本的"自我"认知中,"欧洲"与"非欧洲"各占一半。

日本人文科学学者的著作有时被批判为"欧洲中心论"。这种现象产生的原因可能是作者无意识地借鉴了西欧诸国基于"自我＝西方"学术体系的阐释及叙事方式,从"欧洲"的视角来探索研究对象。日本的知识分子在默认日本等于"自我"的前提下,随时势变化随心所欲地将"自我"嵌入欧洲或亚洲,以便对世界进行理解和论述。

日本的人文社会科学中有关"自我"和"他者"的默会知

---

① 稍后介绍的亚洲主义也可以被解释为创造这个广义上的"自我"的活动。

识不同于西欧或北美,因而以此为基础构建出的学科领域中所产生的成果,无论是论点、语境还是意涵,与西欧或北美相比都理应呈现出微妙的区别。这种区别不仅体现在语言上,也体现在立场与视点上。换句话说,即研究的初期条件存在差异。在这样的情况下,基于日语的研究成果与基于英语的研究成果是否有可能被视为具有相同的范畴,而且都追求有关人类或世界的普遍性知识?此外,尽管人文社会科学起源于西欧,但是当一些人文科学在日本独立发展后,日本学术系统研究中心仍然将西方视为这些人文科学的"主场"是否妥当?将出自不同的立场与视角、基于不同语言的研究成果摆放在一起,相互竞争优劣,这种做法究竟是否可行?在此,笔者想要重申以上质疑。

第三节 亚洲研究的默会知识

一、日本的亚洲研究

行文至此,读者可以了解到,日本的人文社会科学在把握人类与世界时,拥有与西欧及北美不同的独特框架与视角。那么,是否可以认为这是日本人文社会科学所独有的特征,日本的人文社会科学相较于他国同类型的学科群是犹如"孤岛"般的存在呢?笔者想通过对区域研究这一领域的论述来探讨该问题。

日语中的区域研究指的是运用人文社会科学的方法,

有时也会应用自然科学的方法,从各种角度对一个地区进行研究,力图综合性地把握该地区的特征。这门学科是相对新兴的一门学科,无法被纳入狭义的人文科学范畴。但是从其使用各种文科研究方法这一点来看,区域研究与包含社会科学在内的所有文科研究拥有共通的特征与性质。因此,本节试以在日本受到重视与普及,并且在学术振兴会前述报告中被提及的区域研究中的"亚洲研究"为例,考察世界各地分别是如何建构"亚洲研究"的研究体制的。

首先是日本的亚洲研究。对其做精确定义并非易事,广义而言,所有与亚洲各地区有交点的研究都可归于这一范畴。亚洲研究的目的是:基于政治、经济、社会等社会科学路径,运用历史、文学、思想等人文科学方法,又或者通过地质、海洋、气象、植被、动物等理科研究,甚至将上述三者融合在一起的复合型研究方法,来个别或综合性地理解与亚洲有交点的单个研究对象或某个问题集合。但是,亚洲作为一个地理概念过于庞大,因此实际研究中经常对亚洲研究进行次级分类,如东亚研究、东南亚研究、南亚研究、西亚研究等。这些次级学科之下又经常设置更为次级的中国研究、印度尼西亚研究、伊朗研究等以国家为单位的研究框架。不论使用何种框架,为了能综合性地理解研究对象,跨学科合作与协力都很重要。这一点不仅限于亚洲研究,可以说所有的区域研究都是如此。因此,区域研究是将个人研究占据主流的人文社会科学研究进行有效地综合化、融合化的学科。

与本书论点有重要关联的是,在日本,"亚洲研究"被视为外国研究的一种。极少有人会将日本本国视为亚洲研究的对象。① 日本的学者将研究对象定为除本国以外的亚洲各地区,他们立足于日本,观察世界,特别是日语意义上的亚洲,试图从各个方面去理解它。这种立场源自20世纪初建构的日本式世界认知,即将世界分为日本、东方与西方这种认知方式的延展。前述日本学术振兴会的报告中有"亚洲人眼里的亚洲研究"这样的内容,但日本的研究者绝非用研究本国的态度来进行亚洲研究,毋宁说他们试图理解作为他者的亚洲。那么在日本以外的其他国家,"亚洲研究"意味着研究什么样的内容呢?他们又是如何处理有关日本的研究的?让我们首先来看"亚洲研究"在北美和西欧这些"西方"国家的现状。②

---

① 日本贸易振兴会亚洲经济研究所的官网上,明确地记载了其从事的亚洲研究是除了日本之外的东亚、东南亚、南亚地区的研究(http://www.ide.go.jp/Japanese/Research/Region/Asia/index.html)。早稻田大学设有跨部门的亚洲研究机构网络,该机构的研究地区是东亚、东南亚、南亚、伊斯兰亚洲圈,并未包含日本。笔者所在的东京大学东洋文化研究所自我定义为"亚洲研究的世界据点",但是与其他国家相比,有关日本的研究可以说严重不足。由此可见,在这些主要的研究机构里,日本并不是亚洲研究的对象。但是在东京大学综合文化研究科的地域文化研究专业里,亚洲研究的下属学科中包含了日本,因此也不能一概断定日本的亚洲研究中不包含日本。

② 北美与英国的区域研究的学科特性与日本并不相同。关于该问题请参照羽田正:「グローバル・ヒストリーの豊かな可能性」,羽田正編:『グローバル・ヒストリーの可能性』,山川出版社,2017年,11頁。

二、西方的亚洲研究(1)——耶鲁大学的亚洲研究及其组织架构

美国的耶鲁大学并无将"亚洲"作为一个整体开展教育与科研的组织。与日本相关的教育与研究被划分给两个组织：一个是麦克米伦国际与区域研究中心(Macmillan Center for International and Area Studies,下文简称"麦克米伦中心"),一个是东亚学术评议会(Council on East Asian Studies)。

麦克米伦中心将世界分为若干地区,进行有关这些地区的综合性教育研究。该中心拥有七个本科教育项目,其中六个的对象为具体的地区,分别是非洲、东亚(日本研究也包含其中)、拉丁美洲、现代中东、俄罗斯及东欧、南亚。余下一种主要针对超越了地区局限的全球性问题。① 这样的地区划分看似妥当,但正如上文所述,一方面,中心并未将亚洲视为一个整体,另一方面,一些区域的名字并未出现,这两点颇值得注意。例如,东南亚、大洋洲等并没有成为研究对象,而西欧与北美也未能被视为区域得到研究。

东南亚与大洋洲被排除在研究对象之外,可能是因为研究人员或研究经费有限。至于北美没有成为研究对象的

---

① 译者注：目前仅剩前六种,参照官方主页：https://macmillan.yale.edu/academic-programs。

原因,笔者在查阅麦克米伦中心官方网站上的说明后也得到了解答。说明明确指出,中心的目的在于"对国际关系与世界上各种社会及文化的所有方面进行研究及教育。这是大学教养教育中不可或缺的一部分,让学生们更好地了解美国国境线以外的世界及世界中美国所担负的职责"①。简而言之,中心从作为"自我"的美国出发,研究其他区域,并将成果用于对学生的教育。该中心是美国学者们研究"他者"的地方,他们并未将作为"自我"的美国视作研究对象。

那么,未被中心纳入研究范围的西欧属于"自我"还是"他者"呢?结合近年的国际形势来看,这是一个略显棘手的问题。但笔者认为,美国是将西欧视为"自我"的一部分的。原因在于美国在大学的传统通识教育中,把自己定义为西方文明(Western Civilization)的继承者。② 因此,研究中心把西方文明的创始者西欧视为与美国同根的"自我",未将其作为研究对象。隶属于该中心的研究者们秉持着美国的世界观,致力于理解包含了日本在内的"他者",并将他们的研究成果传授给学生。很容易想象,这些研究成果除了语言的差异外,在其他方面也与在日本进行的亚洲研究

---

① http://macmillan.yale.edu/about.
② 试以"Western Civilization(s)"和"history"为两个关键词进行检索,可得到一张满是教科书名字的清单,这些书籍无一例外把美国史作为西方文明史的一部分。

及日本研究的成果有着微妙的差异。此处并不存在哪一方的研究更为优异的问题,而是研究者的立场、视角及关注点存在区别。

另一个研究东亚的机构——东亚学术评议会是将教员联系在一起的网络型组织,由散布于耶鲁大学各机构的东亚研究相关领域的学者组成。评议会中集结了来自人类学、语言文学、比较文学、经济学、历史学、宗教学、政治学、社会学等诸多领域的专家。该组织的主要任务包括为麦克米伦研究中心提供东亚研究的教育计划、举办各类研究学会、为师生的研究活动提供资金支持,以及接待大学外部相关研究人员访学等。[1] 中国与日本并列为该机构教研活动的主要对象。

在概览以上两个与区域研究相关的教研组织时,还需注意一点,即在这两个组织中,日本与中国、朝鲜半岛两国被置于同一个"东亚"框架中。以东亚为研究对象的学生们被建议至少掌握中文、日语、朝鲜语中的两种,因为这些国家都位于东亚地区,这样的语言要求并不为过。但是,日本绝不会采用这样的研究框架。在日本,"东亚研究"的对象主要是中国与朝鲜半岛上的国家,而作为"自我"的日本并不包含在内。

事实上,正如上文所述,将日本作为区域研究的对象的

---

[1] 详情请参考:http://ceas.yale.edu/about-ceas。

做法非常少见。这同美国不将自己作为区域研究的对象相一致。并且,在日本进行中国研究的学生往往只学习汉语,而无暇顾及朝鲜语的学习。相比朝鲜语,许多研究中国的学者更倾向于掌握英语。研究韩国的学者除朝鲜语外,亦倾向于掌握英语而非中文。如此可以发现,同样是东亚研究,耶鲁大学与日本的大学中研究者的立场、视点、关注点存在差异。

耶鲁大学的区域研究组织遵循美国大学的标准做法,并不具有特异性。美国多数大学中不设置"亚洲研究"这样的大框架,而是将东亚研究、南亚研究、中东研究等空间上隶属于亚洲的次级区域作为教育研究的基本单位。① 与日本相关的教研项目几乎都被设置于"东亚研究"的范畴下。美国的学术界映射了美国的世界观,从中可以管窥一条半默会的共识:日本无疑是不属于"西方"的"他者",是应被置于中国、韩国、朝鲜等国之间的研究对象。

三、西方的亚洲研究(2)——牛津大学的亚洲研究及其组织架构

接下来看一下英国牛津大学的情况。牛津大学的亚洲区域研究组织大致可划分为两部分。与耶鲁大学不同的是,

---

① 但是,存在名为 AAS(Association for Asian Studies)的学会。该学会中"亚洲"的范围涵盖南亚。西亚以及中东地区的研究由其他学会组织(中东学会、MESA)开展。

牛津大学把亚洲研究清晰地划分在人文科学与社会科学两个研究方向内——东方学研究学院(Faculty of Oriental Studies)与跨学科区域研究院(School of Interdisciplinary Area Studies)。前者兼具本科生与研究生的培养职能,后者只培养研究生。东方学研究学院的重点在人文科学、文献研究、语言教育,而跨学科区域研究院旨在基于社会科学的方法来理解现代世界。

东方学研究学院是西欧东方学的核心据点之一,延续着18世纪以来的传统。其内部可以分为希伯来与犹太学、东方基督教学、埃及学及古代近东研究、伊斯兰世界研究、南亚与中亚研究、东亚研究。日语、日本文学、日本史等隶属于东亚研究。牛津大学的学者们研究的是与自身异质的"东方",他们并不会把西欧或北美这样的"西方"空间作为研究对象。

跨学科区域研究院下设七个方向,分别是非洲、现代中国、拉丁美洲、中东、日本、俄罗斯与东欧、南亚。这与耶鲁大学麦克米伦中心的构成极其相似,同时,西欧与北美也没有被列为研究对象。也就是说,西欧与北美被视为"自我",其他地区则被视为"他者"。在该研究院中,与日本、中国相关的教研活动并未被统括至"东亚"范畴内,而是分开进行,个中原因笔者也不甚明了。日本研究中心被冠名"日产",即日产集团为与日本相关的教研活动提供资金支持,这或许是研究院将中日两国研究区分开的原因。无论如何,与美国一样,英国的代表性大学也将日本视为亚洲的一个国家、东亚研究中的一个单位,将日本与中东、非洲、拉丁美洲并置为"他者"。

就像这样,欧美的顶尖大学在区域研究领域具有极为类似的教育研究体制,而这个体制和在日本开展的区域研究的框架与研究对象间存在差异。这种差异与双方各自的自他认知密切相关。

英、美之外,法国和德国的一些研究机构也将西欧与北美视作"自我",并基于此立场研究"他者"。代表之一就是创立于17世纪的法国国立东方语言文化学院(INALCO)。该学院的名字中虽然保留了"东方",但实际上教授包括中欧、东欧在内的世界各地的语言文化,仅仅将西欧与北美排除在外。[①] 因为在他们的认识中,以上两地就是"自我"的空间。

德国最具有代表性的研究型大学之一——柏林自由大学中设有"东亚研究院"。该研究院获得了前述"卓越计划"的资金支持,开展了非常具有活力的教育研究活动。研究院采用了与美国相同的研究框架,将主要研究对象设定为中国、朝鲜半岛、日本。[②] 从以上案例来看,"西方"国家对

[①] 事实上,更为准确的表述是:北美原住民的语言被列为教育研究的对象,而现在北美大陆的主要语言——英语、法语、西班牙语以及与其相关的文化并不属于教研范畴。详情请参照:http://www.inalco.fr/formations/languescivilisations。

[②] http://www.geas.fu-berlin.de/index.html。

日本研究与亚洲研究的视点及框架具有共通性。这意味着无论在区域研究这一跨学科的新领域还是在传统学科中,"西方"人文社会科学特有的"默会知识"都保持着相同的形态,发挥着相同的作用。

四、亚洲各国的亚洲研究

那么,在西方与日本以外的国家,特别是与该话题密切相关的亚洲诸国中,亚洲研究又是怎样开展的呢?事实上,据笔者所知,亚洲只有极少数大学将"亚洲研究"作为教育研究的框架。例如,由从北京大学与复旦大学的学者同仁处的反馈可知,目前中国并不存在使用亚洲研究这一名称的学科领域。日本多是将除本国之外的所有地理上属于亚洲的国家统称为"亚洲",而在中国,恐怕很难在排除本国的情况下,将地理上的亚洲国家视为一个整体。即使这样假定,也很难说明对这些国家进行一体化研究的意义。换言之,在中国看来,与"西方"相对立的自我就是"中国"自身。

在东南亚或南亚的各大学中,也几乎见不到"亚洲研究"这样的教学研究框架。到目前为止,"亚洲研究"基本上被认为是有关"他者"的研究,因此亚洲国家很难基于区域研究的手法研究包含自身的"亚洲"。同理,西欧与北美国家也极少开展北美研究或西欧研究。

在亚洲,只有新加坡国立大学和香港大学等保有名为"亚洲研究"(Asia Studies)的机构。这些大学基本建于曾被英国侵占过的地方,而且在与英语世界的大学的交流中成果斐然。例如,新加坡国立大学设有亚洲研究所(Asian Research Institute),此外还另设了东亚研究所(East Asian Institute)、南亚研究所(Institute of South Asian Studies)以及全球亚洲研究所(Global Asia Institute)。

仅浏览官方网站似乎无法判断上述研究所之间的区别。实际上,亚洲研究所与全球亚洲研究所涉及的移民、城市规划、宗教与全球化、人类的行动变化、健康促进等社会科学的主题,并未明确区分研究涉及的地理空间,只是笼统地把"亚洲"作为研究对象而已。东亚研究所主要针对现代中国,南亚研究所主要针对现代印度进行各方面多样化的研究。除以上机构外,新加坡国立大学的文学暨社会科学院中也设有亚洲研究机构,其下分东南亚研究、马来西亚研究、南亚研究、中国研究以及日本研究。其中并没有将中国与日本统合在"东亚研究"的框架内。

在亚洲范围内,使用"亚洲研究"这种框架的科研机构十分罕见,但仍可以找到主动开展"亚洲研究"的大学。例如,韩国的首尔大学于 2009 年新开设了亚洲中心(Asia Center)。笔者虽未亲访,但通过其官方网站可以得知,该研究中心将研究对象设定为东至日本西至中东的广义上的亚洲全境,下设流行文化、中美关系、民主主义与经济发展、市民社会与 NGO 等八个研究主题。值得注意的是,时任中心主任的姜明求(Kang Myung-Koo)宣称,中心的目标是开展把韩国研究统摄在内的亚洲研究,甚至服务于韩国研究的亚洲研究,这一点与美国、英国、日本所进行的亚洲研究不同。韩国学界在保有对以韩国自身为对象的区域研究的同时,明确意识到"自我"与"他者"的界限,并试图努力跨越这种界限。①

在日本,同样也有主动进行"亚洲研究"的案例。东京大学设置了跨越校内各组织机构的网络型教研组织——"日本及亚洲教育研究网络"(ASNET)。如此命名是因为重视与国际上相同研究间的联系。若单纯命名为"亚洲教育研究网络",至少在日语语境中,研究对象并不包括日本。因此通过加上"日本"两字,可以明确表示该网络中含有日本研究。相对的,该网络的英语名称是简单的"Asian Studies Network"②,因为英语语境中日本自然地包含在亚洲之中,不需要刻意标明。

如上所述,韩国与日本的部分研究机构中,也存在有意识地在"亚洲研究"中区分"自我"与"他者"的教研组织。但是,这些组织追求的是把世界划分为亚洲与非亚洲,将研究

---

① http://snuac.snu.ackr/center_eng/?page_id=224.
② 详情请参考网址:http://www.asnet.u-tokyo.acjp/。"亚洲研究"的英文为"Asian Studies",意为与亚洲相关的研究,但是英文中"Asia"的用法十分多样化。例如,在英国,"Asian People"指的是南印度人,而在美国(尤其是西海岸)通常指的是东亚及东南亚人。日本与中国、朝鲜半岛等一同被称为"Asia""Far East"或者"East Asia"的国家。与日本相关的研究被认为属于"Asian Studies"或与其相类似的研究。这与19世纪在欧洲形成的东方学的范畴一致。

的重心聚焦于其中的亚洲部分,以求构筑新的亚洲形象。开展此类研究的前提,是把"亚洲"与"非亚洲"划分为不同的空间。这虽然与19世纪后半叶以来划分"欧洲"与"非欧洲"的西欧人文社会科学的默会知识不同,但是从对世界上的人类社会明确做出二元式的区分来看,亚洲学者与西欧、北美学者对世界的认知并无二致。依据这种认识将包括本国的"亚洲"视为"自我",就如同西欧的国民国家将包括本国的"欧洲"视为"自我"一样,只要依旧遵循这种陈旧理路进行探讨,不同于以往的崭新的把握世界的方式就不可能出现。

五、亚洲研究的多样性

上文中概述了在日本、西方以及亚洲各地,所谓的"亚洲研究"是以怎样的框架、在怎样的组织中展开的。可以看出,在不同的国家和地区,"亚洲研究"的框架与组织架构呈现出多样的特征。总体而言,西欧与北美倾向于把作为"他者"的亚洲分为若干个地区来研究与理解,进而探讨作为"自我"的北美或西欧应在这些地区发挥什么样的作用。在美国与西欧的研究框架中,日本、中国、朝鲜半岛同被纳入"东亚"的范畴。

在日本,研究者原则上将不包含本国的、延伸到西亚的各地区纳入视野,亚洲各地区被统合在一个框架内,视作"他者"来理解。以此为前提,西欧、北美等西方国家与亚洲之间有着明确的区分。对于俄罗斯在地理上及概念上的理解十分暧昧。

日本以外的亚洲各国原本不常使用"亚洲研究"这一框架。原因可能在于本国研究尚可理解,但若将亚洲套入"自我"或是"他者"的框架,于政治及文化上可能会面临诸多问题。设置有"亚洲研究"的科研机构除极个别外,都位于英国的前殖民地,如新加坡与中国香港特别行政区的大学等。

正如前文所反复论述的,研究的框架与视点之所以如此不同,是由于各国各地区对"自我"与"他者"的定义存在差别,因此不同国家研究者的立场、视角以及作为结果的世界认知也存在差别。除个别特例外,从事亚洲研究的学者基本上会基于所属国家的社会或学界中对"自我"与"他者"的认知来开展研究,并用本国语言发表研究成果。研究成果首先被期待对本国民众的世界认知做出贡献,同时,学者们也致力于在本国的政治、经济、军事诸领域的政策与计划制订层面发挥作用。

区域研究的成果首先是对"自我"的言说。这个时候,"自我"即"我们",是无须再次探讨的默会知识,也是区域研究的前提。日本的"自我"就是"日本",美国的"自我"首先是"美利坚合众国",再进一步延展至"西方"。研究成果叙述者的立场、传播对象、言说的语言,以上三者任一出现变化时,即使研究同一对象,言说的内容与结论都会有所不同。因此,区域研究领域的成果包含了许多限定性的价值与判断,很难想象会产生获得全世界认可的普遍性结论。

以上所探讨的围绕"自我"与"他者"的区域研究的特征,同样也是以语言为载体的人文社会科学研究,或者说整个文科研究领域的特征。日本的人文社会科学拥有自身独特的视角,但这并不意味着它是世界人文社会科学中的"孤岛"。到目前为止,世界各国的人文社会科学研究者们总在时而有意、时而无意地以语言与国别为单位来划分"自我"与"他者",用各自的母语来开展各学术领域的研究,形成了基于各种语言的知识体系。在日本学者看来,德国与法国同属于"欧洲"或"西方",然而,德国基于德语的知识体系与法国基于法语的知识体系绝不是相同的。除语言的差异外,研究者的立场也存在着差异。此外,虽然同属英语圈,但美国与澳大利亚同样基于英语的知识体系也不尽相同。基于日语的日本知识体系,正是国别差异造成知识体系差异的典型案例之一。[1]

当然,至今学界已经出现了多种尝试,意图连接这些不同的知识体系,或是促进这些体系间互相理解。国际会议就是其中最常见的方式。随着全球化时代到来,朝向这一方向的转变愈发加速,人文社会科学的研究也将迎来一个崭新的阶段。有关此点将在第四章中详述。

---

[1] 德国与法国具有"欧盟""西方""基督教"等许多重合的政治、文化特征。美国与澳大利亚也有英语这一共通的语言。所以,如果研究者们国籍不同,但具有一部分重合的归属意识,他们创造出的知识体系也具有重合的部分。需要注意的是,日本由于与他国的重合性特征较少,因此其独特性非常醒目。

第三章
知识的多元化与语言

第一节 人文社会科学与其所用的语言

一、日语与外语在意涵上的偏差

在日本人文社会科学中,与"默会知识"并列的另一个特征,是其主要的研究成果都使用日语发表。虽然看似理所当然,但这一特征十分重要,它也是日本的人文社会科学被各方面批评"国际化"程度不足的主要原因。

笔者曾经和一位从事理科研究的同事围绕科研所用的语言展开了激烈的讨论。同事非常严厉地批判了人文社会科学的研究现状。在他看来,"明明直接把日语的研究成果翻译成英语便万事大吉,不这么做是由于懈怠"。但是笔者对此持有不同意见。迄今为止,日语已经积累了丰富的知识体系,日语中包含着独特的对世界的观察方法,换言之,用日语交流时存在着的约定俗成的默会知识。如果不事先将这些默会知识作为前提用英语全部进行说明，即使把用日语写作的各种研究成果翻译成英语，对于不懂日语的人来说，恐怕依旧不能充分理解这些成果的语境、含义以及重要性。同样，英语世界的研究背后所蕴含的对世界的看法，即用英语交流时存在的默会前提也与日语大相径庭。因此，笔者反驳同事说事情并非如此简单。然而，同事最终也没有认同笔者的观点。笔者不禁感慨，连说服同为研究人员的同事都尚且无能为力，更遑论得到普通人的理解。如此来看，也许文部科学省以及日本学术振兴会的批判在一定程度上正代表了社会大众的声音。下面，笔者想就研究时所用语言的问题详细说明个人的见解。

人文社会科学起源于西欧，是用于理解人类及其所在社会的新兴学问体系。从19世纪后半叶到20世纪初，人文社会科学随着"大学"这种新式机构的设置，开始被有组织地引入日本。与之一道，进入近代以来，西方诸语中具有重要意义的政治和社会的相关概念也大量进入日语中。在引入这些概念的时候，当时的日本知识分子在原有的日语单词上追加新的意思，或者开发出新的由两个汉字组成的单词。然而毫无疑问，当时西欧各地和日本列岛的社会都分别有着其特有的价值和规范，社会结构也截然不同。

比如，当时英语里的"right""freedom"等概念已被传入日本，日语中却没有与其完全匹配的词语，因此，人们创造了与这些词相对应的新的日语译语。但是，这些译语的意涵又和英国及西欧社会背景下的原意不完全相同。这些新译语迎合着日本列岛的社会实情,在日语的体系、价值观和语境之中逐渐被理解,拥有了带着本国特色的意涵,这种意涵与英语原意有着微妙的不同。此外,为了契合这些起源于西方的概念的意涵,社会本身有时也在随之发生变化。

最开始,一些外来语是在意涵不确定的状态下被引入日语的。随后,为了符合日语的语境,这些外来语的语义被改变。柳父章称这种现象为"宝盒效果",并以"权""自由""社会"等具体词语为例,进行了具有说服力的证明。① 这一现象或许在以前日语引入汉语词汇的时代也曾发生过。即使某一词语起源于汉语或西方诸语,一旦被引入日语里,该词语的意涵就不可能和原词完全一致。

试以"国""民族""自然"等基本词语为例想象一下。② 在西方的代表性语言英语中,是否存在与这些日语词汇意涵完全一一对应的词呢?答案是否定的。当两种语言中词语的意涵不同时,会出现以下几种情况:有可能日语中多个词语只对应一个英语词;有可能英语中很多词语所对应的日语词只有一个;也有可能对应词语所包含的语义场有

---

① 柳父章:『翻訳とはなにか』,法政大学出版局,1976 年,64—127 頁。
② 关于"自然"一词,参见柳父章:『翻訳の思想—自然と NATURE』,筑摩書房,1977 年。フェデリコ・マルコン:「思想の世界史は可能か」,羽田正編:『グローバルヒストリーと東アジア史』,東京大学出版会,2016 年,106 頁。

所不同；甚至可能有些词语在另一种语言中完全找不到对应词等。最后一种情况常用的例子是日语单词"わび"（侘）、"さび"（寂）①，最近流行的"おもてなし"（款待）②也是一个例子。英语中可能与"おもてなし"相对应的词有"hospitality""service"等，但是"おもてなし"通常表示接待方明确将访客置于尊位，一面揣度访客未必直接通过语言表达的希望和行动，一面在接待时始终察言观色，尽力使访客心满意足。这和上述英文词汇的意涵有着微妙的不同。

日语和英语的词语往往越是抽象，意涵就越不一致。一旦单词的意涵不同，其表达的对象和价值、与其他单词结合后产生的语境，甚至文章整体的意涵自然也会变得不同。对于某个现象，没有任何证据可以断言，说日语的人用日语思考、理解并在头脑里描绘的印象，和说英语的人用英语思考、理解并在脑海里描绘的印象是一致的。正如读到"国际化"和"internationalization"两词，日语和英语读者脑海中浮现的内容，很可能根据上下文的不同而有着微妙的差异。③ 另举一例，普林斯顿大学的历史专家琳达·科利（Linda Colley）在最近的一篇论文里指出，英语单词

---

① 译者注："わび"（侘）的大致意涵为"物哀"；"さび"（寂）的大致意涵为"寂寞"。
② 译者注："おもてなし"一词被用于东京奥运会时日本人提倡的待客之道，在近几年一度成为流行词汇。
③ 同样的例子也适用于"世界史"和"global history"。详见本书第二部分。

"constitution"的意涵和对应译词"宪法"并不完全相同。①

其实不仅是以英语为代表的西方语言,就连同样使用汉字的汉语和日语之间,词语的意涵也经常出现微妙的不同。比如"国民"一词,事实上并不存在和日语的"国民"意涵完全一致的中文译词,中文里的"公民""民族"等词与之较为相近。中文里的"民族"虽然是从日语引入的词语,但是现在既可以用于代指作为整体的中华民族,又可以代指中国境内的少数民族,其意涵和日语中的"民族"稍有差别。

在试图翻译日语写作的人文社会科学研究成果时,要时刻注意那些由词语意涵的细微不同所带来的语义偏差,以及造成这种偏差的语境甚至是文本整体意思上的差异。译者必须尽可能地对这样的差异进行解释说明,这与以数字或符号等通用媒介论述的理科学问不同,绝非容易的工作。

二、日语形成的教养

问题并不仅仅在于词语和语境所造成的意涵差异。日本人文社会科学在使用大量此类词语的同时,又先后引入了各个国家多种语言的研究成果,经过 100 年以上的积累后,形成了日语中有关人类以及所在社会的一套整体知识

---

① Linda Colley, "Writing Constitutions and Writing World History", James Belich, John Darwin, Margaret Frenz, Chris Wickham (ed.), *The Prospect of Global History*, Oxford University Press, 2016, p.162.

体系,即借由日语表达的人生观、世界观,这套整体体系被称为"教养"。这套知识体系或许与其他语言的类似体系有相似的结构,但在许多部分具备自己独有的特征。在现代日本,使用日语进行的人文社会科学的研究都是以这种"教养"为前提的,研究的目的是对该"教养"的某些部分进行添加补充、提出异议或建议修改。也就是说,为了正确理解某项研究的论点和意涵,作者和读者之间必须共享这种"教养"。否则,即使把个别研究翻译成外语,外国受众也很难理解为什么有必要进行这样的研究、这些研究阐明了什么,以及这些研究具有什么样的意义。

用一个英语单词解释清楚上述日语中的"教养"绝非易事。词典中与"教养"相对应的英语单词有"culture"(一般译为"文化")、"refinement"(一般译为"精炼")等。然而,这些词语的意涵虽然有与"教养"重合的部分,但是从整体来看,它们所表示的意义与内容之间存在着巨大的差异。日语的"教养"所对应的概念是德语中的"Bildung"。因此,日语和德语间至少能较容易地就"教养"的意涵达成共识。但是,日语和英语间如果不进行详细的说明,就无法传达"教养"的正确意涵。[①] 也就是说,如果把笔者的以上论述直接翻译成英语,实在难以预测究竟能在多大程度上传达笔者的本意。

---

① 法语中也找不到与"Bildung"对应的译词。

下面举的例子亦与"教养"一词翻译的困难程度有关。东京大学下设有教养学院,英语翻译为"College of Arts and Sciences"。"Arts"一词来源于西欧中世纪大学里的"liberal arts"(通识教育)①,现在美国英语中一般指代人文科学。"Arts and Sciences"并列使用时,"arts"表示文科,"sciences"代表理科,两者合在一起表示通识教育。但是,东京大学教养学院除了给本科一、二年级的学生开设基础通识教育课程以外,还教授高年级学生的专业课程。因此,笔者对"College of Arts and Sciences"能否准确地表达这种复杂的结构存有疑问。

更麻烦的是,教养学院的研究生院被称为综合文化研究科,英文翻译为"Graduate School of Arts and Sciences"。如果说"Arts and Sciences"仅指通识教育科目,那么该研究生院又该被视作什么样的存在呢?不懂日语的人如果只看到这个英文翻译,一定会百思不得其解。其实,无论是日本的大学的组织机制,还是东京大学复杂的结构,只要进行详细的说明,终究可以解释清楚。这个例子想说明的是,日本的大学机制中的"教养"以及"综合文化"等词,除"Arts and Sciences"以外在英语中找不到合适的对应单词。

回归正题,综上所述,如果要将日语的人文社会科学研

---

① 吉見俊哉:『大学とは何か』,岩波新書,2011年。石井洋二郎、藤垣裕子:『大人になるためのリベラルアーツ―思考演習12題』,東京大学出版会,2016年。

究成果翻译成英语，就不得不全面地阐述借由日语形成的教养背景，包括日语中积累而成的知识体系，以及日语特有的视角、词汇等。即使无法做到，至少也要充分意识到日语的知识特征，以此为研究的背景，在此基础上将自己的研究成果及其意义按照英语的语境表达出来。当然，英语有英语特有的价值和语境，这点也必须要注意。理科和文科的一大区别就在于，后者不能像前者一样，使用简单明快的世界通用数字和符号来说明研究成果。

第二节 人文社会科学和知识体系

一、作为多种知识体系之一的日本人文社会科学

在西欧各国形成体系的人文社会科学各学科在进入日本后，以"自我"和"他者"的转换为轴心逐渐本土化，并孕育出了日本人文社会科学独特的性格。在各种学科领域中，基于日语的研究不断积累，同时外语研究成果也被适当引进。为了能从与日语紧密相连的"日本人"这一立场充分理解人类、世界和宇宙，先驱们创造了新的日语词汇，或将外语的词汇转换为日语单词，同时吸纳自然科学等其他研究领域的成果，创造了日语的特征性知识体系。

首先，笔者希望读者留意，日语知识体系能够综合一贯地描绘人类及其所在的社会、生存的地球和宇宙。虽然不常得到强调，但这一点无疑是日本可以向世界夸耀的文化

资产之一。因为全世界有很多国家,在高等教育和尖端研究领域中未必具备使用母语的条件,而毫无疑问,涵盖了自然科学在内的日语知识体系的规模和内容在世界范围内屈指可数。这是日本值得自豪的珍贵财富之一。

目前在日本进行的人文社会科学研究,正是建立在这一特征性的知识体系上的。新的研究在吸收了先行研究的基础上更进一步,在往前发展的同时,又孕育了新的分析和总结、新的想法和观点,这些新的事物又深化了研究自身的独创性。只有日语能够正确地表现并传达以上知识生产的过程。因此,将属于日语知识体系的人文社会科学的研究成果翻译成英语并非易事。或者换一种说法,日语的知识体系已经高度发达到难以被全面地翻译的程度了。①

另一方面,日语所著的人文社会科学研究成果通过初等、中等教育或出版物、媒体等手段,成为日本国民的教养基础,并牢牢扎根于普通国民的认知体系中。特别是第二次世界大战结束后,日本帝国覆灭,在各种对新日本国的表象与实质进行重建的构想中,日本人再次形成了强烈的国民意识。重建的日本之所以能够成为安定的国民国家,或许可以归功于国民们基于日语的教养之力。假设国民被禁

---

① 正如后文所叙述的那样,笔者并非想表达日语无法被译为外语或不应被译为外语之意。以高度发达的英语知识体系为背景的英语文献,正被源源不断地被译为日语。在这种情况下,日语的知识也应尽量译入英语或其他外语,让不懂日语的读者们能够对其有所理解。

止使用日语,而将人文社会科学的研究语言都改为英语,那么日本人的国民意识和教养与现在相比恐怕会大相径庭,日本国的结构也必然不会像现在一样牢固。文科经常被批评是对实际生活没有直接作用的可有可无的学问,这是大错特错的。正是基于日语的人文社会科学构建了日本人特有的人生观、社会观和世界观的基础,支撑着他们日常的言论和判断。

由此可见,日语中包含着其独特的知识体系和教养,并且与英语、法语、汉语等其他外语形成的体系和教养存在差异。世界上的每个国家和每种语言都有自己的知识体系,虽然这些体系被外界所认知的程度有所不同,但是其相互之间没有优劣之分。这些体系互相联系、互相渗透、互相重叠,这种多层次的存在方式正是现代世界中知识的真实面貌。

二、人文社会科学与国民国家的建设

人文社会科学自近代开始逐渐制度化。时至当下,各学科分野间虽然一直互有参照,但基本上是按照国别和语言类别各自进行研究和体系化的,其研究成果亦多使用本国语言进行发表。那么,为何这些学科在当初进行体系化时没有使用统一的语言呢?其中的一个原因在于,这些学问诞生时的人类社会并不需要使用通用语言将其体系化。尤其文科的诸种学问,通常与人类社会的动向紧密相连，并根据本社会的实际需要不断完善，逐渐发展成为体系。

在西欧，逐渐形成的"国民国家"为"自我"、除此之外皆为"他者"的世界认知，和"欧洲"与"非欧洲"这种文明二元对立的默会知识相互杂糅，两者共同构筑了所有人文社会科学知识的基座，各国的学问也是在此基础上体系化的。可以说，这在当时是最为重要的知识体系化。例如，在"法国"这一框架下，法国历史、法国文学、法国思想乃至法国政治、法国经济、法国社会等人文社会科学的各个领域，开始使用本国语言法语进行研究。尽管未被明确指出，但无疑研究的基本框架是国民国家"法国"，研究中最应探明的是历史、文学、思想、政治、经济、社会、地理等法国的特征，而外国研究的一个重要价值，就在于可以通过比较，更加深入地了解法国的特征。

另外，法国的特征与欧洲的特征，亦即当时被认为"普遍"的特征之间，存在着相当程度的重叠，因而研究法国的各个侧面，几乎等同于研究欧洲的各个侧面。① 与之相对，英国的学问与"欧洲"相隔一定的"距离"，德国也不能断言自己的学问和"欧洲"完全重合。虽然各国与"欧洲"的亲疏关系因地而异，但以国家为基本研究框架的学术态度与法

---

① 关于这一论点，可以参考工藤庸子的研究成果，特别是《欧洲文明批判序说——殖民地、共和国、东方主义》(ヨーロッパ文明批判序説—植民地・共和国・オリエンタリズム)（东京大学出版社 2003 年版）。

国并无不同。

当时的西欧诸国正致力于建设主权国民国家,因而在人文社会科学的诸多领域中以国家作为研究框架,通过在各专业领域中进行分析,来明确本国的性质和特点。因此可以说,在将主权国民国家作为整体进行具象化、实体化的过程中,人文社会科学做出了巨大贡献。由国家设立或赞助的大学和研究机构为人文社会科学各个领域设置了实用性的研究单位,产生了大量以国家为研究对象的研究成果。这些成果被应用于由国家管理的初等、中等教育事业之中。另外,其中一些主要成果通过公开出版在大众间得到传播,成为国民的教养。

一个典型案例便是法国历史学家儒勒·米什莱(Jules Michelet)在19世纪中期编写的小学教材《法兰西的肖像》。书中用充满爱国情感的笔触浅显易懂地描绘了法国的地理状况。[1] 该书的开篇就是具有象征意义的文章《法国的历史起源于法语诞生之日》。[2] 人文社会科学在其开始制度化的19世纪的西欧,对唤起人们作为本国国民的自觉及国

---

[1] アンヌ=マリ・ティエス著、斎藤かぐみ訳:『国民アイデンティティの創造—十八〜十九世紀のヨーロッパ』,勁草書房,2013年。此外需要注意的是,19世纪后半期至20世纪初正是欧洲各国支配广阔殖民地的帝国主义时代。当时的人文社会科学体系并没有办法从全局上分析和把握英帝国、法帝国、德帝国的整体情况,因而采用了不同的方法分别研究本国和殖民地的人和社会。

[2] Jules Michelet, *Tableau de la France: Geographie physique, politique et morale*, A. la Croix et Cie, 1875, p.1.

民对国家的归属意识方面贡献良多。

同样的事情也发生在导入人文社科研究体系的日本身上。如上所述,在引入西欧近代学术体系时,有必要对其进行符合日本现状的改造。在之后的近一个世纪里,基于日本独特世界观且用日语写作的研究成果卷帙浩繁,这些成果的内容涵盖了日本的法律、政治、经济、文学、历史、思想、社会等。在这些研究中,"日本"是一个无须自证的、理所当然的基本框架。[①] 而外国研究的重要性则在于帮助人们更加深入地了解日本的特征,以及体系化地理解基于日本视角所观察到的世界。

如前所述,自 19 世纪以来,人文社会科学通过与各国的主权国民国家建设相联动的方式,实现了制度化,并为主权国民国家的建成做出了巨大贡献。在这个意义上,可以说,人文社会科学的很多领域在世界范围内背负着相同的任务,其研究方法也在相当程度上具有共通性。但是,各国人文社会科学生产出的研究成果绝非普遍统一。由于作为研究背景存在的各国或各种语言的默会知识中,有关"自我"与"他者"的认知并不相同,即使在不同的地方进行相同的研究,从事这两项研究的研究者的观点和立场也会有所不同,因此得到的研究成果也可能多种多样。一个问题未

---

① 例如,在日本历史研究中,迄今为止"中世"一词一般默认指代日本中世,用来指代其他国家时一般会加上前缀,如西洋中世、中国中世等。

必只有一个答案,存在多种观点及解释的空间正是文科的学术特征。

三、知识体系的多元化

20世纪初期至中期,西方的人文社会科学生产出来的知识被认为具有普遍性。而日本的人文社会科学由于使用具有"非西方"这种"负面价值"的日语进行书写,且视角与西方的研究有所差异,因此始终游离于西方大多数知识分子的视野之外。当时日本的知识分子主要通过西方语言写作的作品或其日译本来学习人文社会科学的研究方法,培养自己的西学教养。这些知识分子对借由日语进行学术活动怀有某种莫名的自卑感,毕竟当时西方才是人文社会科学的"主场"。不过,这已经是过去的事情了。

最近几十年间,曾经支撑西方人文社会科学的默会知识——"西方"和"非西方"之间二元对立的世界观,以及基于此生产出的研究成果都受到了彻底的批判。这种世界观作为理解人类与世界的知识体系可以说已经失去了其普遍性。[1] 在西方诸语言构建的人文社会科学的知识体系中,研究范围被局限于与自我意识相关联的本国或者欧洲的特

---

[1] 在美国历史研究领域,曼宁非常反对西方中心主义,他认为:"现今,那种充满偏狭、夸耀自己胜利的顽固理论根本不值得信任。"パトリック・マニング著、南塚信吾・渡邊昭子監訳:『世界史をナビゲートする—地球大の歴史を求めて』,彩流社,2016年,137頁。

定空间内。这些研究均具有限定性特征,隐含着时代所特有的语境及价值观。基于这种知识体系的世界观,无论如何也不能说具有"普遍"性。

正如笔者在 A 大学的经历所展示的那样,即使在催生出"欧洲"概念的西欧本土的著名研究型大学中,学者们也正在探讨着人文科学的研究体制改革。虽然主张维持现有知识体系所确立的组织架构的呼声依然很高,但是认为应当对其进行变革的人也在不断增加。

因此,以日语为母语的人文社会科学学者应当意识到,在根据自身的归属意识设定的研究空间中,用日语创造出的知识体系及教养,与西方的同样事物之间不存在根本性的优劣之分。这一判断也同样适用于汉语、阿拉伯语等非西方语言。无论由哪个国家开展,无论使用何种语言,只要研究成果能够按照确定的方法被恰当地论述,对于读者和应用的人来说就具有价值。之后,重要的研究成果会被吸纳入该语言的知识体系,逐渐成为以该种语言为母语的人的教养的一部分。

当然,也有一些学术成果在研究程序上不规范、引用资料不充分或是论述过程中存在缺陷。但这在任何国家或任何语言中都有可能发生。语言本身并无优劣之分,不同的语言导致了不同的立场,而基于这些不同立场的数量繁多的知识体系多元地存在于现代世界,这些体系既有相通之处,又有各自独特的价值和意义。

四、知识体系间的不平等

然而,时至今日,在本应多元、水平的世界知识体系中,依旧存在明显的非对称和不平等关系。具体来看,这种等级差别存在于西方国家语言(特别是英语)和非西方国家语言之间。比如,一方面,日本的很多知识分子热衷于翻译西方的研究成果,将其吸纳进日语的知识体系,但是在用外语传播日语的研究成果时却并不积极,尽管日语知识体系在吸收了西方知识后已相当充实。正如上文已经论述过的,文部科学省和日本学术振兴会针对这种现象提出了严厉的批评。另一方面,以英语为母语的西方知识分子大多对日语一窍不通,对日本的人文社会科学成果漠不关心,无意知晓。此外,他们亦不关心自己的成果在英语世界之外的传播情况。[①]

不限于日本,很多非西方的知识分子都对西方国家的人文社会科学动向展现出一定程度的关切,但他们缺乏对本国以外的其他非西方知识体系的关注。这并非日本的知识分子所独有的现象。[②]

在日本的人文社会科学研究中,除了日本历史、日本文

[①] 虽然没有看到确切的统计资料,但是如下文所述,近来尝试用英语发表成果的德国、法国等非英语世界的研究人员数量出现了飞跃性的增长。
[②] 例如,日本和韩国的人文科学相关人士每年都会举行各种主题的日韩人文科学者会议,在会议上两国学者一般都只用本国语言发表意见,然后借助现场翻译实现沟通交流。

学等研究"日本"的学科以外,不引用与论文主题相关的外语研究会被视为该论文的致命缺陷。反观用西方诸语言写作的论文,不引用与主题密切相关的日语或中文的研究似乎是常态。[1] 西方学者们不知道这些研究的存在,或者知道了也读不懂、不想读,这样的事情在用西方诸语言写作的研究中不会被诟病。

考虑到以上问题就可以发现,在西方国家和非西方国家的人文社会科学的知识之间,依然与过去一样存在着由于"单向性"流通引发的非对称现象。在本应并列存在的、借由各语言形成的知识体系之间,实际上依旧存在着森严的等级秩序。文部科学省和日本学术振兴会也正是考虑到这个背景,才要求日本人文社会科学学者进行"国际化"。

然而,这种等级秩序不过是西方国家的人文社会科学成果被认为是"普遍""先进"的时代所遗留的消极惯性而已。无论是西方还是非西方,作为学者都应该积极关注并努力学习各国的知识动向。西方国家的知识分子觉得由非西方语言写作的研究没有价值或不值得关注,这是由于他们自身的懈怠、傲慢和无知,抱有这种立场的西方国家知识分子才是应该受到谴责的一方。文部科学省和日本学术振兴会将以上西方学者的态度作为既定结果全盘容忍,因此

---

[1] 近例可参考松方冬子对亚当·克鲁楼(Adam Clulow)作品的书评。见《洋学》第23号,2015年(日语原著中时间标注为2016年,译者考证松方冬子该书评载《洋学》第23号,出版时间为2015年),第135—141页。

他们思考问题的方式是"20世纪式"的,在今天已成为一种陈腐落后的观念。

在从事大学间国际交流工作的时候,笔者和英语世界某大学的相关负责人进行过一次谈话,这次谈话使我觉得遗憾、无奈又不可思议。对方泰然自若地说:"虽然很想和贵校学生进行交流,但日语太难了,所以希望你们多开设一些英语授课的课程。"考虑到英语是世界通用语言,因此很难要求对方学校多开设一些日语授课的课程。然而,语言学习真的有难易差别? 的确,日语和中文汉字字数较多,做到熟练地读写可能需要花费大量时间。但是在日本出生、成长的其他国家的孩子也能轻松地听说日语,这一点跟英语世界的孩子学说英语是一样的。因此,英语世界的年轻人也应该认真考虑学习一门外语,尤其是像日语这样的非西方语言。

五、不平等的原因和新的知识结构

在现实世界中,不平等且非对称的知识的等级制度森然地存在于不同语种之间。冷静地观察当今世界的知识体系可以发现,以英语为主的西欧各国语言写就的研究在各个领域都拥有强大的国际影响力,这是毋庸置疑的事实。究其原因,首先是德、法、英、美等西方国家率先将人文社会科学的各领域整合为专业学科。这些国家的学者作为各个领域的领军人物,从学科建立之初就用本国语言发表了大量的奠基性成果。这一点必须坦率地承认。

其次,不容忽略的是,在过去两个世纪里,西方国家在世界政治、军事、经济、文化等各个方面都保有着巨大的能量。可能表达方法有需要商榷的地方,但事实是西方人认为只要自己的政治、军事、经济、文化等力量足够强大,即使不了解非西方国家也并无大碍。与此相反,非西方的人们在国际政治和双边关系中,被迫与具有压倒性力量的西方国家进行各种艰难的交涉,他们必须竭尽全力保护自身的权益。为此,非西方国家的人们无论如何都需要学习西方各国的语言,引入其研究方法,了解其人生观和世界观,以及政治、经济、社会结构等。从这一点上看,人文社会科学与国际政治绝非毫无关联。

再次,从诞生的过程来看,生活在19世纪到20世纪初的"西方"这一空间里的人们最容易理解和使用人文社会科学研究的基本方法和框架。此后,方法和框架层面发生的相关完善和调整也是为了方便他们进一步进行研究。也就是说,一切都是为了便于"西方"学者顺利推进研究而存在的。

最后一个理由与学术本身的前提有关。19世纪,在西欧人文社会科学体系化的过程中,人们认为这些学术知识具有普遍性。西方诸国的知识由这些学问经过体系化后形成,因此被公认为世界领先。非西方国家在引入了西方人文社会科学的观点和方法后,直到最近才开始质疑其优越性。此外,很多非西方国家出身的优秀研究人员也任职于西方国家的大学或研究机构,那里具有较好的研究条件和较优渥的待遇。他们亦为西方人文社会科学的充实和发展做出了卓越贡献。正因为此,人文社会科学的"主场"在西方国家这种意识似乎很难消除。

然而,现代世界在政治、经济、社会、文化等各个方面,都与截至20世纪下半叶的世界完全不同。如今,西方国家已逐渐意识到必须了解非西方国家,特别是经济发展显著的中国、印度等国的各个方面。① 北京的北京大学、清华大学,上海的复旦大学等中国名牌大学的校园里,暑假也挤满了许多看起来来自西方诸国的学生。他们或许是为了实地进修中文而前来中国的。此外,据说日语在澳大利亚及西欧诸国的大学中相当受欢迎。②

在曾经的西方诸国中,除了东方学学者和区域研究学者,以及一部分兴趣广泛的人之外,基本无人关心中国或日本的语言和文化。然而,现代世界的知识结构与数十年前相比出现了明显的变化,反映了世界的现状。过去,为了理

---

① 2016年9月10日,笔者作为东京大学代表参加了清华大学苏世民书院举行的开学典礼。该硕士项目由美国富豪苏世民捐赠成立,旨在培养更加了解中国的全球未来领导者。首届来自全球31个国家的100多位学者将在为期一年的项目中集体生活,并接受相关内容的英语授课。详情参考 http://schwarzmanscholars.org/。北京大学近日也开设了同类型的燕京学堂项目。
② 从2017年5月和澳大利亚驻日大使的交谈中得知,现在澳大利亚大学中最受欢迎的外语就是日语。

解看似世界支配者的西方,无论是作为"自我"的西方,还是作为"他者"的非西方,都仅仅关注西方的情况。因此,由西方诸语言形成的知识体系在当时具有压倒性的存在感。然而如今,随着世界政治状况的多元化发展趋势,基于世界各地各种语言的知识体系并存,它们合在一起形成了知识的多元化。即使是如今的西方诸国,如果不深入理解非西方国家的社会及知识,也就无法正确把握或改变世界的现状。

据此笔者认为,长期以来基于西方国家语言的知识体系占据上游,非西方国家语言的知识体系屈居下游的这种信息单方面流动的知识构造亟须改变,同时,应在多元化的知识体系之间更加积极、更加系统地开展研究成果和相关信息的共享活动。其中尤为重要的是,应当尽量开展从非西方诸国语言到西方诸国语言,以及非西方诸国语言之间的双向交流。

综上所述,现代世界的知识结构发生了巨大的变化。在下一章中,笔者将在进一步详细探讨这个事实的基础上,论述日本的人文社会科学今后应开展研究的方向。

第四章
全球化时代的人文社会科学

第一节 作为世界通用语的英语

一、英语的世界通用语化

在全球化不断加快的现代世界,知识的图谱正发生着急剧而重大的变化。现代世界中,各国、各种语言的人文社会科学成果所形成的知识体系是多元的,理应互相并立。然而,事实却是其中只有英语的知识体系在规模上具有压倒性,相较其他体系占有明显的优势地位。以往英语与法语、德语、俄语等语言的知识如群峰并峙,不分伯仲,但现在英语的知识体系逐渐成长为一览众山小的巨岳。本章将首先探讨这样的局面为何形成。

以美国为首的英语世界诸国在政治、军事、经济、文化层面的影响力无疑是理由之一。在这种影响力的背景下,英语获得了几乎通用于世界的交流用语地位。在现代世界中,人、组织、国家、地域在包括政治、经济、信息、环境在内的所有领域中存在着复杂的关系,相互之间的联系、影响的紧密程度与往昔不可同日而语。这种关系并非两者间双向交流的单纯关系,而是三个或三个以上要素互相勾连的复杂关系。

为了让被联系在一起的人、组织、国家、地域在多重关系中直接交换意见,相互深入了解并达成共识,作为交流工具的通用语显示出了它的必要性。英语承担着通用语的角色,因为美国通过高度发达的科技,成功地制造了电脑、互联网、社交网络等许多现代社会的必需品。这是英语之所以成为通用语的决定性要因。也就是说,全球化决定了英语的优先地位。

在商务世界中,英语很早之前就已确立了通用语的地位。而在知识的世界中,世界各地不同母语的学者们也逐渐为了便于相互理解,而使用英语作为交流工具。例如,惯常使用母语的德国人与中国人,或者西班牙人与韩国人之间进行交流时,会选择不是任何一方母语的英语作为交流的工具。进一步说,分别使用三种或三种以上语言的人聚集在一起时,交流中使用的通用语几乎可以确定就是英语。①

---

① 2016年初夏,瑞士的巴塞尔大学校长与笔者进行交流时提到,在使用德语、法语、意大利语、罗曼什语四种官方语言的瑞士,校长会议通常不设通用语,而是由各校长使用母语进行交流。但年轻一代中已经出现了不使用瑞士官方语言而使用英语的人,想必十年后,校长会议的通用语也可能变为英语。事实上,巴塞尔大学校长正是使用英语向笔者表述了以上言论。由此可见,世界上知识分子中的英语使用率正在急剧上升。

随着全球化的推进,与以往相比,世界各地的人们交换意见的机会大幅增加。在这样的局面下,许多原本停留在本国语言的知识框架中的非英语世界的知识分子,开始积极地使用英语发言。无论是否举办于英语世界国家,无数的国际会议都将英语作为会议语言。许多出版物使用英语出版,网上检索到的信息也以英语居多。以上这些潮流短期内似乎不会停步。不止在政治、经济、环境等领域,在知识的领域中,以英语为主轴的全球化也在急速推进。[1]

笔者曾在20世纪80年代前期在法国巴黎留学。在彼时的欧洲,英语并不具备如此明显的作为通用语的优越性。在法国或德国,仅有部分人使用英语。有语焉不详的传言称,对自己的母语感到骄傲的法国人即使理解英语,也会在被用英语搭话时回答"我听不懂"。彼时交通及通信技术不如今日发达,知识分子间的跨国境交流有限。若计划举办国际会议,几乎只能用信件进行联络,仅是日程调整就需要花费大量的精力。而如今,通过网络可以迅速决定会议日程,两相比较可谓恍若隔世。现今德、法的多数知识分子都可以无障碍地使用英语。在巴黎或柏林这样的大城市中,一般民众看到对方形似非本国人时,会主动使用英语进行交流。时代发生了巨变。

---

[1] 许多使用英语出版的著作亦被译为他种语言。

二、英语的界限

尽管如此,笔者此处想要重申的是,英语的知识体系相较其他语言的知识体系并不具有特别的性质,亦不能说其内容远比其他体系要丰富、充实。正如前文已反复强调的,各国、各语言的人文社会科学体系都具有各自独特的意涵与价值、语境与表现。这些体系并非起源于某个共同的"主场",体系间亦不存在明确的优劣。基于英语的知识作为日常使用英语的各国国民教养的源泉,理应是众多知识体系中的一支。英语有其特有的意涵与价值、语境与表现,这些要素未必可以轻易地译为他种语言,他种语言特征性的表现与意涵也未必能简单地译为英语。毫无疑问,英语也有其作为一种语言的界限。

世界上,在日常生活中主要使用英语的国家有很多。除英、美之外,还有加拿大、澳大利亚、新西兰等英联邦成员国,以及南非、印度、爱尔兰、新加坡等。需要注意的是,这些国家的英语并非全都具有相同的价值与意涵、语境与表现,也并未形成共通的知识体系。英语与各地区及当地居民特有的价值观、习惯及人们的立场相结合后,遂带有了各自的特征,有时还会保有特有的词汇。即使英语世界是一个共通的空间,其内部也绝非均质。各国的英语在语法与词汇上具有相当多的共通特征,与此同时,也保持着各自的特性。

因此必须认识到，即使单论"英语的知识体系"，其内部实际状况也相当复杂。如果说曾经西方诸语"群峰并峙"型的知识体系领导着整个世界，那么如今的情况就是英语内部"群峰并峙"，但不可否认，英语作为一个整体对人类的知识世界产生了重大影响。

三、Global English

随着英语逐渐成为世界通用语，英语的知识体系无疑产生了巨大变化。原本对以英语为母语的人来说，英语的知识体系具有意涵或价值，其语境与表现能够被充分理解。但是该体系逐渐吸收了来自非英语母语群体的知识，其中相当一部分未必能被英语世界的民众知晓或理解。乍看起来，这种情况可能会被认为是全球化导致的新奇现象，但事实上，这是过去百年来，以日语为母语的人们一直在认真应对的课题。英语世界的人们原来仅仅对西方的知识及其环流或回流后产生的新知识感兴趣，但在全球化的趋势下，他们最终也必须认真理解基于外语的知识体系及其中包含的价值与意涵。与昔日的日本相比，区别在于在日本，多由日语母语者将外来的知识吸收进日语的体系，而在英语世界中，大多是非英语母语者将自己的思考方式与价值转换成英语，试图在英语的知识体系中寻找其合适的定位。从之前两章所举的日译英的例证可以看出，从他国语言向英语进行转换的作业难度极大。

不过,如果说语言转换的努力取得了一定成果的话,那么"Global English"(全球英语)的诞生理应占据一席。"Global English"是一种柔性英语,可以接纳其他多种语言的知识体系中产生的知识和价值。作为全球化正面价值的象征,使用"Global English"的人应该意识到,他们具有地球居民这一共同身份。只有当分属于不同国家或族群的民众认识到大家同为地球居民,才能共同面对现代世界中所见的各种复杂问题,并找出解决问题的具体措施。作为通用语的"Global English"即是达成以上目标的有效手段。但是,问题并不如此简单。

随着英语逐渐成为世界通用语,可以想象,英语世界的人们从中受益良多。因为别国人都用英语与他们交谈,所以比起只会说日语等语言的人,他们更易于与别人进行沟通。无疑这也有利于他们在别国开展商务活动。因此,对于英语世界的民众来说,全球化与英语的通用语化应是受欢迎的现象。然而,最近的英国脱欧及特朗普当选美国总统等事件明显表明,全球化带给英语世界民众的未必都是正面影响。在以英语为母语的族群中,很多人难以接受英语发生了巨大变化,已并非仅属于本族的语言了。因此,如果有人为了保护原本英语的价值、意涵、语境,而发起守卫"正确英语"的运动,想必也不算出乎意料。

在笔者写作本书的2017年,世界上反对全球化的动向相当强大。在语言方面单纯推动"Global English"的做法也遭到了反弹。现代世界多元的知识体系今后会变为怎样的态势?可以确认的是,现在地球上的人们正处于决定将来世界中知识体系的特征与性格的重要分歧点上。对此,包括笔者在内的非英语世界的知识分子应当把握住机会,使用包括自己母语在内的多种语言,就将来世界的语言和知识体系的问题进行积极的发言。

四、全球性的日语

概览今后世界上知识体系的存在方式,还需要强调一点,即不能把目前英语中发生的变化理解为英语特有的现象。英语产生变化的原因,是现今英语正逐渐成为通用语,且"Global English"取得了显著的发展。但既然今后世界上知识体系的理想存在方式是不同语言的知识体系并立,并且相互影响,那么我们就应当致力于尝试推进包括英语在内的各种语言的全球化。

例如在日语中,最好存在日本国民使用的日语和用于全球性交流的全球日语这两种知识体系,就如同英语中存在着英美人使用的英语与"Global English"两种体系一样。以日语为母语的人经常批判外国人说写的日语,"语法及词汇使用不当""不懂他们想表达的意思""真正的日语不这么说"。但是为了实现日语的全球化,仅仅满足于守护目前为止日语的词汇或文法是不够的,重要的是以"这样的日语也可能存在"的姿态接纳外国人说写的日语。日语母语者可以从中了解到那些无法被简单归纳进日语中的各种外语的概念及语境、外国人的思考方式及价值观等。

世界上的人们应当努力实现各种语言的全球化,尽力摆脱20世纪的知识从某种或某个语言群向其他语言进行单向传输的模式,彻底实现不同语言间的双向交流。当今世界,用于交流的通用语正向英语一极集中,因此笔者的以上主张几乎是不可能实现的空中楼阁,恐怕只会遭逢冷笑。但即使如此,笔者依旧必须强调,为了扫除语言间的等级差距,为了维持世界上基于各种语言的、多样的知识的存在,我们必须不懈于朝着这一方向努力。

第二节 今后日本的人文社会科学

一、日本人文社会科学的三个课题

在现代世界上,一方面,基于各种语言的知识体系的多元化格局正在发展,另一方面,作为世界通用语的英语也正在急速确立其优势地位。面对这种新的知识状况,在今后推进自己的研究时,日本的人文社会科学研究者应采取何种姿态呢?笔者认为,此处应大略分为三个需要同时并行处理的重要课题。以下按序逐次进行说明。

第一,使用日语强化目前为止人文社会科学各领域的研究。研究者们应当汲取在世界各地开展的诸种外语研究中的最新知识,在各自的学术领域内提出创造性的、尖端的论点，致力于强化及扩充基于日语的知识体系。使用日语体系性地说明并理解人类及其所在的世界、地球、宇宙——这件事情的意义如何强调都不为过。学者们只有继续从事这种无异于以往、看起来略显朴素的工作，才能确保日语知识体系的进一步发展以及该体系在世界中的独特性。

但是，正如笔者在论述德国大学的人文科学院改革动向时所指出的，学者们不能满足于维持在目前为止的研究机构及框架中机械性地继续研究。如果不假思索地接受创立于19世纪后半叶至20世纪初的既存研究框架，以及基于这种框架产生的研究步骤，并且仅在这样的框架和步骤中寻找研究课题，那么结果难免会变成为了研究而研究。如果研究本身成了目的，那么研究与现实世界之间就会产生巨大的鸿沟。既存的学术基本框架与方法主要是用于理解20世纪初的人类和社会，学者们不可能依靠这种框架来理解历经百年的现代世界全貌。学者们需要重新寻找并积极处理那些必要的新研究框架、研究主题、现代世界中亟待解决的问题群，才能理解并阐释现代社会及生活在其中的民众。

对于现在政府和企业时常推行的有关"创新"的文理科共同研究，伦理学、心理学、法学、经济学等相关专业的研究者都可以积极参与。除此之外，学者们在人文社会科学领域的智识和建言，也有助于解决高龄社会、社会阶层分化、环境问题、国际恐怖主义等全球化世界中存在的问题。人文社会科学可以通过介入这些重大课题,向社会证明自身的价值及重要性。此外,在正常学术范畴内突出"日本"的研究也应该进行下去。使用日语的研究可以维持并增强日本人文社会科学的基础学力,使其可以应对现代世界。只有研究活动变得活跃,且研究具有稳定的基盘之后,才可以挑战以下两个课题。

二、通过外语发表成果

第二项课题是将用日语写作的研究成果通过外语进行展示说明。此时,学者们必须留意作为研究背景的日语知识体系与外语知识体系间的相异之处,在此基础上通过外语说明该研究成果在日语知识体系中的意涵与重要性,而不能仅仅满足于将单词或文章直译为对应的外语。因为即使研究同一对象,不同的知识体系中关注点或路径、语境或价值、单词的意涵、论述的方法、背景知识等都会发生变化。

正如本书开头所言,文部科学省或日本学术振兴会已反复强调通过外语发表研究成果的重要性,本处再提及似有拾人牙慧之嫌。然而,笔者与以上两机构虽然在使用外语发表作品的重要性上观点一致,但是导出结论的推理路径完全不同。两机构认为人文社会科学的"主场"在西方,因此需要用西方语言发表成果。与此相对,笔者认为人文社会科学并无所谓的"主场",基于各种语言的知识体系具有相同的价值,因此,日语的研究成果也应尝试通过外语进行表达和说明。在这层意义上,外语不仅包括西方诸语言,将成果译为汉语、朝鲜语等非西方语言也很重要。

世界上普遍存在的基于不同语言的知识体系各具价值,因此我们必须打破既存的以西方诸语言的知识为顶点的等级秩序,从而创造一套与之相反的秩序,即一个水平的知识集合体。为了达成这一目标,各种体系之间首先应加深对彼此的了解,这一点非常重要。如果意图实现日语与其他语种体系间的相互了解,那么基于日语知识体系开展科研工作的学者们,就有必要自己将研究成果译为外语进行公开发表。特别是以外国研究为志业的学者们,至少须有使用日语及研究对象国家或地区的语言来发表成果的觉悟。如果仅依靠熟悉日语及其知识体系的外国学者进行以上工作的话,会造成其他语言中日语知识的信息量极端不足。以上言论适用于所有的人文社会学科。

时常可见将日语的优秀著作译为英语的翻译项目。[①]但是一般情况下,翻译都由精通英语的专家承担,日语原著者与翻译并无关联。笔者绝无轻慢翻译专家之意,但是这

---

① 已顺利运行的重要项目包括出版文化产业振兴财团(JPIC)主持的"Japan Library"(http://www.jpic.co.jp/japanlibrary/jp/)(译者注:经确认,现已转移至以下网址,https://japanlibrary.jpic.or.jp/)、国际文化会馆的长银国际图书馆(http://www.i-house.or.jp/programs/publications/ltcblirary_list/)。此外,日本学术会议的哲学委员会与艺术文化环境部会在《人文社会系学术研究成果的海外传播工程》(人文社会系学術研究成果の海外発信のためのプロジェクト,2014年)中,建议设立日语人文社会系学术图书翻译出版中心(暂定名)。

样的翻译显然有所不足。至少原著者有必要与翻译家进行商议,积极参与英语版的制作,抑或自己尝试翻译,并请翻译家进行润色。译者并非精通所有领域的专家,否则他早已成为世界级的学者。能够胜任一名研究者所著最尖端的专业书籍的翻译与说明的,只有他本人。笔者希望,今后以人文社会科学研究为志业的人们无论选择何种专业,都务必掌握外语书写的能力。

明治时期以来,有数位学者使用英语写作了有关日本或亚洲的论著,如新渡户稻造、冈仓天心等,受到了极大的关注。但是笔者在此处的提案并非重新模仿他们。他们强调,在日本这样的、理应体现负面价值的非西方地区,也存在着高度发达的伦理观(武士道)以及美术等,从而获得了西方学者的关注。可以说,他们在接受西方人文社会科学的默会知识——西方与非西方二元对立的前提下,指出这种二元对立含有一些过于想当然的错误。虽然是日本人独有的思忖,但是他们从最初就使用英语进行思考,依据英语世界的价值与常识、英语词汇的意涵与语境展开议论,因此他们的论述才会被"西方"人所接受。与其说他们是日本人文科学所孕育出的学者,毋宁说他们是"西方"的学者。他们的主张与当时西方知识分子的世界认知图景并无根本性区别。了解他们论述的知识分子至多会认为,日本是非西方世界中的例外。

而笔者的提案是,将生活于现代日本、产生于日语知识体系中的"日本"学者的成果译为外语。具体而言,首先应实现通过外语来说明上述第一个课题中生产出的日本人文社会科学新业绩。目前已存在用外语论述与日本相关的研究主题的案例,但是关于这一点,重要的是用外语发表基于日本研究者独特的世界认识产生的研究成果,无论这些研究的主题是否与日本有关。如此,非日语的知识体系就可以和日语的知识体系互相融合,产生具有高度且具备独创性的对人类和世界的认识。

当然,这些基于日语高度的知识体系背景、由日语所产生的新的研究成果,恐怕很难被轻松地译为外语。笔者已反复强调了两种不同语言间词汇及语境在意涵上的差异。即使兢兢业业将某项成果译为外语,如果读者不具备日语的深厚教养,也不了解这些教养中特有的价值与语境、关注点、框架及表现手法,那么这些读者依旧无法真正理解这项成果的独创性及革新性。换言之,只要日语的整体教养无法通过外语被理解,外国读者就无法正确理解某项被译为外语的日本研究成果的问题意识、研究目的及意义。

另外,如果这些成果的内容无法与外国知识体系的价值、语境、关注点、框架及表现手法契合,那么即使经过翻译,其意涵及重要性也无法在外语语境中被理解。翻译勾连着具有微妙差异的各种知识体系,是一项相当困难的工作。举例而言,日语的学术成果习惯于将自身定位于亚洲与西方之间,随着语境的变化,将自己加入其中一方进行论说。这样的成果很难被非日语读者理解,西方诸国甚至可能不承认其作为论文的价值。即便如此,主要通过日语进行研究的学者们也必须积极投身于这个课题,因为只有当基于日语的知识体系与其他知识体系经由翻译的尝试与说明相互碰撞、相互摩擦以后,日语知识体系的意涵及重要性才能被别的体系所了解。同时,翻译工作也可以重新检视日语知识体系,重新发现该体系的特征。

三、基于多种语言的知识网络

希望各位读者注意到,行文至此,笔者强调的是研究成果应通过"外语",而非"英语"发表。日语的知识通过其他语言传播的途径大致分为两种:第一种是将所有的成果都通过现在逐渐确立世界通用语地位的英语进行发表;第二种是尽可能地使用世界各国的语言进行发表。第一种方法看似较为简便,但正如前述所言,笔者主张坚决采用第二种途径。

现今正急速行进的全球化的负面影响,是将同一种价值与基准强加于世界各地。世界大学排名将在各个社会中承担着不同角色的大学按照英美大学的价值及基准进行分级排列,正可谓是这种负面影响的实例。如果人文社会科学的研究统一使用英语进行发表,那么世界上的知识体系也将失去基于多种语言的价值与意义的多样性,出现单一化的衰退。

为了遏制这一全球化负面影响的扩大，世界上的知识分子必须尽最大努力，充分尊重世界各地的多样且独特的价值、思考、行动模式。而语言正是产生并表现这些多样性的最有力手段。人们不应造就英语在顶端、其他语言在下游的垂直型关系，而应致力于构筑包括英语在内的世界各语言间的水平关系，并推进各种语言之间的交流。这一点正是文科产生的知识与理科产生的知识之间的巨大差异，因为在理科研究中，无关母语、国籍，学者们一概用英语发表成果。

　　世界上多元的知识体系通过相互间的直接交流，可以最大限度地抑制不同体系间意涵与语境的抵牾，从而更加正确地理解双方的意见与认识。将日语译为英语无疑很重要，但是此外也应尝试通过法语、中文、俄语、阿拉伯语等尽可能多的外语公开发表成果。这种交流模式并非以英语为主轴，串联周围的各国语言，而是期望各种语言间两两相互交流，形成包含所有语言的整体平面网络。

　　确实，建成这样的网络极其困难，因此首先可以考虑用英语进行发表，但这只是最初的一步。研究者们应尽可能地锻炼自己，以期使用各种外语表达自己基于日语教养进行的研究。日语吸收以英语为主的各种外语成果已持续长达百年以上，可以说用欧洲诸语言写作的重要研究成果几乎都有了日语译本。现在开始应双向而行，将日语成果也译为英语或其他外语，如此来进行知识的转移。

从知识双向交流的本意出发,将日语译为外语的职责本应寄希望于由以西方为主的外国研究者来承担,但事实上这并不现实,由使用日语的研究者自己将研究译为外语似乎更加便捷。一旦这种双向交流被付诸实施,日本的人文社科研究者无疑将成为世界级的学者。现状是只有极少数研究人员如匠人般学习如何用外语表达自己的思考内容,并且细致地进行工作。然而,学者们应当更组织化、体系化地开展研究,并整理与继承研究成果,如此才能够将某种语言中的论述或提出见解的方法在另一种语言中准确无误地呈现。从这一层面上来看,翻译研究(Translation Studies)今后会成为日益重要的学术领域。[1]

由某个区域或某种语言的专家,用当地的语言将自己的研究成果向当地进行传播,这种尝试已不足为奇。但是笔者的主张并非如此。笔者希望基于某种语言的整体知识体系尽可能地在其他语言中被表现、被理解。例如,不应仅停留在日本的德国史学者用德语发表其成果,而是日本政治、印度尼西亚社会、西方古典文学或中国思想的研究者也可以使用德语写作或翻译他们的成果。学者们应通过这样的方法,致力于让日语整体的知识体系在德语中得到理解。

---

[1] 世界主要人文科学机构联盟 CHCI(Consortium of Humanities Centers and Institutes)开始公开招标的两项共同研究中,其中一项的主题是"翻译的挑战"(Challenges of Translation)。这似可证明人文科学相关的研究者已经开始意识到笔者此处所述的问题。参见 https://chcinetwork.org/GHI-pilot-call。

四、全球人文社会科学

日本的人文社会科学应当挑战的第三个课题,是在全球人文科学、全球社会科学的领域中发表成果。全球人文社会科学是全新的领域,其自身定义尚未明确。下文将就笔者对该学科的思考做出说明。①

全球人文科学与全球社会科学,并非先验性地将研究单位或框架设定为日本、英国这样的国家,或欧洲、亚洲这样的区域,而是将地球设定为终极框架。它根据所需应对的研究课题,将人类与人类生存的社会柔性地进行组别化、单位化,并且不拘新旧地通过各种学术路径接近研究对象,对其进行理解与说明。全球人文社会科学的框架有时就是地球整体,有时是超越国家或特定区域的广阔空间,有时是国家或区域中一部分共同体享有的空间,有时是比国家小得多的空间。此外,研究框架不仅包含现实中地理意义上"面"的空间,而且包括地球上点与点相连而成的假想空间

---

① 最近,日本的一些大学中也设置了名为"全球研究"的学科。有关这个术语的意涵及定义未必已有定论,但有必要考察这个学科与全球人文社会科学之间的关联。上智大学研究生院全球研究学科网页这样介绍"全球研究":"全球研究并非单一的学术领域,而是由多个专业共同形成的复合型学术领域。本学科致力于开发国际关系论、区域研究、日本研究、商业与开发等单个学科的传统,并将其综合起来开拓全球化时代的新学术边界。"从以上说明判断,全球研究是致力于将一些专业综合在一起的学术领域,这与笔者下文将要说明的全球人文社会科学不属于同一范畴。此外,CHCI共同研究的大框架是"Global Humanities"。笔者判断该词的意涵是各国的人文科学研究机构共同进行研究,以便各语种单独进行的多样化的人文科学研究互通有无。

或网上的赛博空间等。当然,根据研究需求,国家也可以成为框架之一。全球人文社会科学的使命在于,通过有效使用这样多彩的研究对象与框架,来解释说明现代社会的特征、构造以及在世界上发生的各种现象,以期为现代社会中所见的诸多问题开出处方。如后文将涉及的以"地球"为框架的世界史、世界文学①及世界思想的研究,都可以归于全球人文社会科学的范畴。2015 年,联合国制订了 17 项可持续发展目标(Sustainable Development Goals)。围绕这些目标的研究虽然不指涉某个特定国家,但因为研究意识到了地球整体,且处于全球的语境中,所以这类研究也可以被纳入全球人文社会科学的范畴。

全球人文社会科学的研究构想有其产生背景。20 世纪 80 年代末迄今,人类理所当然地认为,世界上除了南极大陆之外,所有的土地都归属于某个主权国家。在主权国家中,国民居住于被国境线分割的区域内,保有共同的归属意识。这些归属意识产生于共同的出生地、语言或风俗、习惯等,而拥有共同归属意识的人们作为一个"民族",认为应该拥有自己的国家。第二次世界大战后,战胜国与战败国的许多殖民地都基于这种理念建立了独立国家。地球上产生的诸种问题就由这近 200 个主权国家通过协商(以及时

---

① 日本已出现投身于这一新方向研究的学者,具体事例请参照沼野充义有关世界文学的一系列成果。

常发生的战争)谋划解决之策。这也是第二次世界大战后拥有同等权利的主权国家①成立联合国的理由之一。

但是在冷战结束后的20世纪90年代以降,情况发生了巨大的变化。随着交通和通信技术的发展,企业的活动范围扩大至全球,这样的经济活动未必能收敛到国家的框架内。NGO与NPO根据他们的目标跨越国境线独自开展活动。国际恐怖组织也不限于某国或某区域,而是有效地利用网络,在世界各地引发各种过激的恐怖行动。温室效应及大气污染等环境问题的影响也跨越国境线,波及了更广阔的范围。仅仅专注于某国或某区域将难以从根本上应对以上问题。

为了使地球朝着更好的方向发展,从20世纪70年代开始开展活动至今的NGO"世界经济论坛"每年冬天在瑞士的达沃斯举行会议,担当国家治理的掌舵人的政治家、实力雄厚的跨国企业及NGO成员、言论界及大学的代表等会在各方面对未来世界产生影响的领袖们齐聚一堂,就预定的主题展开热烈的讨论。这样的参加者构成明确地显示出,在思考世界的未来时,虽然国家依旧是最重要的要素,但仅凭国家的意志无法解决所有的问题。此外,观察局势混乱、无法成立安泰的主权国民国家的中东及非洲地区就

---

① 在联合国的实际运行过程中,安理会五大常任理事国,同时也是有核国家的美国、俄罗斯、中国、英国、法国拥有一票否决权,毫无疑问,联合国也未实现国家间的完全平等。

可以发现,虽然主权国民国家这一概念及其政治社会框架对于日本人而言是不证自明的,但它们绝非具有普遍性的事物,毋宁说这些概念及框架只适用于特定的时间及空间。也就是说,在现代世界中,如果想要正确地理解世界的现状,解决各类问题,创造更加美好的未来,仅仅以国家为框架来讨论问题,思考应对策略是不够的。

到目前为止,人文社会科学诸多研究领域一般以区分自我与他者的默会知识为铺垫,以国家为基本的单位或框架来开展研究。这样的研究方法适用于解释19世纪中叶至20世纪后半叶,即这些学科方向草创发展时期的世界的状况。在这段时期内,主权国民国家从开始形成到经历帝国主义时代,最终遍布了地球上的所有陆地。研究者作为某个主权国民国家的一员,基于以本国为自我、以其他国家为他者的默会知识,用本国语言阐明有关本国或世界其他地方的人与社会的方方面面,进而试图理解整个世界。西欧或日本等许多国家在大学中设置人文社会科学的课程,并进行着持续性支援,从国家与学术之间的这层关系来看,国家的这些行为是理所应当的。①

但是,既然主权国民国家这一组织和框架并非具有绝对普遍性,而是只存在于特定的空间或时间中,且现实中的

---

① 关于如何理解没有国立大学、只有公立与私立大学的美国的情况,有待日后另行研究。

人类活动未必仅依照国家的框架进行，那么人文社会科学就应将国家这一研究框架相对化，在这一前提下，通过各种路径观察、分析、理解人类及其所在社会的过去与现在，以期解决现代世界的诸多问题。现实世界以互相重合的多种单位为基盘运作，因此研究框架也应进行相应的柔性设定。这就是学者们构思全球人文社会科学的理由所在。

全球人文社会科学还有一重被期待的角色，那就是生产出可以让人们对地球产生归属意识的研究成果。随着全球化浪潮的加剧，无论好恶，在很多情况下，人们行动时都必须意识到，自己作为一国国民的同时也属于整个地球。如果分属于不同国家的人们保有地球居民这一共通的身份认同，并相互开展协助的话，解决跨越国境的复杂问题将会变得更加容易。以往的人文社会科学的研究成果在增强各国国民的国民意识层面贡献良多，既然这样，那么全球人文社会科学也应在培养人们的地球居民意识上有所建树。全球人文社会科学应当是一门帮助人类看清未来的学术事业。

此外，为了使人们意识到尚未普及的"地球居民"这一身份认同，全球人文社会科学应采用何种方法，研究何种主题呢？上文中已枚举了世界史、世界文学、世界思想等，但新的研究框架或主题并不局限于此。全球人文社会科学绝非单纯地以"地球"为框架重新思考一切事物，设定各种研究框架，并将地球意识置于这些背景中，才是全球人文社会科学基本的研究态度。那么,基于这种态度生产出的新成果,与迄今为止以国家、区域、文明为研究单位形成的人文社会科学的言说之间,会发生怎样的交互,产生怎样的相互影响呢?这是一个具有思考价值的重要的现代性课题。

五、语言与默会知识

在思考全球人文社会科学之际,还需要留意本书第二章、第三章中论及的问题,即在研究中区分自我与他者的默会知识,以及研究中所使用的语言问题。全球人文社会科学与传统的人文社会科学一样,两者都使用语言进行研究,发表成果。语言与研究者的归属意识及世界认识具有极强的关联。例如,使用日语发表的研究成果对确立日语的知识体系做出贡献,并生产出日本人的归属意识及教养。既然如此,那么,全球人文社会科学应采用何种语言进行研究并发表成果呢?不仅如此,在以往的人文社会科学领域,许多研究者立足于自己所属的国家,将本国与外国区分为自我与他者,以此来试图理解人类与其生存的社会与世界。那么,意图培养地球居民意识的全球人文社会科学应怎样处理区分自我与他者的默会知识问题呢?

有关语言问题,笔者脑中首先浮现的方法是使用"Global English"进行人文社会科学的成果发表。作为交流工具,"Global English"可以培养超越国家的地球归属意识。虽然在地球归属意识的次级领域,依旧存在着以国家和区域分界的身份认同，但人们只要使用"Global English"，就意味着他们作为地球居民，在尝试跨越自我与他者的界线。同时，倾听与阅读"Global English"的人也应保有相同的思考方式。那么，是不是所有研究者都使用这种语言发表成果，问题就会得到解决呢？笔者认为并非如此。如前所述，基于各种语言的多元性知识体系保持复数且水平的存在关系，才是世界从现在开始的理想状态。因此，学者们不应只使用英语，而必须致力于在所有语言的知识体系中构建出让人们对地球产生归属意识的框架、表现、语境、价值、意涵等。也就是说，所有语言都应作为全球人文社会科学研究的语言。

那么，以日语为母语的人文社会科学研究者为了将自己的立场由日本转为地球，为了能使人们产生对地球的归属意识，应该采用什么样的概念与表现进行研究呢？应该怎样向非日语母语的读者传播研究成果呢？首先，学者们应该使用日语进行思考，以"Global Japanese"（全球日语）[①]为目的开展研究。立足于地球这一广阔空间展开有效的论述本就是不易之事，使用日语更不可避免地会带入日本的教养等要素。而研究成果中所强调的也是在日语知识体系中产生的地球居民意识，我们无从判断这样的意识是否可

---

① 译者注：原文为"グローバル日本語"，即"全球日语"。译者基于前文"Global English"的表达，使用"全球日语"的英译"Global Japanese"。

以在其他语言中被原封不动地接受。但对于日本学者而言,从日语开始进行尝试,成功率理应最高。

学者们在用日语进行充分讨论的同时,也可以尝试将讨论内容中比较重要的部分通过外语传播。全球人文社会科学在世界范围内也是极其前卫的研究领域。在这一使用各国语言的知识体系综合化的同时,日语知识也在进入各国语言的知识体系,这对于世界性的多元化知识体系变得更加高度化、网络化是不可或缺的。

综上所述,使用日语的全球人文社会科学研究者需要熟练地使用日、英双语甚至其他外语,来发表自己将地球这一终极研究框架纳入意识中的研究成果。这是一项难度极大的课题,藩篱之高足以令部分学者望而兴叹。然而,钻研如何将自身的思考传达给不通日语的读者这件事本身,就是非常具有研究价值的课题。在世界范围内,一定有着志同道合的同志学者。希望抱有同样思考的人们,能够为了实现这个理想积极推进研究。

第二部分
新世界史与全球史

在第一部分中，笔者整理了日本人文社会科学的课题，陈述了展开全球人文社会科学这一新范畴的研究的必要性。作为实例，笔者列举了现在正致力研究的新世界史。那么，新世界史究竟是怎样的研究呢？它与既存的"世界史"研究有怎样的区别？此外，新世界史与近期时常被提及的"全球史"之间有何关联？新世界史具体又应如何阐释呢？在第二部分中，笔者将就以上问题进行论述。

本书中反复提及，日语中的"世界史"与"全球史"和英语中的"world history"与"global history"虽被视为对应词语，但其意涵很难说完全一致。在以下论述中，读者需要格外留意这一点。因此，为了明确区分这两组词语，笔者决定在涉及英语世界的研究时直接使用"world history"与"global history"这两个词组的英语原文。这可能会对阅读造成一定障碍，但希望可以获得读者的理解。

第五章
世界史谱系与新世界史

第一节 "世界史"一词的谱系与意涵

一、第二次世界大战前

现代日语在使用"世界史"一词时包含了怎样的意涵呢？在这里，笔者想重新思考一下这个问题。首先来看字典中的释义。岩波书店出版的《广辞苑》对"世界史"的释义为"将具有统一关联性的部分作为整体加以把握的人类历史"；三省堂的《大辞林》为"将世界作为具有关联性的统一整体加以把握时的人类历史"；小学馆的《大辞泉》为"综合把握世界整体的人类历史。一般划分为古代、中世、近代（近世）三个部分"。

阅读这些释义后可以认为，世界史就是将人类自诞生迄今的过去作为某种统一的、理论性的体系来理解。其前提是在世界这个空间范围内，包含了从人类诞生至今的整个时间范畴。这种时间与空间被设定为世界史的舞台。这看起来似乎是个理所当然的前提,但这并不意味着这个时空中存在过的所有人类的过去都会被不加取舍地直接采纳为历史。

首先,狭义的历史学的研究对象仅限于拥有文字资料的时代。如果历史学想要覆盖没有保存文字资料的地区和时代的所有"人类"的过去,就必须与人类学和考古学等狭义历史学所不包含的学科进行协作。当前在英语世界中,存在着被称为"深度历史"(deep history)的研究趋势,实际上通过这样跨学科的协作展开了研究。然而,关于如何统一地、系统地理解和描述其研究成果,目前仍处于探索阶段。

发端于西欧的近代历史学最初认为,地球上的人类群体中只有所谓的欧洲人才拥有历史。例如,19世纪的德国著名历史学家兰克在其著作《历史上的各个时代》中主张,人类诸群体中,只有拉丁民族和日耳曼民族有着内在的、足以成就伟大历史的诸种要素,从某个阶段发展到下一个阶段的世界史运动只在这些民族体系中实现了。[①]他遵循这一解释撰写了九卷本《世界史》(*Weltgeschichte*,1881—1888年),其内容与我们现在所认知的"西欧史"殊

---

① 岡崎勝世:『世界史とヨーロッパ』,講談社現代新書,2003年,186頁。

无大异。① 小山哲指出："兰克的'世界史'与网罗了人类起源至今所有民族和地区的'人类史'有所不同。"②

马克思的历史唯物主义基本上和兰克一样，可以说是为了有力地说明近代欧洲的发展而构思的。马克思的理论主张，人类社会从原始时代开始，经历了古代生产方式、封建生产方式、近代资本主义生产方式的阶段性发展，最后将实现共产主义社会，而马克思自身所在的西欧社会率先到达了资本主义生产方式的阶段，在当时领先于世界。③

根据帕特里克·曼宁（Patrick Manning）的观点，美国继承了19世纪西欧的这种历史观察方法，倾向于认为历史就是追溯由曾经的西欧和北美组成的西方文明的发展。直到20世纪90年代末，"世界史"（World History）一词才逐渐开始指称研究的范围遍及所有大陆，研究的时间跨度长达数千年，并且涉及内涵广泛的课题的课程。④

兰克和马克思所展现出的那种源自西欧并遵循一定的普遍规律的世界史观念，也对日语中"世界史"一词的意涵

---

① 这一点在羽田正的著作中已有论述，参见『イスラーム世界の創造』，東京大学出版会，2015 年，144—147 頁。
② 小山哲：「実証主義的「世界史」」，秋田茂ほか編：『「世界史」の世界史』，ミネルヴァ書房，2016 年，281 頁。
③ 小谷汪之：「マルクス主義の世界史」，秋田茂ほか編：『「世界史」の世界史』，ミネルヴァ書房，2016 年，321—344 頁。
④ パトリック・マニング著，南塚信吾・渡邊昭子訳：『世界史をナビゲートする—地球大の歴史を求めて』，彩流社，2016 年，120 頁。

产生了巨大影响。① 尽管如此,日语中却没有完全照搬西欧对世界史的看法和定义。日语的"世界史"一词中包含了日语的独特创见,下文中我们将就这一点进行讨论。

如本书第二章中所述,日本的大学等研究机构从 20 世纪初开始将整个世界划分为日本、东方、西方三个部分,分别对各部分的历史,即日本史、东洋史、西洋史进行研究,并将研究成果运用于历史教育中。在当时西方知识分子对世界的认知方式,即先进的西方(Occident)与落后的非西方或东方(Orient)这种二元对立的世界观背景下,这种操作方式赋予了作为"自我"的日本一个特别的位置,这正是日本独有的世界认知。

在西欧各国繁盛起来的历史学的本来目的,在于研究体现人类进步的欧洲的过去,并将其体系化,因此这类研究缺乏关照人类整体过去的态度。② 对于西欧人来说,只有

---

① 在前述小山哲的极具启发性的论文中,他致力于敦促人们注意 19 世纪诞生于欧洲的两种不同学术谱系,即兰克的历史学和康德、巴克尔的文明史论。兰克批判将人类历史看作阶段式进步过程的历史观,他认为历史学家的使命是基于对同时代资料的批判性分析,描述各时代的特征。与此相对,康德和巴克尔将人类史理解为遵从一定的法则,从原始状态向高层次文明阶段性迈进的过程。小山指出,这两种思潮对 19 世纪后半期到 20 世纪前半期日本的"世界史"认识产生了极大影响。这种观点值得注意。(小山哲:「実証主義的「世界史」」,秋田茂ほか編:『「世界史」の世界史』,ミネルヴァ書房,2016 年,274—275 頁。)

② 关于这一点,通过探讨沃勒斯坦整理的 19 世纪建立的六种社会科学学科研究对象的空间差异就能理解。参见山下範久:「世界システム論」,秋田茂ほか編:『「世界史」の世界史』,ミネルヴァ書房,2016 年,357 頁。

欧洲存在历史。① 与此相对,日本开设了日本历史研究课程,以及东方历史研究课程,加上最初开设的西方历史研究课程,我们应当注意到日本在早期阶段就已经形成了覆盖地球多个区域历史的研究体制。尽管日本史学界也认为,这三个区域的发展阶段存在差异,但可以说,世界上所有区域都具有同等的研究价值这一认识,在第二次世界大战前的日本学界就已经形成了。另外,虽然没有明确说明,但是将这三块区域结合起来,就是当时日本史学界认知中的"世界史"。

例如,在 1932 年发行的《日本文化史序说》中,京都帝国大学的日本史学教授西田直二郎就日本史与世界史的关系做了以下论述:

> 如上所述,基于意涵关联考虑历史事件,就是通过意涵的关联将各个事件连接起来构成时代的整体事实,时代的事实构成了国民历史的整体事实,进一步将国民的历史与世界的历史联系起来。这样在一个国家内部发生的事件也就成了世界史。②

如西田本人所述,这是一种作为历史哲学的世界史。

---

① 例如,在 1902 年开始发行的全 14 卷的《剑桥现代史》(*Cambridge Modern History*)中,数百章的内容中仅有数章含有非欧洲、非北美的论述,但出版社却将其称为"世界历史"。Merry E. Wiesner-Hanks, "Preface", David Christian (ed.), *The Cambridge World History*, *Vol. I Introducing World History*, *to 10,000 BCE*, Cambridge University Press, 2015, p.xix.
② 西田直二郎:『日本文化史序说』,改造社,1932 年,34 页。关于这一点得到了京都大学的上岛教授的指点,在此深表感谢。

值得关注之处在于其所表明的国民史积累起来就变成了世界史这种思考方式。

需要注意的是,在狭义的文献史学研究领域,第二次世界大战前,"世界史"这一框架并未显示出其重要性。但在思想及哲学领域,第二次世界大战中,"世界史"在以京都学派的哲学家为中心的群体中引发了广泛的讨论。① 他们关注到兰克将"世界史"处理为各个国家和各个民族斗争的场域,并运用这一点,企图从理论上将建设大东亚共荣圈、发动战争等行为正当化。② 在将欧洲以外的区域也纳入研究视野的日本,以欧洲各国、各民族为中心的"世界史"很容易被转化为战争和侵略的意识形态资源。

另外,围绕马克思主义历史观下日本处于何种位置,讲座派③和劳农派④产生了对立,这一问题在广义上也可以说

---

① 例如高山岩南:『世界史の哲学』,岩波書店,1942年。世界史很难成为实证主义历史学的主题,但是学者们充分认识到,它可以作为连接现实政治和社会的思想研究主题。关于这一点,参照中島隆博:「東アジア近代哲学における条件付けられた普遍性と世界史」,羽田正編:『グローバルヒストリーと東アジア史』,東京大学出版会,2016年,89—101頁。

② 小山哲:「実証主義的「世界史」」,秋田茂ほか編:『「世界史」の世界史』,ミネルヴァ書房,2016年,284—285頁。

③ 译者注:讲座派是第二次世界大战前日本马克思主义者中的一派,与劳农派对立。主要成员为执笔《日本资本主义发展史讲座》的学者团体,因此得名。讲座派的中心思想是日本当时的社会状态是绝对主义天皇制度下的半封建军事社会。因此,讲座派主张在日本先实行资产阶级革命,打倒绝对主义天皇制,再进行社会主义革命,即"两阶段革命论"。

④ 译者注:劳农派是第二次世界大战前日本马克思主义者中的一派,与讲座派对立。劳农派的中心主张为"明治维新"即是不彻底的资产阶级革命,因此当时在日本应当直接发动社会主义革命。

是围绕世界史的争论。

二、第二次世界大战后

即使在第二次世界大战战败后,日本的大学的历史研究体系也没有发生变化,依然划分为日本史、东洋史、西洋史三个部分。如今,这种划分方式明显已经不适应时代发展,但日本的主要大学仍继续基于该体制,对包含日本在内的世界各地的历史进行研究和教育。即便是像历史学研究会和史学会那样以历史学研究整体为对象的全国性学会,在其次级组织中依旧将世界划分为日本、东方、西方三部分。以日本史、东洋史、西洋史为框架的日本史研究会、东洋史研究会、日本西洋史学会等占据了历史学研究的主流。基于以上情况,似乎可以批判本应开展最前沿研究的大学失去了进取心。

但事实上,之前的历史研究几乎都以某一个国家的历史为研究的基本单位。[①] 很多历史学者实质上都在国别史的框架内进行研究。日本、东方、西方这样的划分方式对于按照德国、俄罗斯、印度等国别推进研究的历史学者而言,除了可供写在研究室招牌上的所属部门一栏之外并无意义,因此过去几乎没有学者认真思考过改变这种学科划分

---

① 但有时也会出现像前近代的东南亚史或中亚史一样,未必以现代国家为单位进行研究的情况。

方式的必要性。

根据文部省颁布的学习指导大纲,从20世纪50年代初开始,高中教育阶段将之前分开教授的东洋史和西洋史合并,设置为世界史科目,由此日本高中的历史教育被划分为世界史和日本史两部分。① 自彼时开始,"世界史"一词进入日本人的日常生活中。由东洋史与西洋史合并成的世界史和日本史两相并列,这一点体现了日本对世界和历史的独特处理方式。② 今后,如何将日本史纳入世界史将会成为思考世界史时经常被提到的课题。③ 这种处理方式与往往将本国历史的延伸视为历史或世界史的西方诸国有很大区别。

在日本,直到最近也几乎没有历史学者将世界史作为自己的专业,自然也不存在世界史学会。以历史研究为对象的学会都是按照前述日本史、东洋史和西洋史的划分方

---

① 上原専禄・江口朴郎・尾鍋輝彦・山本達郎監修:『世界史講座 第八巻 世界史の理論と教育』,東洋経済新報社,1956年,249頁。

② 在中国,即使是今天,世界史也常被用以指涉中国史之外的世界历史。羽田正:『新しい世界史へ——地球市民のための構想』,岩波新書,2011年,60—66頁。

③ 参考茨木智志:「初期世界史教科書考—『世界史』実施から検定教科書使用前後までの各種出版物に焦点を当てて」,『歴史教育研究』第6号,2008年;尾鍋輝彦編:『世界史の可能性—理論と教育』,東京大学協同組合出版部,1950年等。关于高中的世界史教育目前已有多种成果,本书参考了以下作为最新成果的论文及其文献目录。桃木至朗:「現代日本の「世界史」」,秋田茂ほか編:『「世界史」の世界史』,ミネルヴァ書房,2016年,368—389頁。

式进行组织的。对历史学者而言,研究应当针对世界某些国家和地区在某个时代的某些位面和要素,通过广泛及深度地阅读相关史料来进行。而世界史本身规模过于庞大,通常被认为不具备个人研究的价值。换句话说,世界史不适合作为实证类研究的对象。

然而与此同时,不仅是历史学研究者,也有很多其他学科的学者和知识分子认为,世界史基于某些定律运行,如世界史基本法则或世界体系理论等,因此将世界史理论化是可行的。如果遵循这一理论,那么世界历史的发展应当如何实现系统化?在这种理论框架下,如何整合性地理解日本的历史?这些问题引发的激烈讨论超越了狭义的历史学界,各领域的学者对此多次交换了意见。①

综上所述,围绕具有某些定律的"世界史"的系统化、理论化问题,第二次世界大战后的日本知识分子之间进行了积极的讨论,同时生产了大量关于各国、各时代、各领域的个别实证研究。当然,这些研究未必和"世界史"主题直接相关。"世界史"的理论化与个别实证研究这两种方向性,在世界历史课程及世界史全集出版之际发生了融合。其中最需要注意的交合点,就是高中世界史科目所包含的内容,因为这对普通人的历史教育与普及具有无法忽视的重

---

① 最新成果是柄谷行人:『世界史の構造』,岩波書店,2011年。桃木至朗:「現代日本の「世界史」」,秋田茂ほか編:『「世界史」の世界史』,ミネルヴァ書房,2016年,374頁。

要性。

　　由制订学习指导大纲的文部省决议,日本在高中阶段设置了世界史科目。但在决定设置世界史时,文部省并未制订关于该科目的确切方针。仅阅读1947年颁布的《第一次学习指导大纲(试行方案)》似可判断,世界史主要由孕育了优秀近代文化的西方历史,与被其压制的保有古时文化的东方历史相结合而成,并且以西方历史为主轴展开。另外,日本史包含于东方历史。在总述东方历史的章节中,插有日本古代国家、日本封建制的特色、中日文化交流、明治维新、日本对周边国家的侵略等小节。此外,在书的最后还设置了题为"现代日本在世界史中的位置"的章节。[1] 在第二次世界大战战败之初,日本政府对本国所走道路失去了自信,日本史教育本身亦不被认可。此时,世界史所承担的任务是成体系地叙述包括日本在内的世界整体的过去。不久之后,日本史成为独立的科目,1951年文部省分别颁布了有关日本史和世界史的学习指导大纲,同时也开始编订和出版新的世界史教科书。[2]

　　此后,随着时间的推移,学习指导大纲的内容有所变

---

　　[1] 羽田正:『新しい世界史へ——地球市民のための構想』,岩波新書,2011年,32—36頁。
　　[2] 贵志俊彦将焦点放在"东亚"这一地域概念上,按照时间顺序对学习指导大纲的制订和教科书的构成进行研究,笔者深受启发。贵志俊彦:「東アジア—相関する地域・交錯する地域像」,羽田正編:『地域史と世界史』,ミネルヴァ書房,2016年,46—49頁。

化。2009年,文部科学省公布了最新的大纲。通过对这些大纲的探讨可以发现,虽然作为学科的世界史的具体内容随着时间推移逐渐发生着变化,但是世界史的框架本身却没有任何改变。从第二次世界大战后最初的大纲到其最新版本,世界史总是明确地表现出在时间上覆盖从人类诞生到现在,在空间上覆盖全世界范围的姿态。尽管现实中明知无法获得所有可供参考的资料和研究,也存在一些无法触及的区域和人类群体,但无论是大纲还是教科书,都理所当然地认为应该尽可能按照时间顺序说明人类所有的过去。此外还可以发现,关于日本的过去在世界历史发展中的定位问题也常常受到强烈的关注。

"世界史"概念普及之后,历经60余年,暂且不论其具体的叙述和理解方法,在日语中,"世界史"一词的基本意涵始终没有发生变化。世界史意味着"对包括日本人在内的人类整体的过去的体系性说明,这种说明基于时间顺序被解释呈现"。不言而喻,"基于时间顺序的体系性说明"指的是基于时间的推移,连续地、系统地描述某个对象的变化。"体系性说明"这个词,如果换一种表达方式,就是指某种理论或法则。日语中认为,可以沿时间顺序,依据一种法则,体系性地、理论性地说明人类的过去,这种说明就被视为世界史。法则中的典型代表就是欧洲中心史观、世界史法则和世界系统论。那么,具体应如何进行"有关人类整体过去的体系性说明"呢?让我们再进一步详细探讨学习指导大纲的内容。

三、现代日本对世界史的理解

第二次世界大战后,世界史被设置为高中科目,依据文部省颁布的学习指导大纲进行教学。大纲以由大学和高中教师为中心组成的研讨会进行讨论后制订,在制订过程中参考了现实政治和社会动向、学界的讨论以及研究趋势,约每十年修订一次。世界史的教科书依据此大纲编订,书中的内容在高中的课程里被教授给学生,成为他们的知识。在这层意义上,可以说是学习指导大纲实质性地决定了现代日本对世界史理解的基干部分。

上文已经讨论了大纲内容的变迁,此外,在大纲修订前后也出现了很多相关研究成果,故本书在此不再冗述[1],此处只对最新版大纲中展示的现代日本标准的世界史理解进行确认。下图是将日本标准的世界史理解模型化处理后的结果。从这幅图中可以清楚地发现,世界史在时间上涉及从人类诞生到现在,空间上研究的是整个世界。时空中被重点描绘的内容随着历史的发展而变化,但这种框架本身从第二次世界大战前一直持续到了现在。

---

[1] 羽田正:『新しい世界史へ——地球市民のための構想』,岩波新書,2011年,33—41頁。桃木至朗:「現代日本の「世界史」」,秋田茂ほか編:『「世界史」の世界史』,ミネルヴァ書房,2016年,368—389頁。此外,笔者还参考了桃木论文文献目录内收入的茨木智志、小川幸司、中村薰等学者的多篇论文。

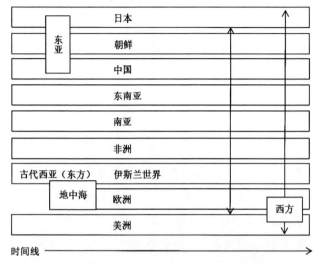

图 5-1　现代日本对世界史的一般性理解(概念图)

在现代日本,世界被视为由国家,以及若干个国家组成的区域或文明圈构成。这些国家和区域各自拥有基于时间轴的自身历史,把这些历史合并起来归结为一个整体,就是世界史。此外,16 世纪以后,欧洲或者说"西方"区域开始经略世界各地,世界在"西方"的主导下开始推进一体化。这就是当下在日本被体系化的世界历史的解释。20 世纪 70 年代之前,基于马克思主义世界史基本定律的发展阶段论框架盛极一时,但发展阶段论目前几乎已不再受到关注。此后盛行的世界体系论的理解方式主要适用于描述近现代史。

尤其需要注意的是这幅图的"东亚"部分。教科书中将

"东亚"自身作为一个"区域"或者"文明圈"①,因此"东亚"理应和"南亚""欧洲"等一样,拥有自身的历史。但教科书中并未明确说明按照时间顺序发展的"东亚"历史是怎样的,这是因为"东亚"包含了作为"自我"的日本。日本被认为具有与他国不同的历史,这也导致了日本史与本应具有自己独特之处的"东亚史"之间的关系变得模糊。既然设定了东亚史这一框架,那么就无论如何不能缺少中国和朝鲜半岛的历史。但在日本拥有自己独特历史的情况下,再设定一个包含日本及其他国家在内的东亚史似乎不合情理。可以说,这里象征性地体现了第一部分提及的关于"自我"和"他者"认知的扭曲。② 如果想要把"东亚"这一区域或者空间置于现代,并使其实体化,那么这一区域或空间的人们就需要可以共享的历史叙述。而现状是我们目前仍未达到这样的阶段。

第二节　新　世　界　史

一、《面向新世界史》之后

笔者在 2011 年出版的《面向新世界史》中论述过,迄今

---

① 这两个词在英语中意思完全不同,但在用日语讨论世界史时,可将其视作同义词。
② 羽田正:「新しい世界史と地域史」,羽田正编:『グローバルヒストリーと東アジア史』,東京大学出版会,2016 年,19—33 頁。

第五章 世界史谱系与新世界史

为止对世界史的理解和说明已不再适应当代世界的形势，因此有必要构思新的对世界史的解释和理解方式。当时，笔者针对世界历史的叙述框架以及基于该框架的世界史理解现状，怀有一种隐约的不满与危机感，因此提出了这项主张。但彼时笔者自己也并未完全理解，自身的观点和主张与作为近代学术体系的人文社会科学之间存在怎样的对峙，以及这些观点主张在现有的知识体系中应当如何定位。经过重新整理后，笔者发现自己当时所提出的主张，正符合上一章所述的作为全球人文社会科学的新世界史。

在《面向新世界史》中，笔者指出现行的世界史存在以下三点不足：

1① 现行的世界史是日本人的世界史。

1② 现行的世界史强调"自我"和"他者"的区别与差异。

1③ 现行的世界史并未摆脱欧洲中心史观。

另外，以下三点是我们应该追求的新世界史的要素：

2① 新世界史面向基于地球主义思想的地球市民，可以使得人们具有人类共同拥有地球这种世界认识。

2② 排除某种中心史观。

2③ 展现一直以来被忽视的关联性和相关性的存在。

随后，书中举出了三种实现这种世界史的方法：

3① 描绘某个时代的世界全景图。

3② 不拘泥于时序史。

3③ 意识到横向关联的历史。

这一观点的主干部分并未发生变化，但距离出版该书已过了九年多的时间，期间笔者与很多人交换了信息和意见，特别是近些年来与外国的研究者之间积极认真的意见交换，让笔者感到有必要对其中几点进行修正。现将修正记述如下。

首先，《面向新世界史》举了日本人的世界史（1①）的例子来说明现行世界史的不足之处。但现在笔者认为，1②和1③确实还构成问题，但1①已并非致命的缺陷。因为目前尚不存在被地球上所有人都接受的世界史，而且这样的世界史也并非目下急需之物。此外，1②和1③是接受了起源于19世纪西欧的世界史解释后，各地世界史叙述中共通的问题，并非日本的世界史所独有。

在现代世界，解释和说明世界史时的惯例，是以国家和区域为基准，严格地区分本国和他国、本区域和其他区域。这是因为历史学家或历史的叙述者持有各自的立场。包含外国史研究者在内的几乎所有历史学家都作为其所属国家的国民，运用其母语进行历史研究，并用母语发表成果。虽然有些语言通用于许多国家，如英语和西班牙语，但历史研究者的国籍和研究时使用的语言之间依旧具有很强的关联。譬如,笔者就多用日语发表自己的研究成果。

单看上述日本世界史中的不足之处,读者也许会以为只有日本的世界史非常奇怪,与其他地区不同。但事实上,区分本国和他国历史的世界史理解俯拾皆是,日本只是其中之一。

当然,充分使用历史研究成果进行的历史教育也是通过各国的母语进行的。自19世纪后半以来,在许多国家中,历史被作为创造国民的手段在学校中教授。本国史被作为国民理应共有之物构想、叙述,同时为了了解他国及其过去而描绘外国史。这种教育方式的根源在于明确区分自我与他者的二元对立的世界认知方式。只要历史学者使用自己国家的语言进行叙述,只要国家立志通过历史教育国民,不同国家的世界史框架和描述方法就自然会有所不同。只要近代欧洲诞生的主权国民国家这种国家形态还存在,这种历史理解和描述方法就不会消失。

二、地球居民的世界史

其次,笔者当时认为,应当追求的新世界史的要素之一是"基于地球主义思想的地球市民"(2①),但现在笔者想避免使用"地球市民"这一表述。虽然"地球主义"和"地球市民"在日语中听起来振聋发聩,但其定义比较模糊。英语中可以用"global citizen"表达"地球市民"的意思。其中,"citizen"这一概念是在西方近代被"发现"的,在西方近代特有的语境中得到阐释,为近代及现代的西方社会所普遍使用。但日语里的"市民"与西方近代语境下的"citizen"存在微妙的差异。此外,进入 21 世纪以后,英语世界国家的学者在政治哲学领域发表了很多关于"global citizen"概念的著作。① 但在那之后,相关讨论有些陷于停滞。② 笔者尚未完全了解此中经过,因此关于"global citizen"与"地球市民"间的对应关系,笔者认为有必要进行更加深入的探讨。我们应该避免使用含义不明晰的词语,所以在得到准确释义前,笔者将回避"地球市民"一词。

替代"地球市民"的是"地球居民"。在某次国际会议的报告中,由于不想使用"global citizen"一词,笔者作为替代使用了"Earthmen and women"这个词组。这在日语里近似于"地球人"的意思。一位美国的女性研究人员③在听取

---

① 例如,April Carter, *The Political Theory of Global Citizenship*, Tayler & Francis, 2001. Hans Schattle, *The Practices of Global Citizenship*, Rowman & Littlefield, 2007, Louise Cabrera, *The Practice of Global Citizenship*, Cambridge University Press, 2010. Geoffrey Stokes, "Global Citizenship: Theory and Practice", G. Stokes, R. Pitty, G. Smith (ed.), *Australian Activists for Change*, Cambridge University Press, 2008 等。

② 据 BBC 报道,在发展中国家将自身视为"global citizen"的人逐渐增多,但在德国和俄罗斯等地拥有这样想法的人的比例在减少。参见 www.bbc.com/news/World-36139904.SThisFB。

③ 耶鲁大学教授芮乐伟·韩森(Valerie Hansen)原来致力于研究以宋代为中心的中国史,现在将视野扩展到欧亚,出版了丝绸之路历史的相关著作(*The Silk Road: A New History*, Oxford University Press, 2012)等,就世界史的新解释积极提出相关见解。对韩森教授在"地球居民"一词的表达上给予的帮助,笔者在此表示感谢。

报告后评价道:"这种表达在英语中的语感就像是相对于外星人来说的地球人一样,听起来很奇妙。"因此,笔者再次向她详细地说明自己构想了一种新的世界史,这种世界史意图让人们在加深相互理解的同时,能够保持对地球的归属意识,并且解释了不想使用"global citizen"一词的原因,征询她是否存在一个合适的词能够贴切地表达上述想法。稍加思索后,这位女士提出了"residents of the Earth"的表达。的确,采用此种表达可以避免使用"citizen≈市民"这对词语,它们的意涵具有细微差异,需要再次讨论和定义。在日语中,"居民"比"市民"更加中立。笔者豁然开朗,并向她表示了感谢。从那之后,笔者开始使用英语"residents of the Earth",在日语中则使用对应的"地球の住民"(地球居民)。①

考虑到目前的世界局势,绝对有必要思考并提出能够使人们具有"地球居民"意识的解释和叙述世界史的方法。虽然现在人们对地球的归属意识还不强,可能有人会批判这是一种乌托邦式的想法。但笔者是学者,而非政治家。学者若不为理想奔走疾呼,则世间理想之声殆矣。《面向新世界史》出版距今已逾九年,期间世界局势愈发复杂。"地球居民"这一归属意识相较九年前更为必要。在探索新的世界史解释与叙述时,笔者也将继续坚持这种基本立场。

---

① 此外,也有学者使用"inhabitants of the Earth"这一相似的表达方式。

但是，关于这一立场，有几点需要进行论述和确认。其一，此处所言地球居民的意识并非单纯地主张全世界的人都为均质，都应该秉持相同意见。事实上，各式人等居于世界各地，秉持各种想法，其中大多数人都已同时拥有了多种归属意识。

居住在日本列岛的大多数人说日语，仅仅拥有对日本的强烈归属意识，但如伊拉克人的归属意识相较前者就复杂得多。除了伊拉克国籍之外，还有根据语言、宗教、部落、家族、职业、居住地区等划分的各种各样的归属意识，这些意识有时属于伊拉克国家的领域内，有时则远远超出了国境线，与其他国家的人共有。和日本人一样，法国人对法国也有强烈的归属意识，除此之外，他们还属于可以产生巨大归属感的欧洲这一集合体，此外还有很多人拥有各种各样超越了法国国境线的归属意识，如宗教（天主教、新教、犹太教、伊斯兰教等）和语言（除了法语以外的巴斯克语、阿尔萨斯语）等。

拥有地球居民意识，是指在地球上的人们已有的各种归属意识之上，再添加一种新的归属意识。但正如很多共同拥有"日本"归属意识的人，在"日本"之外各自保有着多种多样的想法一样，即使人们共同拥有地球居民这一归属意识，也不可能所有人都拥有同一种价值观和世界观，都依照同样的方式行事。但是，当人们尝试解决在地球范围内产生的各种难题时，如果大家都秉持地球居民的归属意识去进行应对的话,一定更有利于相互合作。

为了守护我们所居住的唯一的地球,为了人们能够更加和平、更加幸福地生活,应该有更多的人超越相互意见上的对立,在实施各类行动时将地球居民的意识置于脑海中。政治家、宗教领袖、知名学者等具有社会影响力的人应该强调这种意识的重要性,大众媒体也应发挥其巨大的影响力。人们实际上到访世界各地,了解彼此的立场和想法也很有益处。此外,在大学中,不论是文科还是理科,很多研究者都正在共同致力于实现可持续发展的地球社会。① 笔者认为,历史学也能在这场运动中贡献微薄之力。这就是新世界史的构想。

另外,虽然摒除"中心史观"(2②)的观点并没有发生变化,但在用日语解释和叙述世界史时,其中无疑会包含很多关于"日本"历史的信息。这与用中文记述的世界史中包含了很多中国历史的信息、用德语记述的世界史中包含了很多德国及其周边国家历史的信息并无二致。此时,应当注意避免在世界史叙述中掺杂任何以该地区为中心的看法和表达。以某个地区为中心的世界史解释和关于某个地区的信息较多的世界史并不相同。

---

① 例如,东京大学在五神真校长的领导下,为了实现联合国制订的可持续发展目标,成立了"未来社会协创推进本部"(Future Society Initiative),计划集中全校资源开展相关研究。参见 http://www.u-tokyo.ac.jp/adm/fsi/ja/index.html。

三、纵向的世界史和横向的世界史

最后还有一点,笔者提出的实现新世界史的三种方法是较为激进的方案。因为传统的世界史解释和叙述,是将世界史理解为各个国家和地区在时间纵向发展中形成的历史的集合,而这样的解释和叙述方式几十年来未发生变化。笔者并非觉得纵向的历史不重要。如今,也有许多人群、国家和地区急需纵向的历史,而且,在不设定时间线的情况下思考过去,本就是不可能之举。然而,让我们试将"世界史"当作一件纺织品,那么时序史是"经线",而笔者的三个提案则是"纬线"。相对已经积累到相当程度的经线而言,在其中编入纬线是需要极慎重对待之事。但是为了完成牢固且美观的纺织品,应当在修补经线漏洞的同时,用心强化纬线。随着纬线被顺畅地编入,世界史想必会呈现出美丽的新图案。

迄今为止,横向的纬线很难被意识到。原因之一,是人们显而易见地更关注纵向的国别史研究,以及基于国别史研究的国民史,他们不会特意将目光转向历史的纬线。另外,即使关注作为方法的纬线,个体研究人员也很难把握用多种语言记述的历史资料。如果想要忠实于重视一手资料解读这一历史研究的基本要求,就必须克服想要使用其他研究者的研究来创作巨幅画作的欲望。如此一来,巨幅画作的图案早就成为定式,研究者要做的仅仅是将注意力集中在细节的涂色上。

然而,100多年前西欧描绘的巨幅画作的图案已经过时了,图案本身必须得到更新。如果以此为目标,就应该允许个体研究者充分利用其他学者的优秀研究成果,绘制出新的巨幅图案。此外,研究者们也可以共同构思新的图案。这时作为纬线的三种研究方法就会发挥效用。尤其是其中描绘特定时代的全景图、意识到横向连接的历史等方法,与最近兴起的"全球史"历史研究趋势之间具有深厚的关系。因此,在下一章中,笔者将对"全球史"研究的新方法展开思考。

第六章
多样化的全球史(Global History)

第一节 各国的全球史

全球史(Global History)的流行

冷战终结后的20世纪90年代,全球化进程急剧加速。英语国家,特别是在美国,"global history"逐渐被与"globalization"(全球化)关联使用,其含义和方法开始受到关注和探讨。[①]"Global history"本身的意涵随着使用者身份的变化而发生变化,如后文所述,直到今日,该词的意涵都未得到明确的界定。但是英语国家的历史学者间存在着某种程度的共识,即"global history"这一新术语代表了某种新开拓的研究领域。

[①] Bruce Mazlish, "An Introduction to Global History", Mazlish and Ralph Buultjens, eds., *Conceptualizing Global History*, Boulder, 1993, pp.1-24. Bruce Mazlish, "Comparing Global to World History", *Journal of Interdisciplinary History*, 28, 1998, pp.385-395.

第六章　多样化的全球史(Global History)　179

2006年,属于这一新领域的杂志《全球史杂志》(*Journal of Global History*)创刊,由剑桥大学出版社发行①,最初的主编是来自英、美及荷兰的历史学家。由此可见,该杂志并非专为英、美某一国所有,其在策划与发行时考虑的是广大英语受众及英语国家这一共同基础。从这层意义上说,该杂志的发行本身即象征着知识全球化的某一侧面,因为迄今为止的惯例是即使同属于英语世界的美国与英国,在某一研究领域也分别发行各自国家的学术刊物。② 由此,英语世界的学界普遍认为,在2005年前后,"global history"作为研究领域获得了承认。③

不过,细究研究机构的组织架构可以发现,英美两国之间存在着若干差异。在英国,华威、牛津、埃克塞特等大学中设立了"global history"的研究中心。与此相对,在美国,虽然有若干

---

① 不过,在德语世界中,自1991年起已有刊名中包含全球史的学术刊物 *Comparativ. Zeitschrift für Globalgeschichte und vergleichende Gesellschaftforschung*.,但当时的全球史的研究主题主要见于比较史学方向。
② 例如,在综合类历史研究刊物方面,美国于1884年创立了《美国历史评论》(*The American Historical Review*),英国依托各高校于1923年接连创办了《历史研究所公报》(*The Bulletin of the Institute of Historical Research*)(伦敦大学)、《剑桥历史杂志》(*Cambridge Historical Journal*)(剑桥大学),于1952年创办了《过去与现在》(*Past & Present*)(牛津大学)等专门类史学杂志。在东方学及中东区域研究方面情况亦无变化。美国发行了《美国东方学会杂志》(*Journal of American Oriental Society*)及《国际中东研究杂志》(*International Journal of Middle East Studies*)等刊物,英国发行了《亚非学院公报》(*Bulletin of the School of Oriental and African Studies*)及《英国中东研究杂志》(*British Journal of Middle Eastern Studies*)等杂志。
③ *Journal of Global History*, Cambridge University Press.

处世界史（world history）研究中心，但并未出现太多挂名"global history"的科研机构。"Global history"的教学与研究一般从属于国际关系或历史院系。① 笔者认为，这种组织化的区别来源于英美两国迄今为止在历史研究发展上的差异。

步入 21 世纪后，类似"global history"的术语及概念在不隶属于英语世界的历史学家之间开始被不断提及，并被有意识地使用。现在在德、法等欧洲大陆国家及中国等，指向类似英语"global history"或日语"グローバルヒストリー"②类型的研究正不断加强，虽然根据所使用的语言的不同，研究的名称各不相同。③ 在德国，《全球史——理论、主题、路径》于 2007 年出版，标志着全球史研究步入正轨。2013 年，塞巴斯蒂安·康拉德（Sebastian Conrad）等三位学者共同出版了德语著作《全球史是什么》。④ 编者中的两人——柏林自由大学的康拉德和洪堡大学的安德烈亚斯·

---

① 哈佛大学魏德海国际事务中心提出了有关"global history"的倡议（http://wigh.wcfia.harvard.edu），普林斯顿大学历史系中建有"global history"的研究室（http://history.princeton.edu/centers-programs/global-history-lab），乔治敦大学也在历史系中设立了全球史研究所（Institute for Global History）（https://history.georgetown.edu/gigh）。

② 译者注：日语中"全球史"的书写方式为片假名"グローバルヒストリー"，即英语"global history"的音译。

③ 法语为"Histoire Globalé"，德语为"Globalgeschichte"，中文为"全球史"。

④ Andreas Eckert, Sebastian Conrad and Ulrike Freitag, *Globalgeschichte: Theorien, Themen, Ansätze*, Frankfurt a. M.: Campus, 2007. Sebastian Conrad, *Globalgeschichte: Eine Einführung*, C. H. Beck, München, 2013.

第六章　多样化的全球史(Global History)　181

艾卡特(Andreas Eckert)作为责任人,创设了由两所大学共同运营的全球史硕士课程,继而又于2017年春开设了全球思想史(Global Intellectual History)的博士课程。此外,海德堡大学、汉堡大学、莱比锡大学等德国国内的大学和奥地利的维也纳大学也分别设立了全球史教育研究组织。①

相较德国,法国的全球史研究起步稍晚。罗兰·泰斯特编撰的法语著作《全球史(第二版)》(2015)序言中介绍,2008年该书第一版发行时,全球史(histoire globale)这一术语及其意涵在法国尚不为人所知。但是之后数年,情况发生了戏剧性变化,随着该术语变为常见于大众传媒的一般性用语,冠名全球史的著作也逐渐增多。② 2016年秋开始,巴黎地区的25所研究机构协同运营的巴黎综合研究大学(Paris Sciences et Lettres, PSL Research University Paris)③成立了全球史研究团队。④ 这25所机构中包括了

---

① 柏林的两个大学授课均使用英语,学生的硕士学位论文亦使用英语进行写作(http://www.global-history.de),而海德堡大学的课程使用德语进行教学(https://www.uni-heidelberg.de/courses/prospective/academicprogrammes/global_history_en.html)。

② Laurant Testot. *Historie Globale: Un autre regard sur le monde*, Sciences Humanities Editions, 2015, p.5.

③ 该组织自2010年创立以来不断进行扩充,概要参照网页:https://www.uni-psl.fr/en。

④ 笔者是该团队的国际咨询会成员。有关上述美、德、法三国全球史研究的历史请参照羽田正编:『グローバル・ヒストリーの可能性』,山川出版社,2017年。书中收录了埃德尔曼(美)、埃卡特(德)、斯坦茨尼(法)等学者的相关论文。

凭借《年鉴》(Annales)杂志执世界历史研究牛耳的社会科学高等研究院(EHESS),以及法兰西学院、高等师范学校(ENS)等。

在中国,首都师范大学于2005年设立了全球史研究中心,之后以中心主任刘新成为核心积极开展研究活动,并定期发行《全球史评论》辑刊。此外,南开大学及北京外国语大学等科研机构中对全球史抱有兴趣的学者们也勤于相关研究。由刘新成主导的团队在理论层面取得了一定进展,然而"全球史"在中国学界整体的意涵和方法尚不能说得到了清晰界定。①

日本的情况将在下一节中详细论述,在此略做概括。20世纪90年代末,"全球史"这一术语开始被使用,2002年时首次出版了题名包含"全球史"的著作。2005年后,该术语逐渐受到学界重视,出现了一系列冠名"全球史"的研究会及著作。进入2010年后,很多大学及科研机构中设置了全球史相关的共同研究与课程,并时常举办全球史主题的讲座。

但是,与英、美、德、法等国情况的不同之处在于,日本尚未出现稳定运行的常设性全球史教学研究单位。大阪大学将全球史研究部门置于全大学共建的未来战略机构中,东京大学东方文化研究所内设有笔者负责管理的新世界史

---

① 羽田正:「新しい世界史/グローバルヒストリーとは何か」,羽田正编:『グローバルヒストリーと東アジア史』,東京大学出版会,2016年,10—11頁。

(新しい世界史/グローバルヒストリー)共同研究基地,以上两者都开展了组织化的研究活动。然而,两者俱是附有起止期限的项目类研究,并非常设的教学科研组织。

如此,在过去十余年间,世界各地,特别是北美、西欧、东亚等地的历史学界中,冠名全球史的历史研究以令人惊诧的速度发展起来。但是回首这段历程,人们不禁会产生如下一系列疑问:全球史的意涵究竟是什么?全球史是否会与世界史相混淆?截至目前,全球史研究与世界史研究展现出了怎样的区别?全球史研究具有怎样的意义?以上几点构成了思考新世界史时最基本的问题意识,在此,笔者想进行一定的归纳陈述。

但是,这样的陈述并非易事。正如第一部分所述,日语的知识体系与外语的知识体系并不完全相同。即使两种语言中都使用了相同的术语或类似的概念,也应尽量避免将其同一而论。正如英语的"global history"与日语的"グローバルヒストリー",英语的"world history"与日语的"世界史"之间,就有因两种语言的知识体系不同而在意涵和用法上产生的微妙差别。

因此,在接下来的论述中,笔者将在对照之前章节讨论的"世界史"意涵的基础上,在日语和英语的层面上对全球史进行分别讨论。首先,笔者要讨论日语中全球史一词的系谱与意涵的变迁,接着再围绕英语的"world history"和"global history"做同样探讨。

第二节 日语中的全球史

一、全球史的定义

20世纪末,日语的学术论文及研究中开始出现"全球史"这个词语。[①] 书名中出现该词语最早可以追溯至2002年川胜平太编著的《面向全球史》及高山博的《历史学 指向未来——从中世纪的西西里亚到全球史》。

但是,"全球史"一词真正得到关注肇始于2005年前后。秋田茂与水岛司通过一系列的研讨会及著作强调了全球史研究的重要性,为该词的普及做出了重要贡献。

"全球史"在日语中使用片假名标记,这明确揭示了该词和英语世界中的"global history"研究具有关联。但是全球史的含义同"global history"一致吗?此外,如果说特意

---

① 以下试举几例。笔者所查最早申领科研经费的共同研究有:基础研究A"'全球化'的建构与历史记忆的射程"(研究代表:松田武,1997—1999年度);基础研究B"历史中的'记录'与'记忆'——基于全球史视点"(研究代表:小山哲,2002—2004年度)。研究论文有宫崎正胜:「文明の空間構造と都市のネットワーク—グローバル・ヒストリーに向けての一考察」,『北海道教育大学紀要第一部C 教育科学編』46-2,1996年,159—170頁。同作者:「高等学校「世界史」とグローバル・ヒストリー—グローバル・パースペクティブへの三つの視点を中心にして」,『史流』37,1997年。春木武志:「地球社会時代における世界史教育内容編成:中等教科書『グローバル・ヒストリー』を手がかりとして」,『教育学研究紀要/中国四国教育学会編』45-2,1999年,205—210頁。杉原薫:「グローバル・ヒストリーと「東アジアの奇跡」」,『環―歴史・環境・文明』6,2001年,131—137頁等。

使用"全球史"是为了区别于"世界史"的话,那么这样的区别具体体现在哪里呢?全球史研究与截至目前的世界史研究又呈现出怎样的区别?这些区别有何意义呢?在此,笔者将对以上问题进行集中论述。①

在 2008 年出版的论文中,秋田茂未对全球史做出严格的定义。他一方面指出,现阶段正是全球各地的研究人员从各自立场出发,对该词定义进行探索的时期,另一方面又做了如下论述。

> 全球史研究超越了目前为止的国别史研究框架,将考察单位设定为亚欧大陆、南北美大陆或东亚、亚洲海域这样的广袤区域。在全球史研究中,受到关注的课题如下:(1)从古到今诸文明之兴亡。(2)明清时代的中国、莫卧儿帝国、奥斯曼帝国等近世亚洲的世界帝国及欧洲的海洋帝国。有关帝国统治的诸种问题。(3)华侨及印侨(印度侨民)等亚洲商人的关系网络。奴隶贸易、契约制移民劳动者、苦力等移民及劳动力移动(diasporas)之类的跨区域(trans-regional)问题。(4)伴随着欧洲向新大陆海外扩张而产生的生物植物

---

① 日本全球史研究的概观可参考以下文章。木畑洋一:「グローバル・ヒストリー——可能性と課題」;貴堂嘉之:「下からのグローバル・ヒストリーに向けて―人の移動・人種・階級・ジェンダーの視座から」;栗田禎子:「帝国主義と戦争」,歴史学研究会編:『第 4 次現代歴史学の成果と課題 1 新自由主義時代の歴史学』,績文堂出版,2017 年。

系、生态系、环境变容等生态学(ecology)、环境史(environmental history)相关问题。(5)近现代国际政治经济秩序的形成与变容等相关问题。①

在这段文字后,秋田指出,虽说目前尚未出现明确的定义,但各国全球史研究表现出了共通之处,即将原来国别史研究的框架相对化,并尝试建立广阔区域、世界系统、国际秩序等新的分析框架,来取代旧有的国民国家、国民经济。如此一来,比较与关系性便成了大阪大学全球史研究的核心概念。②

秋田借鉴了海外的"global history"研究,将海外学界正在研究的问题群介绍到日本,并主张在日本学界中也应该开展相同的研究。对秋田而言,某个主题用英语论述还是用日语论述似乎并不构成问题。也就是说,秋田认为"global history"和"全球史"成长于相同的语境,两个术语的意涵亦是相同的。

然而,在2009年出版的《全球史入门》中,水岛司枚举

---

① 秋田茂:「グローバルヒストリーの挑戦と西洋史研究」,『パブリック・ヒストリー』5,2008年,35頁。
② 秋田教授的先驱性研究为笔者提供了重要启发,笔者对秋田的以上论述基本赞成。但是笔者对秋田与桃木至朗等大阪大学的研究者在引用本校的研究成果时时常使用的"大阪大学的"的用词稍稍感到违和。这显然是出于大学宣传的目的,然而一旦使用这样的表述,就很难将隶属于其他大学的研究者纳入共同的工作中来,笔者对此感到忧虑。并非只有大阪大学的研究者在研究全球史,大阪大学的研究者的成果也并未拥有区别于他者的独特风格。相比仅仅使用"我们的"这样的表述,"大阪大学的"会导致完全不同的印象。

了全球史的五个特征:

(1) 所处理的历史时间段的长度,即从俯视性的角度观察历史。
(2) 作为研究对象的主题及空间的广度。
(3) 欧洲世界的相对化,近代以后的历史的相对化。
(4) 重视不同区域间的相互关联与相互影响。
(5) 研究对象与研究主题的前沿性。①

相比秋田给出了具体的说明,水岛的定义显得较宽泛且具有统摄性。但是可以看出,两者的指向是一致的,即都质疑既存的世界史以欧洲为中心,并通过与欧洲的关系来解释其他区域的过去的做法;都质疑把世界史看作将国别史按时间顺序进行解释与理解后,产生的结果的集合体;都认为全球史的特征在于超越既存的世界史研究中的解释与理解,以更广阔的视野,采用新的视角与方法,特别是通过相互关联性及跨区域的视点来进行历史研究。

2010年后,主题中含有"全球史"的共同研究、课程、讲座等逐渐在许多大学及研究机构里步入高速发展期。比如,早稻田大学的甚野尚志担任负责人的团队获得了学术振兴会科学研究费辅助金,于2013年开展了"中近世基督

---

① 水島司:『グローバルヒストリー入門』,山川出版社,2009年。

教世界的多元性与面向全球史的视角"研究。该研究的网站上如此介绍全球史:

> 本科研题目中的"全球史",指的是将世界史从各区域间相互交流的视角理解为"文明关联史"的历史学潮流,这种潮流与现代世界的全球化相对应,排除了一国史观。目前为止的全球史研究主要关注商业贸易、疾病史等与经济或环境有关的主题。与之相对,本研究以"基督教世界"作为关键词,意图通过全球性的视野,考察欧洲世界中经历了多元化发展后,呈现出宗派化现象的基督教如何改变了欧洲世界,同时又如何把在欧洲发生的类似现象传播至欧洲以外的区域。

后文亦有提及,美国及西欧诸国的"global history"一般以近现代为研究对象,因此,早稻田大学在这项有关欧洲中世纪的共同研究题目中使用了全球史这一点颇值得关注。但是笔者对此处关于全球史的说明稍有疑问。如果说全球史是从各区域间相互交流的视点出发,把世界史看作"文明关联史"的历史学潮流的话,这与日本学界中古来兴盛的东西交流史在内容与方法上有何不同呢?[①] 此外,排除了一国史观,但仅仅是在研究中使用一国在空间层面的

---

① 代表作可举"东西文明的交流"(東西文明の交流)系列(全六卷,平凡社1970—1971年版)。

上位概念,譬如某文明或某区域(如该研究中的"欧洲")的话,这难道不是由"一国史观"变成了"一区域史观"吗?

从以上概述可知,虽然伴随着些许批判与疑问,但是在现代日本的史学研究领域中,全球史这一术语及其研究方法已经成了一股令人瞩目的新潮流。

二、全球史与"Global History"

笔者管见,日本并无任何一位使用全球史这一历史研究术语的学者明确谈及为何要在日语中引入片假名书写的"グローバルヒストリー"。尝试推测包括秋田、水岛等在内的众学者的想法,似能做出如下推断。英语中有"world history"与"global history"两种表述,日语中前者被译为世界史,后者自然需要另一个译名。而日语中并无可与"global"相对应的合适表达,因此直接将其转化为表音的片假名。

这个过程最合情理,但是这样的逻辑成立需要一个前提条件,即认为英语世界的研究与日语世界的研究在问题意识、框架、视点、方法等层面上殊无二致,区别之处仅在于研究成果用何种语言发表而已。只有首先认为英语的"world history"与日语的世界史享有一致的关注点、框架、视点、手法,经历了相同的研究谱系,现在是相互融合在一起的研究领域,才会将日语的"グローバルヒストリー"与英语的"global history"对应起来。笔者在引用秋田文章的时候已经指出了这一点。

但是正如第五章所述,西欧诸国或英语世界的所谓"world history"研究有其独自的含义、研究谱系、语境、关注点、框架、视点、手法等,以上各项与日语中的"世界史"都有所不同。此外,历史研究并非孤立存在,由历史学与其他相关人文社会科学共同建构的总体人文社科知识,特别是研究使用的语言所包含的对世界的认识,都会成为进行历史研究时的背景。新产生的学术成果亦会被吸收为总体人文社科知识的一部分,供读者领会。正如第一部分所言,以日语人文社科知识为背景的世界认识与基于其他语言的世界认识复杂地交合、缠绕,同时表现出微妙的差异。

因此,英语中的"world history"与日语中的"世界史"基于不同语言形成的人文社会的知识积累与世界认识,虽有许多重合的地方,但原则上是各自发展至今的。同理,我们也不能认为"global history"与全球史完全对应,意涵一致。

目前阶段,日语中"全球史"这一术语在最宽泛的意义上似可归纳为"通过关注各区域间的交流及相互关联的历史,以及那些目前为止被忽略的课题,志在刷新对旧有的以国别史为基础形成的世界史理解的研究与叙述"。从早稻田大学基于全球史视角考察欧洲中世纪史可知,日语中的全球史研究对研究的时间段并无限制。

那么,对日语中的"全球史"一词带来巨大影响的英语

"global history",会在何种情境下被使用呢？它与"world history"之间存在怎样的关系呢？

第三节 英语中的"World History"与"Global History"

一、两个学术组织的定义

英语中的"global history"在数种不同的意涵层面上使用，因此无法对其简单地进行定义，特别是很难判断这个词与"world history"之间有何区别。

截至 20 世纪 80 年代，美国与欧洲学界明确将"西方文明"的历史与这些地区之外的历史做出区分，并没有明确意识到"world history"这一框架。1982 年，北美世界史学会（The World History Association）①成立。此后，学界围绕着"world history"的持续性讨论逐渐深化，进入 21 世纪后，可以看出"world history"研究的理论化程度已经大幅度跃进。北美世界史学会的网站上有该学会对"world history"的看法的详细说明，在此介绍如下。

  简而言之，"world history"是超越区域、国家、文

---

① 该学会最初关注世界范围内的历史教育，许多会员是高中教师（详情参照学会网站的"History, Mission and Vision of WHA"页面：http://www.thewha.org/about/History-mission-and-vision-of-the-wha）。译者注：目前该网页已无法链接。

化的宏观历史。

各种文化、各个国家都是人类史这幅巨大的马赛克贴画中的一个组成部分。一个"world history"的学徒会将重心置于深刻理解每个组成部分因受其余马赛克的存在影响而呈现的微妙暗部,而一个"world history"的研究者会从对单个马赛克的各种要素的考察中抽身出来,关注巨大贴图的整体图案,或者至少是大部分图案。由此,"world history"的研究者们致力于研究文化的接触或交流,以及那些超越单个区域、文化的现象,如带来全球级别,或者至少是跨区域级别冲击的各种动向等。"World history"的研究者们也经常从事比较史研究,因此有时会被认为是历史人类学家。

因此,"world history"的研究对象并非各个相互孤立的文化或国家的历史,亦不必然属于"global history"。"World history"并非只是对1492年①以后全球化的研究。

关注文化交流的巨大图景,或将研究重心置于比较史的学者都可以被称为"world history"研究者。譬如,许多著名的"world history"学者关注广袤前近代伊斯兰世界内部的旅行及文化交流。另有许多学者关注公元前200年至公元1350年为止存续的、横穿亚欧

---

① 译者注:哥伦布于该年到达美洲。

第六章　多样化的全球史(Global History)　193

大陆的丝绸之路上各种商品、思想、动植物的流通状况。此外,有学者从事同为一神教的犹太教、基督教、伊斯兰教三者之间各种内外间"圣战"的比较研究。还有学者深入研究某种或某几种物品跨越地区给整个世界带来了怎样的冲击。例如火药在世界范围内的使用及普及,又如棉花、楤木等司空见惯的物品在从古至今的宏大人类史中发挥了怎样重要的作用。如果对今日艾滋病的蔓延或其他新型疾病的可怕有所了解,就可以知道对人类历史上疾病扮演角色的研究是非常重要且与时代相符的主题。①

由北美世界史学会定义的"world history",主要意为超越通常国家、区域、文化的界限,或者超越通常的时代划分,研究在更广阔时间、空间里展开的各种现象,对世界的过去提出新的见解。这个定义与前述日语中的全球史定义似无大异。用日语来表述北美世界史学会定义的"world history"的话,比起"世界史"更接近于"全球史"。

长期以来引领着北美世界史的研究与教育的曼宁于2003年出版的专著中,对"world history"进行了定义。其定义较北美世界史学会略为克制,但在基本内容与特征上与学会的定义并无二致。

---

① https://www.thewha.org/about-wha/what-is-world-history/.(译者注:现网址已经修改为 https://www.thewha.org/about-what-is-world-history/,且已无法找到与该段引文对应的英语原文。)

世界史研究将焦点置于那些时常被认为独立存在的单位及系统在历史上的关联。①

换言之,英语中的"world history"与其说是日语中世界史所指称的为了依照某种序列叙述人类过去的整体时光而设立的装置,毋宁说是一种基于特定路径探讨人类过去的方法。② 因此,将人类的过去法则化与体系化并未被视为"world history"的绝对条件。

由此来看,英语世界,特别是美国的"world history"并非像日语中的世界史一样,仅仅具有将人类过去的时光按照某种序列进行体系性说明这一限定性含义。"World history"的目的是刷新一国史观性的西方中心历史解释,强调应当将非西方的过去整合进来,从更广阔的视野对世界历史重新进行探讨。但比之更超前的理论主张,如构筑全新的、具有体系的、统一的世界历史,至少并未出现在北美世界史学会的网站上。

---

① パトリック・マニング:『世界史をナビゲートする』,彩流社,2016年,29頁。此处引用日语译文,因此将"world history"置换为"世界史"。
② 《剑桥世界史》的主编威斯纳-汉克斯(Merry E. Wiesner-Hanks)与第一卷编者克里斯蒂安(David Christian)都认为世界史是一个宏大的、网罗一切的概念,其中克里斯蒂安认为把一切记录下来没有意义,世界史学家必须是擅长进行选择的人。他们对世界史的理解与笔者总结的北美世界史学会的定义并不相同。由此可见,英语中"world history"的意涵尚未获得完全统一。Merry E. Wiesner-Hanks, "Preface", p.xv; David Christian, "Introduction and Overview", p.1; David Christian (ed.), *The Cambridge World History*, Vol.1, Cambridge University Press, 2015.

第六章　多样化的全球史（Global History）　195

日语中的世界史与英语里的"world history"在意涵上为何会有微妙的区别呢？笔者意图指出，这些区别来自两个术语在起源及使用方式上的差异。日语中的世界史一词在第二次世界大战前已开始使用，指涉包含日本在内的全世界的历史。这一点前文已经有所论述。战后，日本史学界深受马克思主义史观的影响，展开了围绕在世界整体中日本所处的发展阶段的讨论。之后，学界又引入了世界体系论，至今为止仍致力于体系性地、统一性地把握世界的过去。

相对的，在美国，"history"（并非"world history"）长期以来被理解为由西欧诸国的过去与美国自身发展步伐相联结的"西方文明的历史"（History of Western Civilization）。学者们意识到，"world history"作为一种新框架，可以对欧洲中心或西方中心史观进行批判，并将其相对化，于是自20世纪80年代开始使用这个概念。也就是说，"world history"并非将人类过去按照时序进行体系性说明的方法，而是对目前为止观察过去的方式进行批判的道具。

那么，"global history"又具有怎样的意涵呢？这与"全球化"的历史有关。

前述北美世界史学会网站将"global history"定义为对1492年以后全球化历史的研究，与"world history"做出了明确的区分。该网站上使用的"globalization"（全球化）并非本书开头定义的"人的活动逐渐不受限于国家与国境线"

这种狭义的全球化，而是指世界上的人或区域间的关系在不知不觉中逐渐深化的过程。具体而言，指哥伦布发现新大陆后，亚欧-非洲大陆与南北美大陆之间产生联系，从那之后持续到现在的世界一体化趋势。

另外，刊发《全球史杂志》(*Journal of Global History*)的剑桥大学出版社在网站上对该杂志介绍如下。

> 《全球史杂志》主要探讨曾经引发世界规模变化的诸种问题及全球化的诸种历史，亦讨论抗拒全球化的思潮，这些思潮试图创建不将全球作为整体的空间单位。本杂志致力于超越"西方与他者"的二元对立，跨越以往的区域界限，将数据资料应用于文化史或政治史中，摆脱历史研究中的主题细琐化问题。杂志亦承担文理科各领域间跨专业交流的论坛性作用。

该杂志定义的"global history"明显区别于北美世界史学会，杂志中至少未将"global history"仅处理为"globalization"的历史。而在致力于超越"西方与他者"的二元对立以及跨越以往的区域界限方面，杂志的态度则与北美世界史学会对"world history"的定义十分相近。仅阅读揭示两个学术组织目标宗旨的以上文章，很难理解"global history"和"world history"两个词组的根本性区别。

二、奥尔斯坦的定义

在迭戈·奥尔斯坦（Diego Olstein）2015 年出版的《用全球性思考历史》中，这位出生于阿根廷的作者将问题设定为：如果要将阿根廷的过去置于全球性语境中进行阐释与理解的话，应采用怎样的研究方式？著作用英语写作，具有非常独特的价值。书中提出了 12 种超越国民国家历史，通过全球性研究框架处理历史的方法，其中即包含了"world history"与"global history"。[①] 奥尔斯坦对两者的定义分别如下：

> "World history"："World history"将世界作为分析的单位，主要思考对全体人类产生重大影响的现象（例如气候问题、环境问题、疾病等）；世界在曾经或现在的全球化进程中相互联结，以及不同社会通过接触产生关联的过程（如贸易、移居、征服、文化传播等）。[②]
>
> "Global history"："Global history"是被提供的语境单位，用于分析全球化过程中形成的相互连接的世

---

① Diego Olstein, *Thinking History Globally*, Palgrave Macmillan, 2015. 剩下的十种方法分别是：Comparative History（比较史）、Relational Histories（关系史）、New International History（新国际史）、Transnational History（跨国史）、Oceanic Histories（海域史）、Historical Sociology（历史社会学）、Civilizational Analysis（文明分析）、World-system Approach（世界系统论）、History of Globalization（全球化史）、Big History（大历史）。

② Diego Olstein, *Thinking History Globally*, Palgrave Macmillan, 2015, p.27.

界中的历史空间(entity)、现象、过程等所有要素。①

此外,奥尔斯坦还明确区分了"history of globalization"(全球化史)和"global history"(全球史)。他将全球化史定义为对地球逐渐变化为相互联结的单一整体这一过程的研究②,即把对全球化过程的研究(history of globalization)和在全球化过程中出现的相互联结的世界(又并非整体世界)作为分析单位的研究(global history)做出区分。这一点与北美世界史学会对"global history"的定义大相径庭。

奥尔斯坦还在著作中详细论述了"global history"与"world history"之间的区别。他首先简明扼要地汇总介绍了有关"global history"的各种先行论述:例如有些学说认为"world history"与"global history"名异实同;又如布鲁斯·玛兹利什(Bruce Mazlish)认为"global history"与"world history"是完全不同的概念,前者指全球化时代的历史,具体而言即 20 世纪 70 年代以后的现代史,但是"global history"的时间范畴实际上随着全球化的概念的改变而改变;再如有许多研究者认为"global history"处理的时间范畴应从 16 世纪开始。随后,奥尔斯坦提出,一方面,"global history"是对于世界全体联结为一体的全球化现象

---

① Diego Olstein, *Thinking History Globally*, Palgrave Macmillan, 2015, p.24.
② Diego Olstein, *Thinking History Globally*, Palgrave Macmillan, 2015, p.26.

进行的历史研究,包括先行研究中热议的全球化究竟何时起源也是研究课题之一。另一方面,"world history"指的是将"world"(世界)作为分析与叙述前提的所有研究,并不必以全球化为前提。此外,"world history"还超越了狭义上使用文献的"历史学"领域,成为关注人类漫长整体历史的教育框架。①

奥尔斯坦的论点中,以下两点对本书具有重要意义:

(1)"World history"与"global history"是两种不同的全球性地思考历史的方法。

(2)两者处理的问题在很多情况下是相似的,但是比起"global history","world history"在时间、空间上的范畴更加长远广阔。

也就是说,两者之间的关系并非"global history"超越了"world history",而是两者是描述人类过去的两种不同方法。在这一点上,奥尔斯坦和北美世界史学会持有相同见解。

以上分别考证了北美世界史学会、《全球史杂志》、奥尔斯坦三者对于"global history"与"world history"概念的定义和理解。仅通过以上三个事例也可以看出,与世界历史有关的这两个概念,在英语世界中也未必存在统一的定义。

---

① Diego Olstein, *Thinking History Globally*, Palgrave Macmillan, 2015, pp.140-144.该定义接近于水岛司对"全球史"的定义。

另一个需要注意的点是,英语世界中的"global history"与"world history"研究也并非均质化。专注于"西方文明"的美国"world history"研究,与欧洲大陆划开界限、具有大英帝国(British Empire)史意识的英国"world history"研究,从大英帝国殖民地中完成独立、立足于大洋洲眺望世界的澳大利亚"world history"研究,以及与以上三者复杂地交织在一起的"global history"研究,所关心的问题、视角、手法无疑都不会完全相同。①

直到目前为止,英语世界中"world history"与"global history"的定义尚未完全确定,研究者及学会均按照各自的定义使用这两个术语。从这点也可以明显地看出,这两个术语与日语中的"世界史"和"全球史"含义并不相同,也并非在相同的语境中使用。

更重要的是,最近又有一部对英语世界错综复杂的"global history"研究带来冲击的著作问世。那就是下一章中将要介绍的《全球史是什么》。

---

① 2012年9月,在牛津大学召开的主要由英联邦国家研究者参加的"全球史的新方向性"研讨会发行了会议论文集《全球史的展望》,文集提出全球史研究的三个关键词为:比较(comparison)、接续(connectedness)、全球化(globalization)。James Belich, John Darwin, Margret Frenz et al. (eds.), *The Prospect of Global History*, Oxford University Press, 2016, pp.3-21.

第七章
作为全球人文社会科学的"Global History"

第一节 康拉德的"Global History"

一、全球人文社会科学著作

德国柏林自由大学教授塞巴斯蒂安·康拉德于2013年出版了题为《全球史是什么》(*Globalgeschichte: Eine Einführung*)的德语专著,并于2016年发行了相似题名的英语专著。笔者向康氏直接征询这两部书的关系后得知,虽说英语版基本沿袭了德语版的内容,但在写作过程中进行了近乎从头至尾的大幅度修改和增补。其原因在于研究的现状在几年内发生了急剧变化,加之德语世界中的重要讨论未必可以用英语完全贴合地表达,基于英语的研究也需要有其独特的理论展开等。事实上,如果对比两部书的目录,几乎不会相信眼前的德语版和英语版是两部内容相同的书籍。① 正如本书第一部分所述,不同语言之间的翻译并非易事,即使是在日本读者眼中非常接近的德语和英语之间的翻译同样存在难度,只是难度可能较日语与英语、德语间的转换稍易。②

与这一点相关的是,康拉德这部论著最明显的特征是并非只遵从英语世界的研究动向,只记述英语世界范围内的研究。在著作中,康拉德的母语——德语的著作被多次引用,这一点不足为奇,除此之外,还涵盖了法语的重要成果,西班牙语、意大利语、荷兰语的作品虽然数量不多,但也均有涉猎。更值得注意的是,懂得日语的康拉德还引用了日语的主要著作③,甚至中文和朝鲜语的文献也有所提及。当然,可能有意见认为,学术性著作引用多语种的文献理所应当,但是在美国刊发的英语出版物多数都只引用英语,最多也仅止于法

---

① 英语版由以下十章构成:(1)序言;(2)全球性思考的简略史;(3)相互抗诘的研究路径;(4)作为特征性路径的"global history";(5)"Global history"与统合的诸形态;(6)"Global history"中的空间;(7)"Global history"中的时间;(8)立场性及中心史观性质的路径;(9)"制作世界"与"global history"的诸概念;(10)"Global history"为谁存在?"Global history"的政治。德语版由以下八章构成:(1)序言;(2)世界史的历史;(3)全球性的全球史——始于20世纪90年代;(4)全球史的批判与界限;(5)研究方法、理论、范例;(6)全球史争议;(7)全球史的七个领域及主题;(8)行进中的全球史。(译者注:以上英、德语目录均译自英语、德语原文。)

② 关于全球史在英语世界与德语世界的区别参照了 Jurgen Osterhammel, "Global History and Historical Sociology", James Belich, John Darwin, Margret Frenz et al. (eds.), *The Prospect of Global History*, Oxford University Press, 2016, pp.23-24。

③ 注中引用了滨下武志、杉原薰、川胜平太、水岛司以及羽田正的日语论文及著作。

语和德语的主要著作而已,并且只要没有与日本相关的内容,日语的著作和论文基本上都会被无视。仅基于这一点,日本的研究者就可以给予康拉德的著作较高的评价。

另外,康拉德并未在北美或英语世界的学校就职。作为非英语世界的研究者,他充分考虑了基于母语的知识体系与基于英语的知识体系之间微妙的差异,完成了英语版的论著。从这一层面来说,他的作品亦值得关注。康拉德的著作正是第四章中所述的全球人文社会科学研究的典范,是处于全球化不断发展时代的学者们应达成的目标。

在这部各方面都具有划时代意义的著作开头,康拉德做出了以下宣言:

> "Global history"是在历史学家确信用以分析过去的道具已经不能满足需求的情况下诞生的。全球化对社会科学以及社会科学用以说明社会变化的主要方法提出了根本性的挑战。具有现代特征的交际与网络自身即诞生于多个系统的相互作用及交流中。但是在很多方面,社会科学已无法做出用以说明网络化和全球化的世界现实的合理提问及应答。[①]

在这之后,康拉德指出,近代人文社会科学具有两个先天性的缺点:(1)它的起源与国民国家具有深厚关联;(2)欧

---

① Sebastian Conrad, *What Is Global History?*, Princeton University Press, 2016, p.3.

洲中心论。他主张,"global history"正是解决近代人文社会科学这两个不幸特质的有效且独特的路径。他的著作所追求的是革新包括历史学在内的人文社会科学这样的更大目标。

二、"Global History"和"World History"的定义

那么,康氏如何理解"global history"和"world history"呢?在《全球史是什么》中,他以"global history"为中心展开讨论,因此关于"world history"并未进行完整的论述。但实际上,书中将"world history"作为批判对象的内容散见于各处。例如,在第四章"作为特征性路径的'Global History'"中,康拉德指出,多种陈旧模式的"world histories"大多存在以下特征:① 将各文明走向不同道路的移易变迁过程作为焦点;② 认为这种变迁的力量产生于各文明的内部空间;③ 平行的多个文明通过从中心向四周传播力量的方式产生了相互联结;④ 在近代,这种力量的传播以从西洋向"其他区域"移动的形式呈现[1];⑤ 这种历史记录的方法论性质的特征由对不同文明间的比较与对各种文明间关联的探求组成。[2]

需要注意的是,这与本书先前讨论过的现代日本的世

---

[1] 从结果上看,正如极具影响力的麦克尼尔著书《西方的兴起》中所表述的,欧洲中心史观长久以来是各种"world histories"中共同的特征。(Sebastian Conrad, *What Is Global History?*, Princeton University Press, 2016, p.63)

[2] Sebastian Conrad, *What Is Global History?*, Princeton University Press, 2016, pp.63-64.

界史理解基本一致。康拉德原本就是专攻日本近代史方面的学者。在他的认识中,日本的世界史理解应属于陈旧模式的世界史样本之一。

另外,因为《全球史是什么》全书均围绕"global history"展开,想要简洁地总结出康拉德的观点并非易事。一定要尝试总结的话,大概可以归为以下六点[①]:

(1) "Global history"经常会试验性地使用诸如海域、区域、网络、微观历史等与过去的史学截然不同的空间概念,并非只有从宏观视角进行论述的才是"global history"。

(2) 比起重视时间节点的叙述方法,"global history"更加强调共时性,优先考虑空间的排布方式。在时间层面上,"global history"在讨论短时段的同时,也在尝试着分析如大历史(big history)、深度历史(deep history)这样长跨度的时段。

(3) "Global history"关注的是个人或社会与他人的交流,即关系性,而不会将其归因于发生在某空间内部的自律性变化。

(4) "Global history"认识到自身可能存在欧洲中心史观的缺陷,并有意识地重视非西方区域的经验。

---

① Sebastian Conrad, *What Is Global History?*, Princeton University Press, 2016, pp.63-72.

(5)"Global history"的研究者们虽然都对于地球整体的过去进行讨论,但是他们有着各自的立场,所以面对同一主题会产生多种历史叙述。

(6)研究者们会关注类似移动和交流这样的"联系"(connection),但是仅仅将目光放在"联系"上并不全面,只有明确论证某一现象与全球规模(未必一定是地球规模)的结构性统合(integration)过程存在关联时,才可以称之为"global history"。

康拉德强调,"global history"是历史研究中一种具有特征性的方法,也是一种路径。"Global history"并不存在理想中预设的图景,而是基于"global history"的研究路径,将以往置于国家和区域的框架中解释、理解的人类过去,放在更加宏大的"全球"语境下进行改写。康拉德并未像奥尔斯坦一样认为"world history"与"global history"是两种并立的"用全球性思考历史"的方法,而是认为只要是曾经的"world history",就必定会被使用了"global history"这一崭新路径的研究所超越。但是,康拉德并未明确表示超越了"world history"之后新的历史理解应当如何命名。他主张,目前重要的是使用"global history"的方法重新解释人类的过去。[1] 当人类过去的各个侧面通过"global history"

---

[1] Sebastian Conrad, *What Is Global History?*, Princeton University Press, 2016, p.185.

的方法逐渐明晰时,新的"world history"会自然而然地被建构出来。

康拉德理论的另一个重要特征是认为仅仅研究关联和关系尚显不足,只有处理与结构性统合相关的主题,才可被称为"global history"。但如果必须要研究全球规模的结构性统合的过程,那么康拉德所说的"global history"看起来只能以近现代作为对象。对此他指出,结构性统合存在程度差异,其所提倡的"global history"研究路径在"宏观地把握事物"这一点上可摆脱时空限制,适用于近现代之外的历史。

德语版《全球史是什么》中介绍了十位使用全球史研究路径的学者的著作(英语版中被省略)。通过这些著作可以理解康拉德关于全球史的见解,在此介绍如下[①]:

(1) Janet L. Abu-Lughod, *Before European Hegemony: The World System A.D. 1250-1350* (1989)(中译本:《欧洲霸权之前:1250—1350年的世界体系》,杜宪兵、何美兰、武逸天译,商务印书馆2015年版)

(2) C. A. Bayly, *Imperial Meridian: The British Empire and the World 1780-1830* (1989); *The Birth of the Modern World*, *1780-1914* (2004)(中译本:《现代世界的诞生1780—1914》,于展、何美兰译,商务

---

① 译者注:原文标注的为相应日译本,译作中标注已出版的中译本。

印书馆 2013 年版)

(3) 浜下武志:『近代中国の国際的契機—朝貢貿易システムと近代アジア』(1990 年)(中译本:《近代中国的国际契机——朝贡贸易体系与近代亚洲经济圈》,朱荫贵、欧阳菲译,中国社会科学出版社 1999 年版)

(4) Jared Diamond, *Guns, Germs and Steel* (1997)(中译本:《枪炮、病菌与钢铁:人类社会的命运》,谢延光译,上海译文出版社 2000 年版)

(5) Rebecca E. Karl, *Staging the World: Chinese Nationalism at the Turn of the Twentieth Century* (2002)(中译本:《世界大舞台:十九、二十世纪之交中国的民族主义》,高瑾译,生活·读书·新知三联书店 1999 年版)

(6) Jonh. F. Richards, *The Unending Frontier: An Environmental History of the Early Modern World* (2003)

(7) Victor Lieberman, *Strange Parallels: Southeast Asia in Global Context*, c.800–1830, 2 vols. (2003, 2009)

(8) Erez Manela, *The Wilsonian Moment: Self-Determination and the International Origins of Anticolonial Nationalism* (2007)

(9) John Darwin, *After Tamerlane. The Global History of Empire since 1405* (2008)(中译本:《全球

帝国史:帖木儿之后帝国的兴与衰(1400—2000)》,陆伟芳、高芳英译,大象出版社 2015 年版)

(10) Jurgen Osterhammel, *Die Verwandlung der Welt. Eine Geschichte des 19. Jahrhunderts* (2009)(中译本:《世界的演变——19 世纪史》,强朝晖、刘风译,社会科学文献出版社 2016 年版)

以上所列都是久负盛名的研究成果。其中,有些讨论某一时代全世界或其部分的构造及特征,有些基于世界这一语境来解释某区域或某概念,有些属于环境史相关著作。上述诸作多以近现代为对象,但亦有研究前近代的作品。大体而言,这些著作符合康拉德对"global history"的定义。

三、持续性讨论

康拉德所提倡的作为路径的"global history"能否成为英语世界中的标准用法尚不明了。以英语母语的学者们为中心,今后应该会在引入康拉德论点的同时,进一步与他持续交换意见。如前所述,现阶段终究难以完整地整理出包含"global English"在内的英语中"world history"与"global history"的意涵和用法,两者间的混乱暂且还要持续。但正如第四章所论,即使同样使用英语,英语世界的人文社会科学与全球人文社会科学在术语与研究方法上也并非完全一致。因此,康拉德的见解和提案在全球人文社会科学的框然而,笔者并非完全赞同并认可康氏的论述,在此枚举两处可供商榷之例。其一,康拉德认为,"global history"的第三个特征是不考虑发生在某空间内部的自律性变化。这似可推导出,康氏主张某个空间的历史可以只借由与外部的关联性进行说明。但是既然设想了一个完整的空间,那在该空间中理应存在着某种自律性。如果否定自律性,那就意味着对空间的设想本身出现了错误。恐怕康氏此处想表达的是探求自律性变化并非"global history"的路径,而不是对自律性变化视而不见。

其二,在"global history"为何重要这一点上,笔者认为康氏的论述并不充分。康拉德在著作最后设置了题为"为谁存在的全球史?"的章节,探讨了该问题。[1] 但是,对于康氏基于世界主义生产"全球公民"(global citizen)这一考虑,笔者认为在我们自身的生活体验中,作为全球公民的归属意识非常薄弱,因此该考虑很难得到落实。此外,康拉德还表示全球化与"global history"未必能对等衔接,以此强调以往全球史式的观察方式和研究手法的必要性,但笔者对此亦持怀疑态度。

《全球史是什么》提出了诸多重要论点,书中的文章极

---

[1] Sebastian Conrad, *What Is Global History?*, Princeton University Press, 2016, pp.205-235.

具说服力，但在结尾部分，即"global history"于我们为何重要这一点上，却没有看到康氏本人明确的观点。诚然，如上文所引，该书在开头就有力地表明现有人文社会科学在解释现代世界发生的各种事态上存在不足，为了革新这样的状况，"global history"的研究路径是有效的方法。但是，仅凭"global history"可以开拓学术新局面这一点，就主张其重要性，似乎有些勉强。没有人会认为人类社会与学术毫无关系。正如本书屡次提及的，每当想起既有的人文社会科学如何贡献于国民国家的实体化与国民意识的强化，笔者就会思索，不妨把作为全球人文社会科学一个分支的"global history"的目标设定为唤起人们作为地球居民的意识。

不过，关于当下"global history"存在的边界及问题，康拉德的见解中有很多值得敬听的地方。其中尤为重要的是，康氏指出，"global history"/全球史仅在北美、欧洲以及东亚各国引起热议，但并没有被"南半球"国家所接受。例如，大多数非洲国家不仅对"global history"/全球史，甚至对于"历史"本身都未必予以重视。[①] 当然，这个问题与帝国主义及殖民地的评价这些沉重课题直接相关，想要超越这些课题，让当地人理解"历史"，尤其是新世界史的意义想

---

① 系出自 2015 年 9 月 4 日东京大学所举办的"Africa and/to/in World/Global History"研讨会中，安德烈亚斯·艾卡蒂在演讲中的发言。

必十分困难。学者们应该首先充分地掌握这些人对于过去的认知,与当地人就这一点开始互换意见,这可以说是唯一的方法。运用"global history"/全球史的方法实现历史的横向连接,意味着将许多不同的"我们"联结在一起。那些想要思考或言说新世界史的历史学家们应当积极投入到这些困难的工作中去。

第二节　作为全球人文社会科学的世界史

一、非英语世界研究者的责任与义务

至此,本书已反复提及,日语中的"世界史"和"全球史"在意涵上并非完全等同于英语中的"world history"和"global history",因此应尽量避免将日语世界中的讨论随意嵌套进英语世界的研究动向中。

与这一点相关的康拉德的论述意味深长。他观察到,英语学术研究成果的权威性及影响力逐渐增加,指出非英语世界的历史学者们为了批判本国学术传统的狭隘及特殊性,而战略性地使用了英语著作。具体而言,有些学者为了打破本国一直以来关于世界史叙述方法的局限,通过翻译及借用方法论等手段,将"global history"引入本国视野。例如,康拉德本人在与其他两位史学家合著的德语著作《全球史:理论、方法、主题》(*Globalgeschichte: Theorien, Ansätze,*

Themen)中介绍了意大利、比利时、瑞士、法国等欧洲诸国的著作,以及朝鲜语、日语的著作。其中被介绍的日语作品是水岛司的《全球史入门》。[①]

其他语言的著作姑且不论,事实上包括水岛在内的使用日语"全球史"这一术语的学者们确实都关注着海外的历史研究,并将这些研究中的概念与方法作为历史学的新潮流介绍到日本。[②] 在这一点上,日本学者们的所为与康拉德的论述相一致。

然而,这种现象并非局限于全球史。回顾历经百年的日语写就的史学史可以发现,研究者们屡屡热心地将外国的,特别是"欧美"的研究动向作为先进的实验性经验介绍引进到日本,并将其本土化。实证主义史学首当其冲,马克思主义史学、社会史、心性史、世界体系论等层见叠出,不胜枚举。甚至可以说,日本史学界的存在性特征就是吸收西方各国的方法及成果,对其进行适当修正,使之符合日本的国情及日本学界的实态,并使用日语对其展开讨论。最新的例证就是全球史。如第四章中所言,这样的本土化操作与今后应在日本展开的全球人文社会科学完全背道而驰。

[①] Sebastian Conrad, *What Is Global History?*, Princeton University Press, 2016, pp.220-221, 280-281.

[②] 与康拉德的看法有所不同,笔者不认为水岛是为了对日语世界研究传统的狭隘进行批判,才有意识地使用"全球史"这一表述。更大的可能性是水岛的问题意识与英语世界中"global history"的问题意识不经意间产生了重合。

日本的历史研究者们应该摆脱这种以被动接受为主的研究方式。他们应该如康拉德所尝试的那样,在充分认识并活用母语知识体系及语境的同时,在具体研究成果及史学研究法和史学认知的层面上,须努力与国外的研究者共同进行全球规模的讨论。为了拓宽自己的视野,对海外研究动向的关注自然不可或缺。而问题在于,日本的学者在将自己丰富的见识向海外传播上还具有努力的空间。

为了在这方面取得进展,学者们首先应充分意识到,日语中的"世界史"或"全球史"未必与英语或者其他外语中的对应词具有相同的意涵或语境。有关这一点,前文已数度提及,现将笔者的想法再次总结如下。

所谓世界史,即"沿着时间轴进行诠释的、对包含日本人在内的全人类过去的体系性说明",而新世界史的目标,在于对"世界史是由体系性说明的基本单位,即各国各区域的时序史收束整理而成的"这一观念进行改革。全球史正是为了实现新世界史而使用的历史研究方法,它并非用以取代世界史的框架。[①] 全球史具有多种方法,学者们应当有效运用这些方法来探究对新世界史的解释、理解以及叙

---

① 羽田正:「新しい世界史/グローバルヒストリーとは何か」,羽田正编:『グローバルヒストリーと東アジア史』,東京大学出版会,2016年,5頁。羽田正:「地域史と世界史」,羽田正编:『地域史と世界史』,ミネルヴァ書房,2016年,9頁。

述方式。

学者们在接纳了这种观念后,用日语发表的对新世界史的解释和理解,就应当成为全球人文社会科学所生产的知识的一部分。我们希望这样的知识可以尽可能正确地转化为英语或其他外语,用于与各国的历史研究者和知识分子交换意见,以商讨如何为培养地球居民而写作世界史。如果使用日语进行研究的大部分史学研究者都可以秉持这样的研究态度,积极地向世界传达其研究成果的话,无疑会给世界历史学界带来巨大的影响。

二、名为"Global History Collaborative"的尝试

2014 年,笔者与普林斯顿大学的杰里米·阿德尔曼(Jeremy Adelman)、柏林自由大学的塞巴斯蒂安·康拉德、柏林洪堡大学的安德烈亚斯·艾卡蒂,以及巴黎社会科学高等研究院(EHESS)的亚历山德罗·斯坦齐亚尼(Alessandro Stanziani)一起建立了名为全球史合作(Global History Collaborative,简称 GHC)的国际性教育研究网络。以普林斯顿大学、柏林自由大学与洪堡大学、法国社会科学高等研究院及东京大学为四处研究基地,学者们共同致力于在"全球史/global history"领域的教育和研究上进行尝试。

推行这样一个国际性网络,最初有以下三点考虑:(1)学者和研究生之间的互相访学及学术交流;(2)召开有关方

法论的工作坊;(3)面向研究生的夏季课程。该项目采用资金对等的形式,各基地需要独立获得资金支持。有幸的是,笔者申报了日本学术振兴会的研究基地建设工程,获得五年期立项。①

笔者与美国、德国、法国的同仁共同建立这样一个网络的理由之一,是想要尽力打破日本与世界上目前"全球史/global history"研究的现状。在全球各地之间的联系变得如此紧密的现代,研究世界历史的重要性不言而喻。但是如前所述,目前甚至连世界史及全球史的意义和内容,都尚未在各个国家及各种语言间形成统一的认识。分属于不同国家的历史学家们应该群策群力,推进"global history"与"world history"的理论化及方法上的精细化,否则世界上历史研究的现状不会发生任何改变,分属于各国以及基于各种语言的世界史及全球史依旧各自为政。因此,不同国家的历史研究者们需要进一步理解彼此的历史研究的框架、视点、关心点及研究路径。至少上述美、德、法的研究者们以及大部分他们的同事都对这种观点产生了共鸣,并积极参与到该网络的各项工作中来。

与拥有相通问题意识的海外研究者们开展合作,笔者感到乐在其中,意义非凡。一切都要用英语来进行这一点

---

① 关于GHC的设立与发展,以及迄今为止取得的成果可参照羽田正:「グローバル・ヒストリーの豊かな可能性」,羽田正編:『グローバル・ヒストリーの可能性』,山川出版社,2017年,4—7頁。

自然有其困难,但正是在这样的场合,才需要非英语世界或非西方的研究者提供讨论的素材。因为即使是西方研究者自身,也经常批判以往历史研究的基本观点中浸染了西方中心史观。合作的重要之处在于,积累了丰厚日语研究成果的日本史学家们需要积极地表述自己关于"global history"及"world history"的看法和研究方法,同时沿着日本的史学传统生产出具体的研究成果。具有明确问题意识的非英语世界研究者们即使在英语造诣上有些许障碍,但只要听者认真理解其言说,就一定会收获许多建设性的意见。

GHC运营四年有余,开展了多样化的活动。[1] 例如2015年,在东京大学举办了以研究生为对象的第一届夏季课程。由于是第一届,缺乏参照,因此在策划与运营上着实付出了相当程度的辛劳[2],但当结束后看到参加者满足的表情时,所有的疲惫都消失得无影无踪。之后的课程继承了东京大学确立的形式和方法,此后两年分别在普林斯顿和柏林举行。此外,东京大学还邀请以其他三个基地学者为主的国际著名研究人员前来访学,通过演讲和研究会的

---

[1] GHC的相关介绍及其迄今为止的具体活动报告,可参阅GHC主页:http://coretocore.ioc.u-tokyo.ac.jp/。

[2] 夏季课程由四个基地分别推举四名博士生及两到三名教师参加。会议上,将用50分钟对每位博士生提交的博士论文研究计划及其内容进行集中讨论。课程从周一早持续至周五傍晚,日程并不轻松。但是共同经历了十个多小时的学术讨论后,成员之间产生了强烈的同伴意识。

形式,使他们有机会与日本学者交换意见、交流信息。海外的研究生以及博士后等年轻研究者人员可以在东京大学的东洋文化研究所中进行为期三个月至一年的访学,深化自身的研究。为了创造他们与日本青年学者之间的交流机会,一般每年会举办两到三届青年学者研究会。

另外,全球史合作国际网络四个基地的主要成员每年聚在一起,围绕全球史的方法论问题举办学会,交换意见。学会的举办地第一年在柏林,第二年在巴黎,第三年在东京。三次会议的主题分别为历史研究者的立场性(positionality)、全球史研究的研究单位(scale)、全球史研究的史料(sources)。以上诸多活动促进了各基地的主要成员之间共享意识与信息,确立了实际开展共同研究的基础。普林斯顿大学的阿德尔曼提出了"national narratives of global integration"(全球统合下的国族叙事)这一共同研究的具体主题,这是全球人文社会科学全新的尝试。如果进展顺利,成果将于两三年后付梓出版。

GHC运行至今,笔者唯一的不满来自以日语为主要研究语言的日籍学者和学生,他们并未对该项目表现出足够的关心,很少积极地参与该项目的活动。笔者理解在史学研究中,学者们拥有各自的研究主题,独自推进研究,无暇为他人的创意添砖加瓦。但现实是,哪怕告诉资深学者可以提供赴海外宣讲自己研究成果的旅费,报名者也寥寥无几;在招募研究生参加为期半年的海外访学或者夏季课程时，几乎没有狭义上的历史学科的博士生报名参与。① 报名的学生中来自海外的在日留学生占半数以上。②

正如第四章所述，现代日本的人文社会科学研究在蕴藏着极大可能性的同时，也肩负着重大的责任和义务。无论什么领域，特别是在外国史研究领域，日本学者非常有必要加深与海外研究者的沟通，并将自己的研究态度与研究内容交由外部进行探讨。全球人文社会科学领域如今方兴未艾，学者们热烈探讨其框架、方法以及课题，研究的发展指日可待。但一旦该领域的范式得到确立，这种热烈的气氛可能就会随之褪去。因此笔者希望，特别是青年学者们可以通过各种机会打破既存框架的限制，挑战新的课题。GHC也会一如既往地向这些青年学者们积极提供支持。

---

① 公开招募面向日本全国的研究生。具有报名资格的学生并不局限于东京大学。
② 当然，笔者并不认为这是一个问题。留学生们是日本的大学中重要的组成部分。他/她们的积极性应该是日本本土学生学习的榜样。问题不在于报名的留学生人数太多，而在于报名的日本学生人数太少。

第八章
全球史的可能性

如果全球史如此至关重要,那么使用全球史方法推导出的日本与世界的过去,会与既存成果之间呈现出怎样的不同呢?具体应该如何将世界纳入思考的意识中,在全球语境下考察过去的现象呢?为了解答以上问题,笔者将在本章中基于自身经验,以几种具体材料为线索,展现如何经由全球性思考将既有的日本史和世界史进行相对化。读者想必可以在这个过程中感受到全球史蕴含的丰富可能性。

第一节 近代化和外籍雇员

几年前,笔者曾参加过一场埃及近代史方向学生的博士论文答辩。该生就19世纪中叶起至20世纪初叶的埃及监狱制度问题,精读了阿拉伯语和欧洲各种语言的资料和研究,更参阅了福柯的监狱相关理论,提交了细致且具有价值的博士论文。该论文详细记述了埃及引进西欧各国司法与监狱制度的过程,说明彼时的埃及参照欧洲各国的司法制度和法律体系,设计出了新的监狱结构。论文的基调是"来自外部的压迫",即在19世纪末20世纪初,被任命为监狱总监等职务的英、法各国外籍政府官员不顾当地统治阶层的反对,强行引进了西欧的制度。在埃及史的语境中,英、法等西欧诸国被理解为可憎的存在,他们自18世纪拿破仑入侵以来,就持续从外部对埃及政治进行干涉,直至将埃及变成自己的半殖民地。考虑到以上历史过程,这篇博士论文的基调可以说并无不妥之处。

相对的,在几乎同一时期的日本史记述中,许多西方人作为"外籍雇员",受日方邀请在政府各机构中任职,他们将西欧及北美的政治框架和先进技术引入日本。大学设立之初也常常聘请西方人教师。但是在现代日本,这些人会被认为是将西方的制度和想法强加于日本的有害群体吗?恐怕非但不会如此,主流观点多数视他们为导师或是恩人。例如广为日本民众所知的法国人布瓦索纳德①,他作为政府的法律顾问编纂了《刑法典》。另外,北海道大学在显眼处建有写着"少年要胸怀大志"的克拉克②博士像。可见,

---

① 译者注:布瓦索纳德(Gustave-Emil Boissonade,1825—1910),法国法学家。1873年至1895年在日本先后历任明治政府外务省事务顾问、国际法顾问、东京法学校(现法政大学)校长等职,被称为"日本近代法之父"。

② 译者注:克拉克博士(William Smith Clark,1826—1886),美国农学家、教育学家。1876年任札幌农学校(现北海道大学)首任校长。"少年要胸怀大志"为克拉克博士返回美国时对学生的赠言,现为北海道大学校训,原文为"Boys, be ambitious"。

现代日本人认为,这些外国人对日本的近代化做出了重要的贡献。

我们很难认为西方顾问在埃及和日本分别采取了截然不同的态度,无疑这些顾问无论在哪个国家,都希望把自己的所知所学传达给生活在当地的人们。即便如此,对他们的评价在各国的历史理解中却存在着如此鲜明的对比。这是为什么呢?可以肯定的是,对他们各种活动的评价在往后的时代会被纳入一国历史的框架中。一方面,日本未曾成为殖民地,并成功实现了西方式的近代化,将这种近代化理解为"正面"价值,因此外籍雇员获得了积极的描写。另一方面,在被视作半殖民地且与西方式现代化进程格格不入的埃及,外国顾问作为"负面"的存在遭到了否定式理解。在日本史的框架内讨论布瓦索纳德的作用时,被派往埃及的法学家并未被纳入研究视野。同样,在评价埃及的法律顾问的工作时,也并未出现将其与日本的外籍雇员进行比较的研究。

在这里,构成问题的并非日本史与埃及史哪一方的评价才是正确的。在纵观某一时代世界整体的新世界史中,重要的是认识到在19世纪后半叶到20世纪初期,非西方地区从西方各国聘请了许多知识分子和技术人员,这些人在当地发挥了一定的作用。接着,需要思考的是为何这些外籍雇员会因所在区域不同而得到不同的评价。由此可以领会到,在那个时代及之后的时代中,各区域、各国家在政治与社会的结构、文化及知识体系等方面的特征。此外，可以尝试将过去仅在一国史范围内解释的问题与其他国家历史上的同类现象进行比较与重新探讨，这可能会成为对一国史的解释和评价进行修正的契机。

第二节 21世纪构想谈话会

2015年，日本首相安倍晋三决意于第二次世界大战结束70周年之际发表讲话，为此设立了首相私人咨询机构——"回首20世纪、构想21世纪的世界秩序和日本的职责之有识之士恳谈会"（即"21世纪构想谈话会"），用以为该次讲话提供可作为参考的信息与意见。笔者被任命为谈话会委员之一，除参加会议进行自己的报告外，还有机会对其他参加者的报告发表意见。笔者从未想过能有机会参加在政府重要决策现场——首相官邸内举办的会议，每次与会均有格格不入的不可思议之感。会上，著名学者、知识分子、产业界代表的报告和讨论，对笔者内心产生了很大的触动。

自不必说，这些报告皆是高水平之作，笔者拜读后受益匪浅。然而，笔者数度感到，因为谈话会的焦点是思考20世纪日本所走过的道路，如果把该议题置于全球性视野中，也许会产生与现在不同的观察方式。

在此试举两例。在第一次实际会谈中，与会成员综合性地探讨了 20 世纪的日本历史。代理主席北冈伸一指出,日本走上军国主义道路的原因之一是战前首相地位的削弱。日本首相不具有对军队的指挥权,军队具有很强的独立性。因此,政府在关东军暴乱之时难以控制局势。① 在日本史的框架中思考的话,该解释确实合理②,然而如果把目光转向当时的世界,就会发现希特勒和墨索里尼等领导人,便是利用其强大的地位和权力来推行军国主义的。如果考虑这一点,就应谨慎考虑政治领导人地位的强弱能否直接与军国主义的兴盛联系在一起。当然,各国的政治制度和结构不尽相同,日本的情况也许正如上所述,但与此同时,在同样出现军国主义现象的德国和意大利,其产生理由可能是领导人的地位过于强大。

这个事例说明,即使是在日本发生的情况,如果将其置于世界语境中,也可以进行另一种阐释。在追溯日本一步步走向第二次世界大战的过程时,如果只聚焦于日本与英、美或与中国之间的关系进行分析的话,论点可能不具备特别的深度。如果时刻将世界作为一个整体置于意识中,并采用全球性视点或比较性视点来阐释单个史实,也许不同

---

① 谈话会中的报告和意见交流的概要登载于首相官邸的网站上。另外,代理主席北冈伸一的报告参照 21 世紀構想懇談会编:『戦後 70 年談話の論点』,日本経済新聞出版社,2015 年,11—21 頁。

② 例如,三谷太一郎在《日本的近代为何发生——问题性的考察》(『日本の近代とは何であったか—問題の考察』,岩波新書,2017 年,71—72 頁)中也发表了相同的见解。

于以往的新解释就会浮出水面。

另一个例子是某次会议上庆应义塾大学的细谷雄一教授的演讲。在演讲中,细谷氏指出,从日本的历史教育中无法学会采用"世界中的日本"这一视点。这是由于日本的世界史中并未出现日本,而日本的日本史中亦未出现世界。这一说法稍显夸张,但这种认识正确无疑。然而,这种情况不仅限于日本,中国的世界史中也未出现中国,中国的中国史亦未出现世界。在法国,甚至"世界史"这一概念都尚未获得生存权。① 正如本书之前章节数度指出的那样,现代世界中只存在基于将"自我"与"他者"明确区分的世界认识的历史理解,日本绝非特例。因此,这是与全世界历史学者都息息相关的课题,学者们必须对此进行思考和解决。

在这段发言之后,细谷教授还主张需要进行将世界史与日本史融合的教育。不仅应重视日美、中日间的两国关系,还应考虑日本与国际社会或国际秩序整体间的关系。因此,最开始的发言具有引出这些见解的意义,并非细谷教授论述的重点。然而,若是听报告的人不了解目前世界历史学界的现状,或许会误认为只有日本的历史教育才存在这些问题。聆听这段发言之时,笔者再次深切地感受到,应当意识到这种通过区分"自我"和"他者"而成立的历史研究

---

① 羽田正:『新しい世界史へ——地球市民のための構想』,岩波新書,2011年,55—66頁。

乃至人文社会科学中存在的各种弊端,并重视发展全球人文社会科学。①

第三节　世界遗产——长崎教堂建筑群

从 21 世纪初开始,在"长崎教堂建筑群申遗"的口号下,各种造势活动逐渐展开,意在争取将长崎县和熊本县各地留存的古基督教堂建筑列入联合国教科文组织(UNESCO)世界遗产名录。在距离申报只剩一年的 2011 年左右,活动逐渐接近顶峰。当时,笔者受平户市政府之邀主持一场会议,并在会议中进行发言。该会议主要邀请与国际古迹遗址会议(ICOMOS)关系密切的专家顾问们来评估平户的隐秘基督教遗产的价值。在为期数日的会议中,笔者学到了"文化景观"(cultural landscape)这一表达,并与作为专家顾问被邀请参会的一对夫妻成为朋友,这是一段令笔者受益匪浅的宝贵经历。

---

① 此外,细谷教授还就在日本进行的历史研究与教育提出了其他的一些重要观点。例如,他指出:"日本的历史教育问题在于不学习历史理论。"(細谷雄一:『歴史認識とは何か—日露戦争からアジア太平洋戦争まで』,新潮選書,2015 年,36 頁)细谷氏的观点与本书前文中的部分内容存在一定的重合。

彼时平户市的有关工作人员带笔者游览了田平、宝龟、纽差和山田等多处仍保持着20世纪初建造时模样的古教堂。其中田平、宝龟的教堂当时被列入世界遗产名录的候补名单之中，两处俱为特色鲜明的优美建筑。考虑到基督教在日本传教的历史，这些建筑无疑具有巨大的价值。然而，同去的专家顾问所关注的却不是这些教堂，而是一个名为"春日"的曾经的隐秘基督教徒①村落与村落后方屹立的信仰之山——安满岳。春日是一个位于山涧梯田两侧，一眼望去平平无奇的小村落。如果春日具有可以轻易从其他村落中脱颖而出的独特形态，那么在当时恐怕也无法保持"隐秘"。至于安满岳，众人登顶进行实地考察，见山顶只有一间质朴的神社。这两处并未显出与"世界遗产"相符的独特之处，而专家顾问却表示如果要申请世界遗产，这一村一山是非常重要的文化景观。

　之后的发展为人所共知。2015年1月，日本政府向UNESCO提交申报书，决议推荐"长崎教堂建筑群"申报世界遗产。然而次年1月，ICOMOS公开发表了希望日本将申报重点置于德川幕府禁教时期的建议，据此日本政府主动撤回申报，修改名单内容，于同年9月向UNESCO重新

---

① 译者注：德川幕府自1587年起开始有组织地限制基督教在日本开展活动，1613年颁布全国禁教令，对拒绝改宗的基督教信徒实行残酷的精神及肉体迫害。因此，大批信徒隐匿信仰，暗中进行宗教活动，这批信徒被称为"隐秘基督教徒"。

递交了题为"长崎与天草地区的隐秘基督教徒相关遗产"的申报文件。

毫无疑问，从世界范围来看，无数没有成为世界遗产的教堂，历史均比日本最古老的基督教堂还要悠久。20世纪初期建造的教堂在所有教堂建筑中也并非特别珍奇之物。长崎教堂建筑群并未在建筑上使用特别的材料与设计，这样的教堂群即使数量庞大，也无法被认可为"世界遗产"。在参与世界范围内的竞争时，申报物必须具有罕见而珍贵的附加价值。ICOMOS认为，这种附加价值就是隐秘基督教徒的相关历史。新提案中将隐秘基督教徒的"村落"置于最前，移除了平户的田平教堂，转而选择推荐了春日、安满岳、隐秘基督教徒汲取圣水的圣岛中江岛。如果一切顺利，新申请的世界遗产2018年秋就能得到成功注册。[①]

不仅是基督教徒，世界各地信仰少数派宗教的人们都可能受到多数派的各种诘难。然而，像日本这样在禁教政策持续200年以上的背景下，依旧有人能够不离不弃地秘密守护着前人流传下来的信仰的事例却并不多。ICOMOS着眼于此提出了建议，而后长崎方面听取建议做出了改变。

这个例子说明了将对于日本而言非常宝贵的遗产（长崎教堂建筑群）置于世界语境中可能会出现的不同结论。

---

① 译者注：2018年6月30日，在第42届世界遗产委员会中，日本推荐的候选遗产"长崎与天草地区的隐秘基督教徒相关遗产"顺利通过审议，被列入世界遗产名录。

这是一个日本史语境中的解释与价值观同世界史语境相抵牾的典型案例。

第四节　甘肃省石窟寺院调研

2016年夏,笔者有幸拜访了甘肃省的敦煌、兰州、天水等城市,以及位于其郊外的石窟寺院。同行的有三位中国研究人员,分别是中国美术史专业的学者和学生,以及日本史专业的学者。笔者从年轻时便一直想瞻仰敦煌的真容,此次非但如愿以偿,而且在莫高窟时,能够在当地研究人员的带领下,调研几处尚未向公众开放的石窟,因此笔者感到十分幸运。曾经对清真寺建筑的调研让笔者感受到,无论阅览多少照片、文字或是设计图,只要不去实地考察实物,就绝对无法对其产生具有深度的理解。复旦大学的邓菲和朱莉丽两位青年学者听说笔者想去敦煌调研后,制订了为期一周的调研日程,并与笔者一同在当地进行考察,在此向两位学者表达由衷的感谢。

笔者在敦煌除莫高窟之外,还调研了榆林窟和西千佛洞,在兰州调研了炳灵寺,在天水探访了麦积山石窟。石窟建造和石窟中佛像制作的时期横跨北魏(4—6世纪)至元朝(13—14世纪),其中以隋唐时期(6—10世纪)的产量为盛。

在莫高窟,笔者最初只是心潮澎湃地四下游览,随后在阅读石窟和佛像旁放置的说明时,发现了一件饶有深意之事。石窟和佛像建成后,历经多年,必然出现损坏或是倒塌,也因此随处可见清朝中期之后的修缮记录,关于这一点笔者十分理解。然而意味深长之处在于,却无法找到元与清之间,即明朝时期(14—17世纪)300年间对石窟或佛像的修缮记录。向中国学者请教其中缘由,他们推测"明朝可能对这样的文化遗产不感兴趣"。

笔者彼时也认可这样的说法,但在从敦煌返回西安途中,参观麦积山石窟时,却发现了大量石窟和佛像在明代被修缮的说明。由此笔者注意到,明代时,麦积山石窟所在的天水属于明朝疆土,而莫高窟所在的敦煌却在疆土范围之外,正是出于这个原因,14—17世纪在敦煌实施的修复工作无法被记录为"明朝"的功业。笔者将这些想法告诉张厚泉教授等中国友人后,亦获得大家的肯定。①

"但是……"笔者就该话题接着与诸学者进行讨论。只要未在当时王朝的领土范围内,就无法明确设定和记录美术作品制作与修复的时期,这难道不会构成问题吗?中国的美术史历来以唐朝或明朝等朝代为单位对作品进行时代

---

① 译者注:明代在嘉峪关以西先后设立安定、阿端、曲先、罕东、沙州、哈密、赤斤蒙古、罕东左八个羁縻卫,史称"关西八卫",敦煌即属关西八卫管辖。正统十一年(1446)沙州卫内徙、卫废,其后诸卫亦渐不能自立。由于受到吐鲁番部的不断侵扰,成化之后,诸卫皆内迁或散亡,至嘉靖年间不复存在。因此敦煌在明代部分时期处于明王朝的疆土范围之内。(参见周振鹤主编:《中国行政区划通史·明代卷》,复旦大学出版社2017年版,第705页。)

划分,这样的划分方式是否需要重新探讨?难道改朝换代后作品的风格和特征便会明显发生变化吗?西方美术史并不会将王朝的兴替与美术作品形式与特征的变化联系在一起,而为何中国美术史要以朝代作为作品时代划分的基础呢?各位学者表示至今为止尚未思考过该问题,并纷纷发表了各种饶有趣味的意见,不过最后我们并未得出明确的结论。

正如莫高窟一例展示的那样,以国家为单位尝试说明这个空间内美术作品的特征和变化,就难免会暴露出许多割裂之处。美术作品的制作与修复并非仅在国家或是王朝的领土内完成,因为美术品的设计与主题、技法与意义的交流会轻而易举地超越国家或王朝这样的政治学意义上的领土。在现代世界中这已成为常识,其实过去也是如此。

在此笔者介绍的是在中国的经历,但在日本美术史的框架中回顾过去,亦可以发现类似的情况。例如,佛像与木造寺院建筑究竟在何种程度上具有"日本"的独特特征?难道因为日本列岛与朝鲜半岛、中国过去被"国境"所分隔,日本便可以不受两地影响,生产出制作方法与形式都与两地截然不同的美术作品吗?事实显然并非如此。因此,应将在日本列岛诞生的美术工艺品的价值与意义置于更广阔的视野(前近代至少为亚欧大陆东部、此后为世界语境)中重新考虑。

笔者认为,在美术史与建筑史的研究领域中,最适合通过全球性广域视野,尝试进行新阐释与新说明,因为既存的分析论述框架根本无法充分探讨这两门学科。笔者对这两门学科在全球人文科学中可能取得的新发展抱有巨大的期待。

第五节 柏林的德国历史博物馆

德国历史博物馆(Deutsches Historisches Museum)面朝首都柏林标志性的菩提树大街,博物馆大胆采用新式展示手法,参观的访客们乐此不疲。对于想要具体了解德国历史的人而言,这家博物馆是必去之所。笔者每次去柏林都会前往参观,每次都有饶有意味的发现。

2016年3月,笔者再赴博物馆。在这次参观中,令笔者钦佩的是在博物馆最前方展厅第一块展板中,关于"欧洲的边界"(border)的说明。说明内容为"边界"(border,德语为grenze)起源于斯拉夫语,随着使用德语的人们向东徙迁,与斯拉夫人接触,该词语融入德语成为德国东部方言。除政治以外,文化、文明、语言、种族、经济、地理、社会、信仰等都具有各种各样的边界,但这些边界并非线性,各种边界之间通常相互交叠。现在我们所理解的作为政治意义上的国境线的"border",其意涵起源于欧洲建设领土国家的16世纪以降。至19世纪中叶,人们已经普遍具有了以国境线划分的明确的国土意识。

之后的展板说明了"德国"与"德语"的形成过程。这些展板希望在一开始便向参观者明确传达一个信息,即现代德国这一国民国家是历史的产物,绝非自古以来就保持着同样的形态和特征。

实际上,其后具体展示的事物及说明的内容,都并未局限于现代德国的国境线内。中世纪的罗马教皇、从近世延续至近代的哈布斯堡家族的国王们、包括拿破仑在内的历代法国国王等纷纷作为"主角"登场。回顾欧洲历史的发展,可能会认为这样的展示理所应当,但是在日本或中国的历史博物馆中,却是另一番图景。

日本博物馆中所有的展览皆基于"'日本'自古以来就存在"这一默会的前提。例如,位于佐仓的国立历史民俗博物馆的综合展览中,时代划分遵照原始、古代、中世①、近世②、近代③、现代④这种日本史研究中的划分基准。参观现代展的人们可以领略到"日本的现代"风貌,却无法理解现代日本这个国民国家实际上是历史的产物。因为展览中日本是一个从原始、古代直至今日绵延存续着的国家。

而在中国,许多历史博物馆的展出对象是省或市具体的历史遗迹,或是像北京的故宫博物院那样特定时代的文

---

① 译者注:约公元4世纪至15世纪末。
② 译者注:约16世纪至19世纪中叶。
③ 译者注:约19世纪中叶至第二次世界大战中。
④ 译者注:约第二次世界大战后至现代。

物。上海博物馆的展览范围自古代涵盖至清朝,但展品主要是美术工艺品。笔者并未参观过将中华人民共和国成立之前与之后进行连续说明和展览的博物馆,像德国或是日本那样将国家历史从古至今进行连续展示的博物馆,在中国可能并不多见。除此以外,中国大多数博物馆的展览都遵循一个共同的前提,即将从古代到至少清朝时期为止的中国疆域作为统一的整体进行处理。当然,在这些博物馆中亦有很多种方式将清朝为止的中国与中华人民共和国进行交联。从这种认知方式可以看出,中国同日本一样都采用了国家自古以来持续存在的历史处理方法。

此处将德国与日本、中国的博物馆展览相比,强调双方的差异,并非想以此批判哪一国的展览方式存在错误,而是想再次强调对本国历史的认知因国家而异。目前世界现存的诸多国家中,只有极少数国家的国民可以从古至今毫无间断地描述本国的历史。因为无论在南北美洲、亚欧大陆、非洲还是大洋洲,几乎所有国家的过去都曾出现过政治、社会、文化上的断层。即使人们将政治上的整体国土用地理空间表示,也不存在一个无论在哪个时代都占据着完全相同的空间的国家。

在这一方面,中国、日本与韩国恐怕属于例外。若是一两百年内的历史尚有可能,但事实上,描绘一个国家一千多年历史的构想本身在世界上是极其罕见的。日本的历史学家以及史学作品的读者们必须意识到这一点。许多日本人认为,以"国家"为单位对事物进行思考、理解是理所当然的,但是这种"理所当然"仅仅在东亚的地域内成立,在世界范围内则并非如此。我们绝不能忘记这一点。

传统的世界史范式是按照时间顺序描写一国史,然后在西方近代这一历史范畴内将这些一国史捆绑在一起。在这层意义上,这种范式带有一丝日本的气质。在近代历史研究的诞生地西欧,并不存在将德、法等国的过去直接与罗马帝国等进行联结的想法。在西欧地区的一国史中,长如法兰西者也仅能回溯至公元10—11世纪,在此之前,法兰西的土地上存在的是别的国家与别的时代。另外,诞生于20世纪的非洲国家也并不敏于以国家为单位对过去进行理解与叙述。

第九章
为推进新世界史描绘的四张全景图

第一节 实际描绘的全景图

一、全景图的前提

在"世界"的框架中处理历史的意义之一,就是可以在从过去至未来流动的时间中为现代世界定位,确认我们自身在历史中所处的位置。现代日本社会中,目前为止对世界史的普遍性阐释与理解在这一点上有其存在意义,甚至可以说发挥了重要作用。但是近年来,笔者一再强调需要更新既存的世界史理解,这是因为如果想要从各方面理解在当下这个各地区紧密结合的现代世界中所发生的事件,就不应该仅仅将世界史理解为世界各部分过去历史的总和,而是无论如何都有必要将过去的世界视为一个整体,去理解这个整体世界具有怎样的特征。只有了解世界整体曾经处于怎样的状态,才能对当今我们所处的世界状况产生更加深入的理解。

那么,我们应当如何依据新的世界史来确定自身所处的位置呢?本章将详细讨论该问题。但在此之前,根据本书序言部分所述规则,笔者将对书中目前为止还未说明、但已使用的"我们"①进行定义。笔者于书中反复强调,新世界史是全球人文社会科学的一部分,因此此处的"我们"首先指的是地球居民。但与此同时,这本书用日语写作,预想中的主要读者为通晓日语之人。因此"我们"同样意指理解日语的人,这些人中的大部分可能保有对日本的归属意识。也就是说,书中的"我们"指的是同时对日本与地球抱有归属意识,或者从今往后试图同时对这两者抱有归属意识的人。②虽然本书预想中的读者主要是基于日语的知识体系进行思考的人,但同时笔者在书中展开论述的方式有意识地考虑了那些不熟悉日语的知识体系、却抱有地球居民意识的读者。笔者希望他们同样可以理解本书。

既成的世界史是将沿时间轴排布的所有国别史在西方近代的框架下统合为一体。笔者在前作《面向新世界史》中,已经阐述了这种世界史理解的基本图示存在着问题。为何存在问题呢?原因之一在于建构这种图示的前提是

---

① 译者注:为避免读者认同上可能出现的疑虑,中文译本中已最大限度使用第三人称"人类""人们"等来替换"我们"。
② 译者注:依据译入语的不同,将"日语""日本"换成他国语言及国名即可传达原著者对译文读者的定义与期待。

"国家"从过去到现在一直维持着原样。但正如上一章节言及柏林的历史博物馆时笔者所述,明确通过国境线划分领土国家的思考方式在其他地区或当别论①,但至少在西欧是近代以后的产物。领土国家与随之形成的主权国家明明是历史发展的产物,这种理解历史的方法却先将这些国家设定为仿佛自古以来就一直存在,再回溯探讨这些国家经历的过去,这样的方法无疑带有局限性。以上批评不仅针对国别史,同样也适用于区域史及文明史。

二、四张全景图

试着暂时忘记既存的世界史基本范式,人们应当如何看待世界的过去?如何理解现代的特征?在前作《面向新世界史》中,笔者主张可以制作某个时代的世界全景图,通过全景图与现代的比较,可以对现代世界产生更深入的理解。此外,使用这种方式还可以使人们认识到现代的国家与过去的政治体之间未必是直接连续的。

这样的全景图本来应是许多以此为目标进行的实证研究积累在一起后得到的成果。但很遗憾,目前以构建全景图为目的的实证研究还未深入进行,更无法形成体系。同

---

① 葛兆光严厉批判基于欧洲史的基准与常识而将全球史研究正当化的言说。参见「グローバルヒストリーの潮流の中で各国史にまだ意義はあるのか」,羽田正編:『グローバルヒストリーや東アジア史』,東京大学出版会,2016年。

时,制作全景图时可供参考的研究成果卷帙浩繁,任何一人都无法做到通览,而全景图必须由学者个人依据自己的关注点,将基于各种角度进行的先行研究的成果重新组装起来。如此想来,现阶段无论哪位学者试图建构的"全景图",都必定难称尽善尽美。

然而,如果不展示出哪怕是简单的全景图的具体图样,有关新世界史的讨论就无法深入进行,因此笔者知其不可为而为之,试图回溯过去 300 年的人类过去,描绘出四张全景图。当然,这样的全景图绝非完成品,毋宁说这是为讨论提供材料而制作的试验品。

全景图的内容会因为制作者的关注点不同而发生变化。笔者试图以国或国家这样的人类集群政治体作为叙述的基本单位,关注这些政治体的构造与其中的社会秩序,支撑统治、统合的理念,通过四张全景图推导出过去 300 余年世界的特征。这是一种有效且有意义的做法,有助于让我们意识到,现在看来理所当然存在的国家以及由国家联合体组成的世界这种存在形式不过是历史发展的产物。

回溯过去的 300 余年,将 1700 年前后至当下的世界整体样貌通过多张全景图进行展示,预计可以让读者对人类所处的现代世界的状况和特征产生最低程度的必要的整体性理解。因此笔者将依据时间顺序分别展示 1700 年、1800 年、1900 年以及 1960 年的四张世界全景图,并在解说这些全景图的基础上,论述应该如何理解本书写作的 2018 年时的世界特征。

选取以上四个年份绘制全景图并无特别之深意。选择前三个年份是因为它们处于世纪之交,比较适合作为时间节点,比如最初的1700年如果变为1690年或者1710年,亦不影响本章的论述。第四幅全景图所处的1960年,则是第二次世界大战结束后开始运行的世界基本体制得以确立的标志性年份。

首先,笔者想指出作为起点的1700年的全景图中,有关当时世界政体的几点值得关注之处,并在对往后时代的几幅全景图进行说明时,探讨这几点发生了怎样的变化。

第二节 1700年的世界

一、帝国——多样性的社会与统治构造

观察这一时期的世界,可以发现一些不同类型的统治体制,其中最令人瞩目的应该是亚欧大陆上栉比而存的强大政治权力体——"帝国"。[1] 这些帝国从东开始依次是:

---

[1] 此处所说的"帝国"是为描绘全景图使用的一种类型化名称,不必追究作为自称或他称的政治体实际上是否被如此称呼。之后所使用的"王国"亦是如此。作为用日语写作的"帝国论"代表性研究,山本有造编《帝国的研究——原理·类型·关系》(帝国の研究—原理·類型·関係)(名古屋大学出版社,2003年)。特别是在"第一部分'帝国'的骨骼"(第一部"帝国"の骨格)中收录的四篇论文与本书的论述有着紧密的关联。关于西欧的皇权、王权,可以从桦山纮一《历史的历史》(歴史の歴史)(千仓书房,2014年)一书(转下页)

清帝国、莫卧儿帝国、萨菲帝国、俄罗斯帝国、奥斯曼帝国及哈布斯堡帝国。① 以下将逐一叙述这些帝国中存在的共同

(接上页)所收录的论文《关于王权》(王権について)中简单地了解概要。被一般化的"帝国"和"王国"的必要条件和类型绝非仅存在于"欧洲",如果除去区域的框架,这些条件和类型在本书所说的其他区域的"帝国"也能适用。例如,帝国的三个必要条件(正统性、普遍性、神圣性)便是如此(同上书,第373—374页)。在使用英语的地区,近十年间公开发表了大量关于"empire"的意涵与实际情况的研究。简·布尔班克(Jane Burbank)与弗雷德里克·库珀(Frederick Cooper)所编《世界史中的帝国:力量与区别政治》(*Empires in World History: Power and the Politics of Difference*)(Princeton University Press, 2010)一书为代表作品。该书的基本主张是"帝国"是人类过去最常见的政体,毋宁说现在的"国民国家"反而是例外。笔者大致同意该观点。此外,查尔斯·迈尔(Charles S. Maier)的《帝国之间:美国的崛起及其先驱》(*Among Empires: American Ascendancy and Its Predecessors*)(Harvard University Press, 2006)一书虽然是论述美国是否属于"帝国"的著作,但该书主张"帝国"分为两种,而美国并不属于这两者,该观点与本书论述有相通之处,为本书提供了重要参考。另外,笔者也参考了对欧洲近代"帝国"概念进行论述的散卡尔·穆苏(Sankar Muthu)所编《帝国与现代政治理念》(*Empire and Modern Political Thought*)(Cambridge University Press, 2012)一书。

① 关于奥斯曼帝国的统治体制共参考以下三部著作,铃木董:『オスマン帝国—イスラム世界の"柔らかい専制"』,講談社現代新書,1992年。同『イスラムの家からバベルの塔へ—オスマン帝国における諸民族の統合と共存』,リブロポート,1993年。林佳世子:『オスマン帝国五〇〇年の平和』,講談社,2008年。关于清帝国的统治特征参考以下四部著作,平野聡:『大清帝国と中華の混迷』,講談社,2007年。杉山清彦:『大清帝国の形成と八旗制』,名古屋大学出版社,2015年。岸本美緒:『中国の歴史』,筑摩学芸書房,2016年。岡本隆司:『中国の誕生—東アジアの近代外交と国家形成』,名古屋大学出版社,2017年。关于俄罗斯帝国参考以下两部著作,Alessandro Stanziani, *After Oriental Despotism: Eurasian Growth in a Global Perspective*, Bloomsbury Academic, 2014。土肥恒之:『ロシア・ロマノフ朝の大地』,講談社,2007年。关于哈布斯堡帝国参考以下四部著作,江村洋:『ハプスブルク家』,講談社現代新書,1990年。大津留厚:『ハプスブルク帝国』,山川出版社,1996年。加藤雅彦:『ハプスブルク帝国』,河出文庫,2006年。岩崎周一:『ハプスブルク帝国』,講談社現代新書,2017年。

特征。除去若干研究外①,围绕这些帝国的既存历史研究都沿着各帝国固有的问题意识分别进行,并在相互之间无关联的各帝国研究史中积累成果,因此在进行比较型或综合型研究时,可能会出现可供参考的材料不足的情况。例如,对俄罗斯帝国的研究通常主要基于俄罗斯史的视点进行,如关注俄罗斯人如何征服并统一广袤的疆土,或者罗曼诺夫王朝的盛衰等,但在本章中论述的俄罗斯作为"多样性帝国"的政治与社会侧面还未得到充分的讨论。② 但正如下文将要论述的,如果变化角度去重新观察俄罗斯帝国的过去,产生的理解方式可能会与现有俄罗斯史语境内的阐释有所不同。哈布斯堡帝国的情况亦是如此。笔者期待今后对上述诸帝国作为"多样性帝国"的政治与社会状况的讨

---

① 关于莫卧儿、萨菲、奥斯曼这三个帝国的比较,参考羽田正:「三つの「イスラーム国家」」,『岩波講座世界歴史14 イスラーム・環インド洋世界』,2000 年,3—90 頁。关于加上清朝后的亚欧大陆的帝国的比较,参考杉山清彦:「近世ユーラシアの中の大清帝国(オスマン・サファヴィー、ムガル、そして「アィシン=ギョロ朝」)」,岡田英弘編:『清朝とは何か(別冊〈環〉16)』,藤原書店,2009 年。以往的比较主要局限于亚洲地区的"帝国"之间,因为如果基于既存的世界史思维方式,以对立的视角看待欧洲与非欧洲,那么欧洲与非欧洲应该是不同的,这种亚欧间的比较就不具有意义。另外,也有观点认为超越东洋史与西洋史框架的比较荒唐而盲目,且脱离了以第一手史料为基础的历史学的细致研究框架。但是,笔者认为今后必定需要跨越这样的屏障进行大胆的比较研究。

② 土肥恒之强调俄罗斯帝国是多民族帝国,并指出在 1868 年,军队的军官中"非东正教徒"所占的比例为 23%。(土肥恒之:『ロシア・ロマノフ朝の大地』,350—351 頁)。但是,这仅在大部分书籍的末章中进行了简单的解说。我们期待今后基于土肥指出的观点进行的实证研究能随着时代的发展进一步积累,进而揭示多样性帝国俄罗斯的政治结构和社会秩序特征。

论可以更进一步。

到目前为止,因为欧洲与非欧洲,或者欧洲与亚洲的二元对立构成了世界史理解的立论前提,所以极少有研究尝试将从清至哈布斯堡的所有帝国共同放在"帝国"的框架中进行相互比较,论证这些帝国的相通之处。但是,新世界史从最初开始就没有将欧洲与非欧洲的二元对立作为默会知识,当不夹带任何先入为主的史观来眺望当时的世界时,看到的情形可记载如下。

这些帝国的共同之处首先在于都支配了广袤的疆土,多种多样的人生活在帝国的统治之下。"多种多样"并非仅指这些人在社会性职业与财产多寡上存在差别,而且指这些人在语言、宗教、生活习惯、价值观、归属意识等广义上的文化环境①层面互相区别。这些多种多样的人群对帝国并不存在像之后"国民"意识那样的归属意识(如不存在"奥斯曼帝国人""哈布斯堡帝国人"这样的意识)。通常在这些帝国的城市与农村地区住着贵族或名士,这些人在政治上与皇庭保有某种形式的联系。通常情况下,工商业者与农民等普通居民都通过贵族与名士缴纳税金,不管这些税金最终流向了哪里。此外,当地发生争执时,居民还可能会请求

---

① 这些要素被综合起来称为"エスニシティ"(ethnicity,族群)。关于这个词更详细的意涵、定义以及与"ネイション"(nation,民族)一词的区别,参考 A. D. スミス著、巣山靖司・高城和義他訳:『ネイションとエスニシティ——歴史社会学の考察』,名古屋大学出版社,1999年。

他们进行裁定。因此,普通居民通常只意识得到那些名士、贵族们的存在,因为他们掌握着社会资源,且居住在可被居民看见的范围内。至于远在都城的皇帝与政府,对居民而言只是山水相隔、与己无关的存在。

帝国并非对其所有领土都采用同样的统治方法。一般而言,皇帝坐镇的都城及都城周围的领地由皇帝政府直接进行统治,离都城的距离越远,统治的方式就越间接。帝国领地内所有的军事力量并非全部隶属于皇帝,各地总是存在着拥有私人武装力量的有力人士。他们中的有些人除了向皇帝政府缴纳约定数额的税金外,事实上几乎处于独立状态。

在这些帝国中,继承血统的皇帝无疑享有最高权力,但具有特权的统治阶层并非全都由与皇帝通过血缘纽带联结、享有共同文化环境的族群构成。这些帝国中同样存在着在出身及血统上与皇帝并无直接关系,但依旧在社会中占据有利地位的人。在莫卧儿、萨菲、奥斯曼等帝国中,统治集团由多个族群构成。例如,萨菲帝国的统治阶层包含了土耳其系、伊朗系、格鲁吉亚系、亚美尼亚系等不同族群的人,阿拉伯人作为宗教领袖也在其中占据一席;莫卧儿帝国的宫廷与政府由印地系、伊朗系、图兰系三个族群构成;别名奥斯曼土耳其的奥斯曼帝国其实也并非土耳其人一家的天下,许多身居宰相等政府高位之人来自与土耳其在语言与宗教上迥异的巴尔干半岛。

宫廷中虽然多使用奥斯曼土耳其语,但官员中的许多人可以熟练地使用波斯语、阿拉伯语等多种语言作为母语式"教养"。在奥斯曼帝国各地,不同的族群共同生活在一起。

俄罗斯帝国与哈布斯堡帝国的皇帝都和欧洲各国的王族具有血缘关系,他们之间的各种姻亲关系绝非仅停留于帝国内部。比较典型的例子有俄罗斯帝国的叶卡捷琳娜二世大帝,她出生于德语世界的斯德丁(Stettin)①,她的丈夫彼得三世②继承了彼得大帝的血统,但他实际上出生于荷尔斯泰因公国③;哈布斯堡帝国的公主玛丽·安托瓦内特嫁与了法国波旁王族④等。此外,俄罗斯帝国与哈布斯堡帝国的统治阶级并非由狭义上的俄罗斯人或奥地利人构成,帝国广袤疆土上存在着来自不同族群的有力人士,他们中有一部分人入仕中央宫廷,作为政府的一员进行工作。譬如,在彼得大帝改组俄罗斯帝国行政体系后建立的12个

---

① 译者注:现称"什切青"(Szczecin),归属波兰,是波兰西波美拉尼亚省的首府。
② 译者注:彼得三世几乎不会说俄语,是卡尔·腓特烈和安娜·彼得罗芙娜之子,即彼得大帝的外孙,因为伊丽莎白一世女皇未婚而且无嗣被挑选为彼得大帝继承人,在位六个月后被其妻叶卡捷琳娜二世发动宫廷政变驱逐下台。
③ 译者注:位于今日德国北部的石勒苏益格-荷尔斯泰因(Schleswig-Holstein)州内以及丹麦的南日德兰郡。
④ 译者注:1770年安托瓦内特正式成为法兰西王储妃,其夫是未来的法国国王路易十六。

参议会中，716位参议会成员里有66位外国人。①

清帝国可以说是这些帝国中唯一的例外，满族人具有特权地位。但这并非意味着族群意义上的满族人独享了所有的特权，占据帝国大部分人口的汉族人也可以通过科举入仕，就任统治阶层内部具有极高地位的内阁大学士等职。

二、帝国——统治的正统性

在这些帝国中，皇帝的权力及统治的正统性通常借由"宗教"②进行保障。作为交换，皇帝将皈依该宗教，并担任宗教保护人的角色。有些宗教如天主教、东正教、佛教等有专门的神职人员阶层，而有些宗教如伊斯兰教或印度教在当时并未出现宗教礼仪相关人员的统一组织。皇帝与宗教（教会）的关联方式会因该宗教有无专门的神职人员阶层而产生变化，但是无论哪种情况，皇帝的政治军事实力与宗教的规范及社会影响力之间都存在着互相依存的关系。

在广袤的帝国领域内存在着信奉不同宗教的人，因此皇帝在很多情况下要担任不止一种宗教的保护人。比如，广为人知的是清帝国的皇帝分别具有其治下满（满族人）、

---

① 土肥恒之：『ロシア・ロマノフ朝の大地』，講談社，2007年，122頁。
② 之所以加上括号，是因为正如在现代日本许多人认为的那样，具有明确教义体系和礼仪的"宗教"（religion）并不是构成社会的一个要素。当时，在地球上的许多地方，"宗教"是一种理所当然的存在，是涉及人们日常生活方方面面的规范，是人们理解身边事物时的可靠依据，是一种默会知识。与现代世界的许多地区不同，个人并不能决定是否选择该宗教作为信仰。

汉(汉族人)、蒙(蒙古族人)、回(穆斯林)、藏(藏族人)五个族群首领的身份。

奥斯曼帝国与萨菲帝国皇帝的权威及统治的正当性由伊斯兰教确保,原则上皇帝将依据伊斯兰教的思想执政,进行社会秩序的建构。在伊斯兰教的经典《古兰经》与其他伊斯兰法的重要法典中,有多处记述了穆斯林与其他宗教信徒之间共存的框架或对共存方式的构想。虽然大致而言是穆斯林占较优先地位的共存模式,但在"众生平等"概念尚未成为普遍价值的当时,这种共存方式在穆斯林居民占大多数的帝国中并不会引发严重的问题。依据伊斯兰教的思考方式,身为穆斯林的帝王依旧可以成为其他宗教信徒的保护者。① 众所周知,奥斯曼帝国的皇帝通常被称为苏丹,但阅读史料可以发现,皇帝还被称为帕夏(波斯语)、汗(突厥蒙古语)等,这些称号表明,皇帝兼任着多个人类集群的首领。②

但是在非穆斯林居民占多数的莫卧儿帝国中,伊斯兰教很难保证其统治的正统性,同时建立并维护与教义相匹配的社会秩序。帝国的第三代皇帝阿克巴尔创建了融合诸教宗的新宗教"圣教"(Din-i-ilahi),正是因为新宗教对他而

---

① 这仅仅是一项原则,实际上穆斯林统治者与非穆斯林的冲突时有发生。例如,关于萨菲帝国与少数派宗教信徒的矛盾,参考羽田正:『勲爵士シャルダンの生涯—十七世紀のヨーロッパとイスラーム世界』,中央公論新社,1999年,116、124、128—134頁。

② 鈴木董:『イスラームの家からバベルの塔へ』,96頁。

言是让帝国统治下的人们接受其统治正当性的必要之物。

目前,许多先行研究尚未注意到,治下拥有多个族群的俄罗斯帝国与哈布斯堡帝国,原则上同样需要宗教来确保皇帝统治的正统性。俄罗斯帝国是东正教,哈布斯堡帝国是天主教,在这一点上,两帝国统治的基本框架与同时期的其他帝国相比几无不同。但应该注意的是,哈布斯堡帝国的皇帝有时会强迫治下的人们信奉天主教,因为天主教自神圣罗马帝国以来就与哈布斯堡家族保持着紧密的联系。[1] 似乎可以认为,天主教在皇帝权力的正当化中发挥了重要作用,且在当时不愿与帝国社会中的其他宗教共存。

此外,各帝国皇帝的统治在理念上并非以现有疆域为对象,而是带有普遍性地辐射到更远的四方。就神圣罗马帝国的两个继任者,即哈布斯堡帝国及俄罗斯帝国而言,这种理念并非难以理解,但清帝国同样认为皇帝的德行泽被着整个世界,由伊斯兰教提供统治正统性的奥斯曼、萨菲、莫卧儿三帝国的皇帝也都自命为"世界的皇帝"。因此,当时帝国的领域并非受制于明确的国境线,当时的帝国毋宁说是一种征服的机器。一旦出现不遵从于本国皇帝威望与权威的政治势力,只要条件允许,以征服为目的的军事行动虽远必至。帝国随时具备扩张的意向,没有明确的国境意识。

---

[1] 南塚信吾:「東欧のネイションとナショナリズム」,『岩波講座世界歴史 18 工業化と国民形成』,岩波書店,1998 年,83 頁。

总结以上陈述，这一时期的"帝国"具有以下三点普遍性特征：

（1）支配着广袤的疆土，不同文化环境（族群）的居民共存其中。

（2）保有进行有效统治的政治管理形式与强有力的军队。

（3）具有保证统治正统性所需的理念。

以上三点似乎是古今东西大多数政体的共同特征。因此，可能会有批评的声音认为，此处及下文中使用的"帝国"这种分类方式过于相对或过于随意，但在接下来的论述中，读者应可判断出本章使用"帝国"来进行政体分类的原因。

三、西欧的王国

亚欧大陆除了上述诸帝国之外，主要政治体是存在于大陆西部的西班牙、葡萄牙、法国、英格兰、尼德兰等王国及与之相似的政权。在斯堪的纳维亚半岛、亚平宁半岛以及两半岛的周边地带，同样也分布着一些王国。相比帝国，这些王国的支配领域规模较小，但其领域内同样存在着各种各样的居民。这些语言与宗教各异的人们仅仅作为国王之臣民被统合在一起，并不具备如法国人、瑞典人这种现今意义上的明确的国民意识。王权的正统性通常由天主教或新教等王国内部的主要宗教来确保与强化。此外还需注意，国王或者政府并不独占王国领土内所有的权力。国王及政府并不掌握所有的军事力量，且当王国内部出现争端时，村镇的名宿、宗教家、贵族等会从各个层面进行调解与解决。民众的出生、婚姻、死亡原则上并非由政府机构而是由宗教机构进行管理。根据各地的实际情况，还会出现相当程度上独立于王权之外的自治都市或教会。① 考虑到以上因素，称欧洲各地的王国为小规模帝国亦不为过。

但是，此处需要额外关注这些王国中的一部分——具体而言是法兰西与英格兰，这两个国家的国王实行将统治区域内部的政治统一（王权强化）与宗教统一相联结的政策，法国南特敕令②的废除，以及英国爆发的清教徒革命③、光荣革命④皆与该政策密切相关。英、法两国中，国王之宗教即臣民之宗教，相比同时代各帝国中多宗教共存的统治

---

① 这些可以看作田中明彦所指出的"中世纪"特征。『新しい中世—二一世紀の世界システム』，日本経済新聞社，1996年。
② 译者注：法国国王亨利四世于1598年颁布敕令，承认法国国内胡格诺教徒的信仰自由，并在法律上享有和公民同等的权利，史称"南特敕令"。但是路易十四于1685年颁布《枫丹白露敕令》，宣布新教为非法，南特敕令亦因此而被废除。
③ 译者注：1642年至1651年，英国议会派与保皇派发生一系列武装冲突及政治斗争，英国辉格党称之为清教徒革命，最后结果为克伦威尔建立了英格兰共和国。
④ 译者注：克伦威尔死后，1660年斯图亚特王朝复辟，1688年辉格党和托利党发动不流血革命，废黜詹姆斯二世，迎接其女儿玛丽和女婿荷兰执政威廉到英国来，尊为英国女王及国王，即玛丽二世和威廉三世，确立了君主立宪制，史称"光荣革命"。

前提，两者的差异显而易见。正如在讨论帝国的特征时所述，这种倾向似乎与基督教教义有关。同时期的中欧经过16世纪的宗教内战后，各小诸侯国内的宗教也趋向于与统治者所信奉的天主教或路德派新教保持统一，这似乎亦印证了上述观点。

这一时期，除了宗教外，还可以看到如法国设立了法兰西学院，出现了在语言或广义的文化层面寻求统一的动向。对于现代人而言理所当然的"中央集权"这种统治手段，在当时的世界中尚未普及，因此为何在当时的法国及英格兰会明确显现出这种倾向，是一个值得探讨的课题。具备多种要素的各领域逐渐受到中央集权式的统一，这种政治动向①在当时的语境中可以被解释为：国王或政权的创建者意图进行权力集中，即一般所称"王权至上"。但这种方向在不知不觉中更进一步，走向了主权国民国家的创建。

在斯堪的纳维亚半岛以及中欧、东欧、南欧，并未看到类似于法兰西王国或英格兰王国这样极端中央集权化的动向，因此这种动向不能被一般化，视为地理意义上"欧洲"的特征，毋宁说这在那个时期的欧洲属于例外动向。在当时的亚欧大陆西部，存在着与帝国具有相似构造，内部保持多

---

① 三谷太一郎用"通过模仿和排除形成了区域集团成员的同一性（'国民性'）"这一表述说明了该现象。三谷太一郎：『日本の近代とは何であったか』，岩波書店，2017年，20頁。

样性的王国,亦存在着指向强力统一的王国。

从17世纪开始,许多人从西班牙与英伦诸岛移居至南北美洲。与这一时期亚欧大陆上抱有"共存"理念的帝国不同,美洲大陆上逐渐形成了另一种"帝国",在这样的"帝国"中,外来人群将自己与原住民严格区分,在广大的区域内统治后者,乃至驱逐后者。但是在某些西班牙的殖民地中,殖民者的后代逐渐本土化,西班牙人男性与当地女性开始通婚,统治者与被统治者间的界限逐渐模糊。这一时期的西班牙帝国与亚欧大陆的帝国存在结构上的差异,也并非后文1900年世界全景图中所述的、作为国民国家的"本国+海外殖民地"模式,如何将这一时期的西班牙帝国类型化,留待今后讨论。①

四、日本及其他政体

当时支配着日本列岛的德川政权的政治构造与社会秩序是非常难以判断的。一方面,德川政权治下有着世界范围内仅次于清帝国与莫卧儿帝国的3 000万人口,从这一点来看,日本是十足的帝国。但是另一方面,幕府统治下的人口在语言与宗教上并不具备其他帝国的多样性。日本是一个岛国,四面环海,与朝鲜半岛以及中国的政权之间存在一

---

① 在山本有造《帝国的研究》(帝国の研究)中,山本有造用"海洋帝国"(第19—24页)一词、山本正用"殖民帝国"(第229页)一词对西班牙帝国进行说明。

第九章　为推进新世界史描绘的四张全景图　253

定程度的明晰"国境"。① 由于海禁政策阻止了日本与海外的往来，日本列岛上的人们，尤其是当时的知识分子间逐渐形成了自我认识与世界认识，即将荷兰人、中国人、朝鲜人、阿依努人视为他者，将居于日本列岛的人视为日本人。当然，这种认识在当时还未十分清晰。此外，以神佛习合②为特征，在日本列岛的大部分地区呈现出比较共通的组织化宗教信仰，该信仰完全受德川政权统制。虽说目前还未完全明确统治的正统性来源③，但考虑以上几点可以发现，德川政权治下日本列岛的政治社会状况，似乎与同时期欧洲的英、法两国相似。似乎可以认为，当时的日本列岛已经形成了不同于英、法的日后主权国民国家的原型。

在东南亚与北非，还存在着一些与亚欧大陆中部诸帝国有密切关联的王国，这些王国的规模不及日本。在这些被称为曼陀罗国家④的东南亚诸王国中，国王的权威及势

---

① 关于德川政权在一定程度上意识到自己的政治、法律所管辖的地理空间也存在于海上，参考以下著作：Haneda Masashi, "Le Japon et la mer", Christian Buchet et Gérard Le Bouëdec (ed.), *La mer dans l'histoire 3: La période moderne*, Boydel Press, 2007, pp.564-579。但是，从琉球王国分别向德川政权和清帝国朝贡可以看出，该意识与近代以后明确的"国境"概念并不相同。
② 译者注：古代日本盛行自然信仰，公元6世纪，佛教经中国传入日本，与日本原始自然信仰接触、融合，神道观念逐渐形成，并与佛教相依而存，成为合二为一的信仰体系，这一过程被称为"神佛习合"。
③ 也可以认为是天皇的存在确保了这一点。
④ 译者注：曼陀罗体系由沃尔特斯（Wolters）于1982年提出，用于描述东南亚历史早期各种分散的政权形式，在这些地区，地方政权比中央政权的权力更大。这种非中央集权且国土经常伸缩变化的国家被称为曼陀罗国家。

力范围重合在一起,并无明确的国境,王权对人口的占有欲强于对土地及领土的关心。在有些王权所辖的空间中,同时存在着当地的"王权",这些当地"王权"并非完全臣属于上级王权,有时其权威及政治力量甚至会蔓延出上级王权所统治的空间。[1] 同诸帝国一样,东南亚及北非各王国的区域内共存着多种多样的人群,但在政治权力和宗教的层面上,并无强烈的统一趋向。

还有一种政体,即存在于亚欧大陆中央草原地带的准噶尔等游牧民族政权。这些政权不保有由国境线分隔开的明确领土,其政治军事影响力所覆盖的地理范围亦不明晰。姑且可将这些政权归类为王国,但其并不具备如固定居民社会中那样复杂的政治组织形式。在火器不具备优异性能的时代,这些政权以骑兵为主体的军事力量对周边的帝国与王国而言是重大的威胁。

除却由相对强有力的权力阶层统治的大规模人类集群所形成的帝国或王国之外,在大洋洲、非洲、西伯利亚以及南北美洲的部分区域,还分布着不具备"帝国""王国""国

---

[1] 奥利弗·华特斯(Oliver Walters)提出的关于曼陀罗国家的想法,参考以下书目,桃木至朗:『歴史世界としての東南アジア』,山川出版社,1996年。白石隆:『海の帝国—アジアをどう考えるか』,中公新書,2000年。早瀬晋三:『マンダラ国家から民族国家へ 東南アジア史の中の第一次世界大戦』,人文書院,2012年。此外,关于王权对人口占有的重视强于对土地支配的重视这一点,参考アンソニー・リード:『大航海時代の東南アジア Ⅰ』,平野秀秋、田中優子訳,法政大学出版局,1997年,168—170頁。

家"这种明确统治机构的小规模人类集群。这些集群保持着自立的状态,不从属于其他的集群。在这些集群内部或集群之间,理应存在着具有特征性的秩序体系,但由于现阶段资料匮乏,这些体系尚未得到清晰的阐释。①

综上所述,这一时期的世界政体大体可以归类为帝国、王国(王权与社会的特征各异)、小规模的独立集团三个范畴,每种范畴中都存在着保有不同政体特征的政治实体。可以说,当时各区域的人类集群都有着最适于当地社会统治、秩序维持的特征性政体。但是与"国民意识"强盛的现代所不同的是,生活于同一政治体下的人们对该政治体并不一定怀有共同的归属意识。有些语言与风俗相近的人分属于不同的政治体,同时一些语言与风俗相异的人属于同一个政治体。许多时候,这些政治体统治的地理空间的界限模糊,时常发生变迁,政治体的领土并非通过国境线明确划分。②

现代的历史研究者经常将记录各帝国与王国的过去的

---

① 例如,关于在太平洋孤岛复活节岛上修建摩艾石像的经过,戴蒙德(Jared Diamond)经过不断调查情况、积累证据,得出了有趣的结论。但是,毋宁说这是一个例外,对于其他各种少数集群的过往几乎还没有先行研究。ジャレド・ダイヤモンド:『文明崩壊』上,楡井浩一訳,草思社,2005年,124—190頁。

② 虽然是仅限于所谓的"西方"的讨论,但以下著作可以在思考国境和归属意识的问题上提供帮助。Charles S. Maier, *Once Within Borders: Territories of Power, Wealth, and Belonging since 1500*, The Belknap Press of Harvard University Press, 2016.

文献当作史料使用，笔者切切直言，这些文献描述的只是帝国、王国，或者帝王、国王的历史，而并非其治下居民共有的"我们的历史"，即现代社会中的国家史。

第三节 1800年的世界

一、帝国的变动与亚欧大陆东部的安定

比较1800年与100年前的世界，目光所及的首先就是亚欧大陆上几大帝国的变动。清帝国与俄罗斯帝国分别通过征服亚欧大陆的内陆地区扩张了版图，更加多样的人群被置于两大帝国的统治之下。100多年前，准噶尔及哈萨克等强大游牧民族政权所在的亚欧大陆中央地区大半已被纳入两大帝国的版图。[1] 随着由火器发展带来的战争中战略与技术的变革，曾凭借机动能力统治广袤地域的游牧民族军事力量已呈现明显的弱势。势力范围逐渐接壤的清与俄罗斯两帝国，通过条约划定了双方领土的地理范围。这件事情意义的深远之处在于，双方承认了帝国的领土存在着边界。

位于亚欧大陆南部的萨菲帝国业已消失，莫卧儿帝国也几乎失去了作为帝国的统治实态。奥斯曼帝国由于与俄罗斯、哈布斯堡两帝国围绕领土发生军事冲突，又遭法军入

---

[1] 野田仁：『露清帝国とカザフ＝ハン国』，東京大学出版会，2011年。小沼孝博：『清と中央アジア草原遊牧民の世界から帝国の辺境へ』，東京大学出版会，2014年。

侵埃及,其统治领土发生了萎缩,但自西亚至东欧的广阔土地上多种多样的族群依旧在其统治范围之内。哈布斯堡帝国被卷入了与新兴普鲁士的对抗,以及与大革命后法国的战争,受困于严重的政治、军事问题,但与此同时,也从奥斯曼帝国取得了新的领地。

与百年前相比,各大帝国的领土虽然发生了相当程度的变化,有些帝国甚至已经灭亡,但是帝国这种政体依旧作为统治多样族群的组织形式,在亚欧大陆上的众多地区发挥着作用。

1800年前后,位于亚欧大陆东部的国家,如日本、朝鲜等,保持着与百年前相比无甚变化的安定社会政治体制,以及稳定的双边关系①,日本的幕藩体制即此中典型。东南亚地区发生了许多值得关注的现象,具体如中华大地的人口在整个18世纪中不断向东南亚各地进行大规模迁移;1782年,泰国建立却克里(Chakri)王朝;1802年,越南建立阮朝;荷兰东印度公司将爪哇岛的部分地区变为殖民地等。然而从整体上看,东南亚并没有发生对此后的世界造成重大影响,或者因被世界其他地区的动荡所牵连而造成的政治与社会秩序变化。从这层意义上来说,当时世界上大部分地区在经济上已发生了松散的联结,但在政治上依旧以

---

① 羽田正编:『海から見た歴史』,東京大学出版会,2013年。特别参考"第三部分 共存的海洋 1700—1800年"(第Ⅲ部 すみわける海 一七〇〇—一八〇〇年),第186—272页。

自律性的节奏独自运转。

二、主权国家与国民国家

在考察这个时期的世界时,必须关注两种逐渐诞生的新政体,这些政体拥有与既存的帝国与王国不同类型的政治与社会组织形式,并对后世产生了巨大影响。第一种新政体是英、法等主权国民国家,第二种是美利坚合众国。

首先整理一下与世界的现存形态直接相关的主权国家与国民国家这两个词语的意涵。在日语中,这两个概念有时几乎被视为同义,但事实上,他们在用法上应该被明确区分。

主权一词,对内指的是在某一空间内部集合构成国家的人类集群所拥有的最高统治权力,对外指的是不接受一切外部干涉,独立进行自我治理的权力。[①] 因此,主权国家是拥有这样的主权,且保有通过国境线与外部明确区分开的内部空间的政治体。至于构成该政治体的人类集群中由谁实际行使主权并不构成问题,皇帝、国王、总统、"国民"皆可。此外,该人类集群是否共享同样的语言、宗教、生活习惯、价值观、归属意识,即是否属于同一族群亦不构成问题,史上屡见多种不同特征的人群达成共识后,共存于同一个

---

① 大沼保昭:『国際法—はじめて学ぶ人のための』(新訂版),東信堂,2008年,149—153頁。

主权国家中。例如,这一时期的哈布斯堡帝国与俄罗斯帝国亦可被视为主权国家,其治下存在着多样化的人类集群。在16—17世纪的中西欧地区,在君主之间互相争斗并随之强化各自权力的过程中,主权国家的概念和组织形式逐渐诞生,并开始受到重视。

有关国民国家,自20世纪80年代前期安德森、霍布斯鲍姆、盖尔那等提出该课题以来,国内外已进行了大量研究,发表了相当数量的成果。① 此处笔者不详细展开讨论,仅简单说明目前已取得多数人共识的国民国家的意涵。

该词译自英语中的"nation state"。首先,由围绕词源或语义展开的细致讨论可知,其中的"state"意为国家或政

---

① ベネディクト・アングーソン著、白石隆・白石さや訳:『想像の共同体—ナショナリズムの起源と流行』,リブロポート,1987年［原著刊行于1983年,原著改订版刊行于2006年,其翻译（校订本）刊行于2007年］。エリック・ホブズボーム、テレンス・レインジャー編、前川啓治・梶原景昭訳:『創られた伝統』,紀伊国屋書店,1992年（原著刊行于1983年）。アーネスト・グルナー著、加藤節監訳:『民族とナショナリズム』,岩波書店,2000年（原著刊行于1983年）。关于国民国家相关概念的整理,参考塩川伸明:『民族とネイション—ナショナリズムという難問』,岩波新書,2008年。"Nation state",抑或"国民国家"是日本人文社会科学中十分重要的主题,因此学者们应更加致力于与其他国家的研究人员进行坦诚的意见交流,提供有关日本的信息。遗憾的是迄今为止,在日本国内的讨论几乎仅仅局限于日语之中。相对的,海外研究者的主要著作都被翻译成日语,在对这些著作进行深入研究的基础上,由日语展开的讨论质量应当非常高。现代日本是世界上最典型的国民国家,学者们在展示具体例证和思考方法的同时,也应该以迄今为止日本所积累的研究为基础,用英语乃至其他外语提出意见,发表有关国民国家的历史和特征的研究。对于使用日语研究相关主题的人文社会科学学者而言,这是职责所在。

府,"nation"意为"基于共同的血统、语言、文化、历史、区域等要素形成的共同体或由个人组成的大集群"。因此,这样的集群如果拥有自我治理的政府,就构成了"nation state"。用更简单的阐述方式来说,某一国家领域内的人如果可以被归为国民,这个国家即是"nation state"。

日语与英语中的"国民国家"与"nation state"作为词组表达了相似的意涵,但是拆分为构成词组的单词后,则立刻出现了翻译上的难题。"Nation"的适用范围比"国民"更广,同时"国家"具有比"state"更宽泛的意涵。简单举例,"United Nations"(联合国)中的"nation"单独翻译为日语的话一般译为"国家"。而"United States"(美国)中的"state"单独翻译只能译为"州"。这些翻译上的问题需要格外关注,但是可以认为,国民国家与"nation state"作为一组术语近乎同义。

与主权概念的明晰化相联动,整个18世纪中,在西欧地区,逐渐有越来越多的人意识到自己是"英国人"(British)或"法国人"(Français),不仅是知识分子,一般民众也逐渐具有了这种认知。[①] 国民国家成立的充要条件是拥有固定的领土范围,且范围内的居民具有国民意识。该现象之所以率先见于英、法两国,与两国百年前即是走向政治与宗教统

---

① リンダ・コリー著、川北稔訳:『イギリス国民の誕生』,名古屋大学出版社,2000年。

一的独特王国有一定关联。

琳达·科利(Linda Colley)认为,18世纪英国人国民意识(Britishness)高涨的原因之一在于与法国之间持续的战争。科利的对外关系导致内部"英国"意识逐渐加强的主张亦适用于说明,法国大革命时法国各地聚集的义勇军在与外国军队的战斗中逐渐增强了作为"法国人"的意识。在思考"nation state"的特征时,科利的观点相当具有启发性。国民意识并非在某地、某时基于某人的明确指导产生,而是经过一定时间后,在人民之间逐渐酿成的。

与英、法两国的情况不同,在美洲大陆拥有众多殖民地的西班牙王国曾探索过包括殖民地居民在内的整体国民意识,但这种自上而下的国民国家化最终未能实现。①

国民国家已包含了现代人所理解的"国家"的基本特征。② 在划定的国境线范围内,生活着共享语言、宗教、风俗等,即广义上文化的人类集群。他们作为"国民",保有对于国家的归属意识,如在法国即认为自己是法国人,在日本即认为自己是日本人。而且,国家拥有着唯一的政府,管辖由国境线框定的区域以及在这片区域里居住的国民。

这样的国民国家的管理形式与主权这一概念融合后,

---

① 安村直己:「クリオーリョ・啓蒙・ナショナリズム—スペイン王国における言説のせめぎあい」,『岩波講座世界歴史16　主権国家と啓蒙』,1999年,131頁。
② 此处的"国民国家"是日语语境中的用语。

其有效性得到了释放。拥有主权的国民国家政府对内可以进行自我治理，对外可与其他主权国家交涉，此外，政府还独占性地保有军队以及警察等暴力力量。在自我治理的层面上，国民国家的统治正当性显而易见。虽说需要注意"国民"这一意识是如何被确立的，但只要"国民"意识不发生动摇，人们没有发生分裂，国民国家的统治正统性就不容置疑，亦不需要宗教来对其正当性进行保障。从这一点可以看出，帝国与国民国家两种政体在构造上存在着巨大差异。

主权国民国家的建立需要以下两个条件：（1）构成国家的人类集群拥有被国境线划分的固定领土；（2）人类集群作为统一的"国民"保有对国家的归属意识。在此之前100年的1700年，世界上还并不存在这样的国家，即使在1800年，也不能明确认定这种国家的存在。例如，拿破仑初掌大权的1800年的法国，就无法被称为国民国家。但是，形成国民国家原型的思考方式已经在18世纪的启蒙思想中诞生了。借由法国大革命以及19世纪中的一系列对外战争，以及以"国民"教育为主的各种政府举措和知识分子们的学术生产，居住在法兰西土地上的人们逐渐共同拥有了法国人这一意识。这种意识与主权概念相结合，形成了国民国家这一全新的社会政治的思想与形态，经过100年左右的时间，缓慢浸透于住在法国土地上居民的意识中。在1800年的世界上，国民国家确实已然呼之欲出。

三、美利坚合众国的成立

1783年,美洲大陆上一个新的国家——美利坚合众国诞生了。这个国家在整个19世纪中征服了居住着大量原住民的广袤土地,将北美大陆的中央部分置于统治之下。美国征服了原本属于他者的居住区域,独立时13个州的文化特征存在着相当大的差异。从这两点来看,美国也可以被称为某种帝国。[1] 此后,美国否认了远方的英国国王及其政府的统治权,基于自民自治的主权国家观念,成功地从英国独立了出来。也就是说,新建立的美国在具有帝国属性的同时也是主权国家。正如其国名美利坚合众国(United States of America)所示,国家由拥有独立权限的强有力各州联合而成,采用了联邦制。从19世纪中叶美国经历了南北战争这一点来看,似乎不能认为在1800年,全体美国人就已经具有了可以被称为"国民国家"的一体化意识。[2]

对宗主国英国的反击与对抗心理构成了美国独立的契机,但是美国维持着当时世界上罕见的没有皇帝、国王

---

[1] 将美国视为帝国的研究有很多,本书特别参考了 Charles S. Maier, *Among Empires: American Ascendancy and Its Predecessors*, Harvard University Press, 2006。

[2] 但是在美国史研究中,有贺夏纪将19世纪的美国理解为"在向西部扩大领土的同时构建了近代国民国家"。有賀夏紀:「ジェンダー—社会の成立、展開、フェミニズムからの挑戦—十九世紀アメリカ史の一解釈」,『岩波講座世界歴史18 工業化と国民形成』,岩波書店,1998年,261頁。

等世袭统治者的政体,这样的国家在独立之后应当通过怎样的理念聚集民众,从而建成一个统一的国家呢?除了独立初期与19世纪初的美英战争之外,美国并未发生过迫使人们必须团结在一起的严重外部危机,整个19世纪中,美国又迎来了大批来自欧洲及亚洲各地的移民,此外,生活在美国本土的还有很多人的身份是"奴隶"。除以上要素外,还要考虑原住民的存在。可以想象,要把这些多样的人群团结成整体并建立国家并非易事。将他们作为"国民"统合起来的理念究竟是什么呢?笔者脑中浮现出了民主主义(Democracy)、西部精神(Frontier Spirit)、美国梦(American Dream)等词语,但依旧未获得明确答案。美国的建立过程和国民构成与西欧诸国相比存在巨大差异,因此,其用以统合国民的理念是具有全球史研究价值的重要课题。

前文已经简要说明过,19世纪初,随着美国独立、法国大革命以及之后欧洲各国间的动乱,主权国家与国民国家的概念逐渐在大西洋周边区域蔓延开来。之后的20年间,一些新的主权国家陆续从拉丁美洲的西班牙与葡萄牙殖民地中独立出来。这些都是广义上的民族主义运动。1800年的世界中,民族主义这种新的政治思想与运动已经在一部分地区具备了力量,开始对社会产生影响。

拉美诸国,特别是其中领土广袤的阿根廷、巴西等,都与美国一样,是从西欧宗主国独立,且具有帝国与主权国家双重属性的国家。但是,自19世纪中后期至整个20世纪,两者经历的道路大不相同。理论上,拉美诸国较美国先成为国民国家,其社会理应更加安定,但事实并非如此。为何两者走向了不同的道路?这一问题也是全球史研究中极好的课题。

四、其他区域

英国由于美国独立丧失了北美大陆上的大部分殖民地,但同时也陆续在印度、大洋洲等地摄取了新的殖民地,特别是澳大利亚大陆及新西兰等位于地球另一侧的地区与英国间的联系日益加深。100年前,地球各地分布着无须强力统治机构管辖的小规模人类集群,但是到了这个时期,这些集群中的大部分已被置于英、法、俄、清等强大政治体的统治之下。当时除撒哈拉以南的非洲大陆和南极大陆外,地球上几乎所有的陆地都通过各种形式与国家这种政治体发生了直接或间接的关联。

第四节 1900年的世界

一、旧式帝国与国民国家

相较于百年前,此时出现了一些世界规模的巨大变动,这些变动的规模远远超过1700—1800年间世界的变化。变动可大致理解为两种类型:第一类是由于国民国家兴盛导致旧式帝国陷入困境,第二类是与国民国家兴盛相关联的新式帝国诞生。本节中将按顺序对这两点进行说明。

除却18世纪初消失的萨菲帝国和1858年灭亡的莫卧儿帝国,屹立于亚欧大陆200余年的清、俄罗斯、奥斯曼、哈布斯堡这各有千秋的四大帝国,这一时期依旧存在,但是其统治形式和支撑这种形式的理念都发生了巨大动摇。各大帝国都进行了意图重振体制的多种改革,这些改革具体的推进过程及语境各有不同。四大帝国在政治与社会方面的改革可枚举如下:俄罗斯进行了农奴制改革,设立了地方自治会(zemstvo);清廷开展了洋务运动;哈布斯堡变革为奥匈帝国;奥斯曼颁布了坦齐马特①宪法。这些维持了200年以上安定统治的帝国不约而同地进行政治与社会改革,其中的理由可归为以下两点,依据各帝国的具体情况,这两点中的某一点构成了改革的主要理由。

第一点是帝国统治下多种多样的人群以各自的语言或宗教为内核,主张建立新的族群归属意识,他们形成集群,开始抵抗帝国宽松但未必对自己有利的统治。这一理由适用于奥斯曼与哈布斯堡两帝国。这两个帝国支配下的众多人类集群受到了100年前在大西洋世界蔓延的民族主义的思考方式的影响,开始与帝国政府对抗,以求获得新的身份认同及独立地位。希腊从奥斯曼帝国独立,以及奥匈帝国

---

① 译者注:奥斯曼帝国19世纪中期为巩固统治而推行的改革运动,"坦齐马特"即土耳其语中的"改革"(Tanzimat)。

的建立即个中典型。而俄罗斯帝国境内也发生了波兰与乌克兰的暴动。原本用以保证这些皇帝统治正统性的伊斯兰教、天主教、东正教等宗教权威,愈发强硬地迫使帝国治下的人们普遍信教,但结果反而加剧了政局的动摇。

第二点是国民国家相较于帝国在政治与社会管理形式上的优越性。原本帝国较重视治下各地区及各类人群的自主性,在其广大领土中实施较为松散的统治,有时会依据各地与中央政府的距离,以及各地有力人士与皇帝的关系,在当地采用不同的统治方法。总之,虽然管理程度松紧有别,但帝国中央政府的统治不会下降至居民的个人层面。从各地征收来的税金的使用方法也并非全由中央政府决定。皇帝身边可控制的常备军人数稀少,当有任务时,需要募集雇佣军。帝国的特征在于不会将多样的人强制统合在一起,而是对居民实施着未必平等却具有柔性的统治。

与之相对,国民国家的特征在于,在通过国境线明确划分出的较帝国更小的领土内,实行整齐划一的中央集权式的统治,并且落实到基层。在民族主义背景下,具有平等权利与义务的每个国民都被登记在册,生死、婚姻等原本属于教会或寺庙管理的事务亦由政府造册。政府依据整理好的各种账册收缴税金,并作为交换提供行政服务。国家权力中立法、司法、行政三权分立。原则上,国民国家全民皆兵,由国民组成的军队具有保卫自己国家的意识,因此士气高涨。同时,军队还配备了最新式的武器,具有强大的战斗力。

可以看出,在关于统治领土的思考方式以及基于这种思考方式的政治社会管理形式方面,国民国家与帝国存在着根本性区别。整个19世纪中,英、法、德、日等国民国家的体制逐渐完善,经济、军事实力大幅增强,而与这些民族国家作战的帝国开始处于下风。19世纪中叶俄罗斯帝国与英、法间发生的克里米亚战争,清帝国与英、法间发生的鸦片战争、第二次鸦片战争等,即是此中明证。我们同样也可以在这一语境中解释日本成为国民国家后实力大涨,接连在中日甲午战争与日俄战争中获胜的原因。

帝国承认国民国家在统合理念以及政治、行政、军事等制度层面具有先进性,并屡屡试图将这些先进理念与体制引入本国,然而,这对既存的政治社会管理形式造成了巨大的负担,反而成为造成帝国急剧混乱的病灶。奥斯曼帝国的泛奥斯曼主义以及哈布斯堡帝国的大德意志主义的失败即此中典型。帝国必须借助某种理念,才能将已被民族主义启蒙的多种多样的人群团结在对帝国的归属意识下,然而这种理念着实难觅。

不过,在亚欧大陆的中央及东部地区,国民国家的统治系统还未传入,或者只得到了片面性的理解,因而俄罗斯帝国在这些地区还维持着一种表面上的扩张态势。① 纵观当

---

① 例如亚欧大陆中央地区俄属突厥的建立、西伯利亚铁路的建设、中日甲午战争后的三国干涉还辽等。

时的世界情势，似乎无法轻易解答俄罗斯帝国何以能够扩张。但事实上，旧式帝国的统治与支撑这种统治的理念已经走到了尽头。

二、新式帝国

在被称为帝国主义时代的当时，在亚欧大陆的东西两端及美洲大陆上，即旧帝国的领域之外，出现了结构上不同于旧帝国的新式帝国。这些新帝国是保有殖民地的民族国家。① 具体而言，这些国民国家包括英国、法国、德国、荷兰、日本等，它们具备新型的政治与社会管理体制，在体制的背后则有着支撑性的理念。它们以共同享有国民意识的民众团结在一起形成的本土为核心，在国外互相竞争，夺取殖民地。毫无疑问，这些殖民地原住民与本国的国民分属于不同的族群。

当然，如果如此定义新式帝国，那么笔者至今仍无法判断，美国是否是与以上国家拥有相同政治制度及社会管理形式的国民国家。一方面，从领土的规模与统治的理念来看，当时的美国可以被视为拥有与新帝国不同统治形式的新型国家；但另一方面，事实上美国和以上新帝国一样，都以本国为核心，试图获得海外殖民地。在那个时代，夺取海外殖民地通过被美化为"使其文明化的使命""西部精神"得

---

① 山室信一称其为"国民帝国"，并展开了更为细致的议论。山室信一：「「国民帝国」論の射程」，山本有造：『帝国の研究—原理・類型・関係』，名古屋大学出版社，2003年，87—128頁。

以正当化,是国民国家的普遍行为。这些国家将大片土地,特别是非洲及东南亚的诸多地区划为自己的殖民地。

如果不拘泥于国别史或两国关系史的语境,并且忽略各国在政治构造与社会秩序方面的细微差异,那么这些新帝国的构造可以被单纯地比喻为荷包蛋型。紧密地团结在一起的国民国家是中央的蛋黄部分,包裹着国民国家的殖民地是蛋白部分。蛋黄与蛋白的比例每个国家都不相同:英国拥有印度、加拿大、澳大利亚以及非洲大部分地区,其蛋白比例远远超过蛋黄;美国只占据加勒比海的一部分海岛与菲律宾,其蛋黄比例远远超过蛋白。①

如果新帝国的构造可以被看作荷包蛋的话,那么旧帝国的构造则可以被比作炒蛋。从基本的统治构造来看,旧帝国在统治中心并不存在明确的族群统治集团,蛋黄和蛋白不加区别地被搅和在一起。②

国民国家需要统合国民的理念,并建立与国民相匹配的、具有特征性的政治制度和社会秩序,因此并非全世界所有人类集群都可以无障碍接纳这种新式的政体,旧帝国尝试导入这些新理念和制度却进展不利便是明证。在撒哈拉

---

① 当然,如果把在整个 19 世纪前半期为"开拓"西部地区而进行的移民看作殖民地建设运动的一种,那么美国版图中蛋白的比例将变得相当高。

② 着眼于新旧帝国类型区别的霍斯金用"Russia was an empire; British had an empire"(俄罗斯曾经是一个帝国;英国曾拥有一个帝国——译者注)这一准确的说法来表现出两个帝国的不同(Charles S. Maier, *Among Empires: American Ascendancy and Its Predecessors*, Harvard University Press, 2006, p.5)。

以南的非洲地区，语言、宗教、风俗、行为模式等要素在同一地理范围内错综复杂地交织在一起，形成了多层次的社会。居住在这些区域的人们无法接受国境内的所有人具有同样的归属感这种国民国家的思考方式，正因为此，这些区域的人无法集合起来，抵抗具有强大军事实力的西欧诸国。其结果是新帝国可以轻易地对非洲及大洋洲的土地陆续进行人为分割，将这些区域变为殖民地。

有人认为，国民国家是欧洲近代特征性的统治管理形式，这种理解并不正确。例如，地理上处于欧洲的哈布斯堡帝国就无法采用这种国家体制。如果导入这种体制，哈布斯堡帝国就只能陷入境内各族群割据的瓦解状态。即使真的不计后果采用这种休克疗法，由于有些欧洲国家的领土内同样存在多种多样的人群杂居的情况，各地也无疑会发生更为复杂的争端。20世纪90年代发生的南斯拉夫内战的惨状正昭示了这种结果。

在欧洲以外，也有顺利地引入了国民国家模式的地区。在19世纪上半叶就已从西班牙、葡萄牙独立的拉美诸国，当时便正朝着建设国民国家的方向坚定地迈进。[①] 在日

[①] 虽然拉丁美洲在19世纪前半叶接连建成国民国家，然而考虑到许多国家属于西班牙的殖民地，官方语言也为西班牙语。因此，各国人们未必会思考本国国民共同的精神资源是什么、与其他国家有何不同，也未必会对自己的国家抱有归属意识。笔者在访问智利的时候尝试把这个问题抛给智利的研究者，但是并未得到满意的回答。也许这个在学术上已经有了答案，但就笔者个人而言，这是一个十分有趣的问题。

本，明治政府迅速地导入了西欧诸国的政治制度与社会管理形式，完善了具有日本特征的国民国家体制。本章在描绘 1700 年的世界全景图时已经论述过，日本列岛四面环海的地理位置孕育了日本作为国民国家的政治与社会结构特征，毫无疑问，这些特征也为国民国家建设在日本的新进展提供了支撑。

以 19 世纪西欧诸国的世界认知为基础形成的既存的世界史，将世界二元对立地分割为欧洲（约等于西方）与非欧洲（约等于非西方），认为两者分别拥有各自的过去。因此，在非欧洲世界中建立了国民国家体制的新帝国日本，被视为特殊的存在。在面临变为西方诸国殖民地危机的亚洲，日本成了唯一一个完成近代化的国家。欧洲列强中，正虎视眈眈地准备经略东亚的俄罗斯帝国纠集德国、法国，对日本实行干涉，令日本向清廷"归还"在甲午战争中侵占的辽东半岛，这一历史事实在客观上激发了日本"为了将亚洲从西方的侵略中'解放'出来，有必要作为盟主领导亚洲"这样企图主宰亚洲的言论的出现。确实，从世界范围内来看，日本可以无障碍地接纳国民国家这种新的政治制度，可称为例外，毕竟这对地理上处于欧洲的很多地区而言也并非易事。

然而，虽说国民国家这一概念本身首先是在西欧被明确地表述、确立的，但是这并不意味着只有欧洲才有适于产生国民国家的土壤。一旦被概念化并成为模板的国民国家群得以实际建立，那么在一定程度上具备前提条件的地区就会导入国民国家体制中的长处，进而开始建立这种新型国家。日本就是这其中最早实行国民国家化的国家。因此，只要摘除欧洲（约等于西方）与非欧洲（约等于非西方）二元对立的有色眼镜，就可以将日本的近代化置于与以往不同的语境中进行理解。

在1900年这个时间节点上，一方面，旧帝国企图通过改革维持其统治体制与社会秩序，另一方面，新帝国在互相争斗中将触手伸展至世界各个角落，将各地作为自己的殖民地。已强占台湾的大日本帝国毫无疑问是这些新帝国中的重要成员。帝国无论新旧，都被称为列强，所以日本无疑也是列强中的一员。日本通常将俄罗斯帝国视为想要侵略亚洲的欧美列强之一，但这是一种二重偏见式的认知方式。首先，西方知识分子中几乎无人将俄罗斯视作欧洲国家，其次，俄罗斯自身亦是为了图存而陷入苦斗的旧帝国，而非英、法那样的新帝国。

在以往的世界史研究领域中，这一时期一般被称为"帝国主义"时代。帝国无论新旧，都意图获取殖民地，并扩大自身的领土范围，在这层意思上，这种称谓并无不妥。但是我们不应忘记，尽管同为帝国，但在当时的世界上有着荷包蛋型的新帝国和炒蛋型的旧帝国。

综上所述，鸟瞰20世纪初的世界，可以描绘如下全景图：数个新旧帝国的版图覆盖了包括大洋洲岛屿在内的世界大部分地区，在帝国领土之外的西亚、东南亚的一部分地区,以及拉丁美洲等处,散布着一些不保有殖民地的民族国家与王国。这是一幅与 1700 年、1800 年相比发生了巨大变化的图景。之后不久,第一次世界大战爆发,国际联盟成立,其创始成员国只有 42 个[①],从这个数字可以看出,当时世界上具有主权的独立国家数目相当有限。

三、旧帝国的终结

有一件事情不能糅合进 1900 年的世界全景图,但在构思之后的世界全景图时必须有所考虑,那就是旧帝国的结局以及帝国旧土的后续走向,在此进行简略说明。

进入 20 世纪后不久,旧帝国的时代徐徐落幕。辛亥革命推翻了清帝国,俄罗斯帝国在第一次世界大战中爆发革命,走到了尽头,奥斯曼与哈布斯堡两大帝国也在第一次世界大战后灭亡。至此,1700 年开始存在于世界的各个旧帝国陆续消失,其旧土往后的走向则各具特征。

在萨菲、奥斯曼、哈布斯堡三大帝国的旧土上,不久之后就建立了多个主权国民国家。如前所述,这三个帝国并未采用由某个族群统治其他族群的结构,因此在这个层面上,我们无法将这些主权国民国家中的任何一个认定为帝国的直接继任者。但是事实上,领土内包含了旧帝国首都

---

① 译者注:1919 年 6 月 28 日签署《布鲁塞尔条约》加入国际联盟的国家被称为创始成员国。

的伊朗、土耳其、奥地利三国将帝国视作或"独占"为自己的过去,将帝国的史迹纳入本国史理解中。特别是存续至20世纪的奥斯曼与哈布斯堡两大帝国,曾经为了对抗治下蜂起的民族主义运动,采用了强调土耳其、德意志民族性的政策,这种政策对帝国灭亡后的发展走向产生了重要影响。除了伊、土、奥三国以外,成立于帝国旧土上的其余国家都将这三个旧帝国定位为征服者或入侵者,创作出了基于这种史观的本国史。

试着回溯1700年的世界全景图立刻可以发现,以上历史阐释与当时三大帝国治下人们的实际生活状况之间,存在相当程度的错位。一方面,伊朗、土耳其、奥地利三国的国民通过继承昔日帝国"荣光与苦难"的历史,巩固了其民族国家的基干部分。另一方面,曾经帝国治下的其他国家则通过将帝国时代解释为来自他国的殖民统治,激发与此抗衡的本国国民的民族主义,以此来强化这些国民对本国的归属意识。

曾被莫卧儿帝国支配的印度次大陆几乎原封不动地成了新帝国——英国的殖民地。第二次世界大战结束后,英国的殖民地统治政策激化了印度教与伊斯兰教之间的区分与对立,因此造成了独立后的印度与巴基斯坦分治的局面。

清帝国与俄罗斯帝国的情况与前几者不同。两大帝国虽然灭亡,但是其大部分领土都由直接继任者继承下来。苏维埃社会主义共和国联盟(简称苏联)继承了俄罗斯帝国除旧土西部之外的大部分领土。清帝国的领土在历经中华民国短暂执政后,由1949年成立的中华人民共和国继承,共和国几乎原封不动地保留了清帝国治下广袤的土地和多样化的人群。就这样,曾经旧帝国统治下的领土和人民经历了不同历史过程后,分别沿着不同的道路走向了下一个时代。

第五节 1960年的世界

一、主权国民国家群的诞生

第二次世界大战中,除了几乎原样继承旧帝国领土的苏联和中华民国之外,主要的新帝国分为两个阵营,围绕世界的霸权展开了争斗。最后获得胜利的是美、英、法等国与苏、中等国结成的同盟。战败的德、日、意三国丧失了所有的海外侵地,而属于胜利方阵营中的诸帝国在不久之后也必须直面各种严苛情况。

早在第二次世界大战爆发之前,反对新帝国殖民统治的、广义上的民族主义运动或抵抗运动早已在世界各地呈燎原之势。这些运动与导致帝国之间最终走向战争的敌对关系并无关联,而是对于文化环境与帝国本土差异巨大的殖民地居民来说,他们不可能产生与本土居民相同的归属意识和国民意识。在当时的世界上,本国应不受外国干预,行使自主决定权这种主权国家的思考方式,以及与该思考方式匹配的政治管理形式与社会秩序已然实现了相当程度的普及。所有民族都应建成独立的主权国家这种理想带给了身在殖民地的人们巨大的希望。因为帝国统治殖民地时采用了与帝国本土不同的政治体制,所以许多殖民地居民觉得,他们居住的区域与帝国本土是全然不同的地方。

早在第一次世界大战结束后,原属旧俄罗斯、哈布斯堡、德意志三大帝国的中欧与东欧各地就诞生了多个崭新的国民国家。这些国民国家群在第二次世界大战中分别被德国与苏联所控制,战后,它们重新获得了独立。在土耳其与伊朗等免于成为新帝国直接殖民地的地区,人们也热情地投入到了国民国家的建设中。菲律宾、印度尼西亚、印度、巴基斯坦等国也在战后不久分别从美国、荷兰、英国等新帝国手中赢得了独立。

其他国家如法属阿尔及利亚与越南为了争取独立,经历了激烈的斗争。在第二次世界大战结束后的十年间,民族主义运动在世界各地取得了丰硕的成果,亚、非各地诞生了许多独立国家。殖民地这种空间几乎消失,除却南极的地球各地几乎都被领土大小各异的独立主权国家群所覆盖。① 当然,日本无疑也是其中之一。

---

① 当然,这只是理论上的说法。在现实世界中,以美国为中心的西方诸国和苏联领导的华约诸国形成对立,在其各自的集团中时有美国和苏联的意向影响其盟国的情况发生。美国和苏联等大国给予刚独立的新兴国家提供经济上的援助也十分常见。进一步而言,有些"国民国家"只是一种形式,其领土内存在多股对立势力。实际上并非所有国家都是独立稳定的主权国民国家。

二、旧帝国的继任国家

让我们关注"主权国民国家"群中的苏联、中国、印度三国。这三个国家具有 1700 年的世界全景图中讨论的旧帝国继任国的特征,三者在 20 世纪的国际潮流中,分别建立了主权国家,但是其特征十分复杂。

正如"1900 年的世界"一节所述,苏联与中国分别继承了俄罗斯与清两个旧帝国的大部分领土。在旧帝国广袤的疆域中,多样的民族共同生存,而且两个旧帝国的版图在近 300 年里不断膨胀。由于两大帝国领土接壤,人们很容易忽略一件事情,即两帝国将亚欧大陆中部的丝绸之路地带划分后,分别编入了本国的领土中。往昔,这一地带存在着由半独立的城市联结起来的交易网络,游牧民族则把政权的基干部分置于该地带的草原地区。俄罗斯与清两大帝国在 18—19 世纪中陆续征服并合并了与莫斯科周边或北京、上海等地文化环境截然不同的丝绸之路地带。在民族主义勃兴之际,两帝国之所以未能创出具有共通归属意识的"国民"理念,理由之一正是领土内居民族群的多样性。此外,皇帝与保证皇权统治正统性的宗教也不够强势。由此,旧帝国的社会秩序开始崩塌,帝国无法维持自身的统治体制,最终走向灭亡。

问题在于,继承了两帝国大部分领土的苏联与中国内部依旧存在着多样的族群,但两国顺利建成了新国家,其中的原因何在?旧帝国是如何转型为新国家的?这个问题存在多种解答。其一,两个国家将广袤国土中少数民族大量聚居的区域明确设置为半独立的共和国(苏联)或者少数民族自治区(中国),表达了对少数民族的尊重,这一点对于国家成功转型非常有效。其二,运用本书此前解释并说明的方法,可以发现强大的社会主义理念保证了这两个国家的正统性,社会主义作为一种新的"信仰",为上述问题提供了一个答案。作为一种新的统治理念的社会主义在国家统一层面极其有效。东欧及南斯拉夫各国的建国也可以通过社会主义理念进行说明,虽然这些国家的规模较两大国有一定差异。

回过头来看印度,直到19世纪中期为止,印度全境都是英国的殖民地,其后历经百年岁月,才在第二次世界大战结束后的1947年获得了独立。印度的国土面积大致相当于整个欧洲,仅官方语言就有22种,当然,民族也高度多样化。比较鲜为人知的是,印度居住着1亿人左右的穆斯林。那么,为何当今的印度没有出现莫卧儿帝国或之前的时代中常见的强烈的分裂倾向呢?如果使用本书前面说明的方法,可以认为居住在印度广袤土地上的人们享有共通的价值观与知识见地,作为国民团结在一起。而殖民地经过艰苦斗争后取得独立的历史过程,是印度人共同享有的价值观中重要的组成部分。①

---

① ウォーラーステイン:「インドは存在するのか」,同著,本多健吉・高橋章監訳:『脱=社会科学—19世紀パラダイムの限界』,藤原書店,1993年。

而在大致同一时期取得独立的巴基斯坦,却最终分裂为两个国家。考虑到这一点,为何继承了旧帝国相当一大部分领土,并且具有民族多样性特征的印度却能够在民族国家时代建成稳定的社会,就更加值得深入探讨了。我们期待适当使用全球史方法的、有关该课题的进一步研究出现。20世纪60年代以降,尤其是20世纪90年代前后,在印度时有意图将印度教与印地语树立为共通价值的运动。这些运动虽然属于民族主义运动的一种,但是结合印度民族与文化的多样性背景就会发现,这种单纯的统一指向恐怕很难被接受。

三、两种异质性存在

由近200个主权国家作为正式成员国的联合国创设于第二次世界大战后,象征性地展现了当时崭新的国际秩序形式。再次用鸡蛋来举例的话,这近200个主权国家都是新帝国中的蛋黄部分,即象征着当时盛行的"民族独立"口号的国民国家。如此一来,看起来均质化的近200个主权国民国家(蛋黄)覆盖了地球上除南极之外几乎所有的陆地,殖民地(蛋白)在地球表面上几乎消失殆尽。

比较这样的状况与1700年的世界样态后,我们会惊讶于两者之间的差异。在1700年的世界中,存在着多种统治人类集群、维护社会秩序的政体类型,可以说在当时,每种政体类型都适宜于维持其治下的人类集群生活以及社会秩序。不仅如此,当时的世界上还保留着许多不属于任何政权管辖的空间。

然而,在1960年世界中,陆地都被由国境线明确划分的国家群所覆盖,不久之后,随着国际海洋法的出台,一部分海洋也被纳入国家领土(海)范畴。① 近200个国家基本上都采用了相同的主权国民国家这种国家结构,这仿佛昭示着主权国民国家就是人类集群普遍且终极的统治与秩序形态。

但是,在这种表面看来均质化的国家群中,事实上包含了两种异质性的存在,以下按顺序进行说明。第一种是从表象来看具有主权国家的形式,但其内部居民并不充分具备一体化的"国民"意识,因此这很难被称为国民国家。这种类型的国家多见于非洲及中东,他们在独立建国时,将殖民地时代的界限作为国境线不加修改地继承了下来。但事实上,这些界限只是欧美各新帝国在这些区域推行殖民统治时依据自身需求人工划分的界限,并不适合作为民族国家的边境。

中东地区除了伊朗与土耳其之外,大多数使用阿拉伯语的国家都曾是英、法的托管地区,譬如伊拉克、约旦、叙利亚、黎巴嫩,以及现在的以色列。这些地区曾经被置于

---

① 联合国于1982年通过海洋法公约,于1994年生效,日本于1996年加入该公约。

奥斯曼帝国的统治之下，第一次世界大战结束后，经过英、法两国的交涉，伊拉克、约旦、以色列所在的区域成为英国的托管地区，叙利亚与黎巴嫩成为法国的托管地区。除以色列以外，这些国家在独立时都兴起了以阿拉伯要素为内核的民族主义运动，这些民族主义运动不分地区，如并不局限于伊拉克、叙利亚等边界线内。从认为"宗教"已经无法统合国家的近代性思考方式出发，曾经保证该地区帝国统治正统性的伊斯兰教在这个时期已经失去了统合新国家的力量。1960年前后，这些国家在民族主义高涨的历史潮流中建立了主权国民国家体制，然而在民族主义的狂热冷却之后，这些国家中的大多数却必须直面现实：他们很难将居住于人工划定的空间中的多种多样的族群团结为统一的"国民"。于是不久之后，在伊拉克与叙利亚等国便出现了以武力寻求实现统一的政治强权。

1960年又被称为"非洲年"。在这一年前后，非洲迎来了新兴国家独立的风潮。但是，撒哈拉以南的非洲地区同中东一样，不同族群的文化环境重合在一起，无法通过单纯的国境线对国家进行明确的区分。政府不仅很难将国土内的居民团结在一起，而且无法轻易找到代替"国民"保证执政正统性的新理念。同时，这些国家与旧殖民宗主国之间的关系也十分复杂，并非三言两语可以解说。在1960年前后，非洲各国无疑都作为主权国家，获得了他国的承认，但之后随着国民国家所需面对的各种实际状况的发生，只有少数国家能够维持安定的政治与社会秩序。

第二种异质性的存在就是上文所述的苏联与中国。中、苏两国几乎原封不动地继承了旧帝国的土地。20世纪中叶,世界各地殖民地的独立运动风起云涌,但是有赖于出众的民族政策,两国成功遏制住了国内的分裂动向。不仅如此,社会主义作为一种全新且有力的思想,在两国的秩序维护及社会安定层面无疑发挥了重要作用。

就这样,在表面上拥有主权国民国家这一共通形态的地球上的国家群,基于各自重视的价值与理念,实际上可分为三种类型:以美国为首的自由主义阵营、以苏联为首的社会主义阵营、不属于任何一方的中立国家群。为了将尽可能多的国家吸引至己方阵营,美、苏双方在各种层面展开了竞争。无论哪一方都希望地球上所有国家都建立与己方共享各种理念、价值、构造的相似政体,从这层意义上来说,两大阵营殊途同归,在其意识深处都根深蒂固地认为,人类社会理应具有"普遍"性。

第六节 我们所处的位置与未来的图景

在本书开篇处笔者即指出,历史学的重要课题之一就是解答"我们生存在怎样的时代?我们所处的当代与过去相比呈现出怎样的特征?"这一系列问题。虽然知道答案可能以偏概全,但笔者依旧想在此尝试回答这些问题。本章选取了过去300年中的四个特定年份,通过描绘全景图的方式,探讨了每个年份所代表时期的世界政体构造与社会秩序。在牢记这些内容的基础上重新考察当今世界的情况的话,我们应当如何理解现有的政体构造与社会秩序的特征呢?

笔者在书中已反复强调,当今世界中最显著的特征就是全球化。显而易见,如今经济、环境、信息等各种层面上产生的多种问题,已经无法在由国境线区分开的主权国家内解决,亦无法仅通过主权国家间的相互合作解决,这些问题已成为人类社会应当作为整体应对的全球性问题。文化层面的全球化也相当明显:麦当劳、星巴克在世界范围内的商业活动无须赘言;日本的漫画出版后立刻被译为外语,世界各地相当多的年轻人将这些漫画的男女主人公视为偶像;日本料理在全球范围内广受欢迎,各地都出现了新创的日式料理。

正如主权国民国家这种管理形式中存在的"国民经济"一词所展现的那样,政府正常运转的前提在于对包括经济在内的领土内的一切事务进行统一管理,妥善应对并解决所发生的问题。民族文化则被认为是与他国有所区别的本国特有的文化。但是在当今世界,这些前提中的大部分已经崩塌,经济与文化并非按照国别进行区分,也并非只有主权民族国家才能解决世界上的诸多问题。企业、NGO、市民团体、媒体、以大学研究人员为代表的知识分子集团等也承担着提案者与决议者等重要角色。甚至在社交网络高度发达且普及的当下,已出现了所有人都可以成为发言者的状况。要理解现代文化的实际样态,就必须将其置于全球而非国别的语境中进行考虑。

因此,如果我们在考察当下时,依旧和之前的四幅全景图一样只关注国家结构与统治理念的话,就会忽略全球化这一代表现代世界特征的重要侧面。但与此同时,只有专注于相同要素的对照,才能发挥出将全景图进行联立比较的优势。在此,笔者将在充分意识到全球化进展,以及随之产生的世界变化的背景下,从国家结构与统治理念的层面着手,比较四幅全景图中描绘的过去世界与当今世界,进而提出五个理解当今世界的重要因素。最后,笔者将总结并说明当今世界的特征,展望未来世界的图景。

一、区域统合

将1960年的全景图与当下进行比较,首先可以注意到,当今世界中区域统合取得了显著进展。特别是最早孕育出主权国民国家体制的欧洲,近几十年来基于重视经济规模与发展的视点,开始推行欧盟(EU)这一区域统合计划。欧盟原本起源于立誓绝不再发动战争的德、法、意等国政治家的强烈意志与紧密合作,就这层意义上而言,区域统合最初带有政治意义。但是随着时间的流逝,统合计划内经济所占的比重增大,区域内开始使用共通货币,确保区域内人或商品可以不受国境线所辖、自由移动的相关制度建设也持续推进。如果将欧盟的区域内空间视为一个整体主权国家的领土,那么可以说,欧盟不过是将既存的传统主权国家的统治形式扩大了而已。再结合欧盟区域范围的广阔、内部族群的多样性及其重视政治性统合的意图,甚至可以将欧盟的发展视作新帝国的建设。目前为止,几乎没有两个及以上国民国家平等合并成为一个新国家的先例①,从这层意义来说,欧盟有成为"帝国"最新版本(继旧帝国、新帝国之后的第三版)的可能。

但是,只要法国或德国这样的传统主权国民国家不放弃对国境及对移动人口实施管理的这部分主权,欧盟的政治性统合在短期内就不会有所进展。2016年,英国通过全民公投决定脱欧,这件事从一个侧面体现了其国民对欧盟的政治性统合的厌恶。英国国民拒绝接受本国成为新版本"帝国"的一部分,而是选择继续作为传统的主权国民国家。那么,欧盟除英国之外的27国今后将会形成怎样的政治与社会管理结构呢?如果新版本"帝国"诞生的话,其领域内各国间的关系及其整体对外关系将呈现何种状态?对以上问题,需要长时间细致关注。

---

① 计划由埃及和叙利亚合并而成的"阿拉伯联合共和国"是为数不多的例外之一。

当然，区域统合这种动向并非仅发生在欧洲，超越单个主权国民国家界限的统合动向可见于世界各地，如2017年迎来50周年成立纪念的东盟（ASEAN）、南美洲国家联盟（UNASUR）以及非洲联盟（AU）等。这些组织进行统合的目的与程度各有差异，但在进一步深化政治与经济的统合后，都指向了更远大的目标。他们的政治试验能否成功，对今后世界整体的政治与社会构造而言至关重要。

二、美利坚合众国

美国在四幅全景图中的三幅里登场，在每个时代的姿态都大为殊异：1800年是诞生伊始的主权国家，1900年是新帝国，1960年是西方阵营的领导者。当下美国的特征似乎又发生了变化。本书虽未涉及，但若尝试描绘冷战结束后的1991年至2010年中任意一年的世界全景图，其中的美国都可被称为不具领土的"帝国"。[①] 在1700年的世界全景图中，笔者阐述的"帝国"三要素中，首条即是"统治着广袤的疆土，不同文化环境（族群）的居民共存其中"。美国在现实中并未将其他国家的领土纳入自己的主权之下，但美国拥有着令他国遵从自己意志的政治实力，以及他国难以望其

---

① 有许多日语著作研究这个时期的美国。如藤原归一：『デモクラシーの帝国—アメリカ・戦争・現代世界』，岩波書店，2002年。佐伯啓思：『新"帝国"アメリカを解剖する』，筑摩書房，2003年。油井大三郎：『好戦の共和国アメリカ—戦争の記憶をたどる』，岩波書店，2008年等。

项背的军事实力,更兼一直对外强力地输出保证自身统治正统性的理念,如自由(freedom)、民主主义(democracy)、人权(human rights)等。因此,美国实质上可以支配包括他国在内的广袤领土。"9·11"事件之后的阿富汗战争与伊拉克战争均可被视为美国实际上使用其强大的军事实力,"征服"不遵从其意志的国家的行动。

此外,美国将其压倒性的经济实力与电影、音乐等软实力,星巴克、麦当劳等饮食文化,作为世界通用语的英语,使用最尖端科学技术的各类信息机器等各种要素相结合,致力于推进始于美国的全球化,可以预见,这种全球化的最大受益者自然是居于中心的美国。

然而,随后实际发生的情况完全与预期相反,全球化仿佛腹心之蠹,腐蚀了起源地美国的社会机体。2017年就任美国总统的特朗普抛弃了此前的"无领土帝国"式理念,接连出台并施行各种政策,试图让美国重新变回普通的主权国民国家。其具体政策包括撕毁TPP、巴黎协定等最初由美国牵头议定的多国家间协议成果;要求两国间个别交涉;向盟国提出露骨的经济要求;在美墨边境修筑隔离墙;禁止穆斯林人口占多数国家的公民入境美国等。以上都是为了实现"美国优先"而出台的政策。如果只考虑美国国内舆论,或许"美国优先"这种说法可以成立。但从世界层面来看,这些政策无疑会导致美国对其他国家的影响力大幅削弱。

"本国优先"是主权国民国家普遍采用的原则,并非什么新鲜事物。但是从某种意义上来说,美国明确表明采用该原则具有划时代的意义。这无疑说明美国决定放弃世界领袖的地位,重新成为主权国民国家之一。只要采用并真正践行这种政策,美国就不再如自己宣称得那样伟大,人们甚至不得不认为美国的时代已经终结了。我们有必要密切关注事件今后的发展,并谨慎探讨这样的新局面应当归咎于特朗普总统个人的思想,还是归因于美国国家特性的根本性变化。

三、失败国家与移民、难民问题

笔者在1960年的世界全景图中已经指出,在中东与非洲部分地区有些已经建成的主权国民国家出于各种原因,其国家框架与政治管理形式无法有效发挥功能。在1700年与1800年的世界全景图中,这些地区存在着与其他区域,特别是与西欧诸国不同的政治治理形式与社会秩序。但在1900年的全景图中,非洲的大部分地区已成为西欧诸新帝国的殖民地。此后20年中,中东也遭遇了与非洲同样的命运。在这些地区中,第二次世界大战前后新建立的独立国家在诞生之际,几乎都将西欧各国用于划定彼此势力范围的人工分界线沿用为本国的国境线。考虑到这些历史背景可以清晰地发现,在非洲、中东等政治管理形式与社会秩序和西欧截然不同的地区,如果仅仅借用西方的概念与制度,人工建立与西欧诸国相似结构的国家,可能会引发严重的问题。

在当今的许多中东及非洲国家,政府并没有维持领地内社会秩序的能力,这些国家的社会因此陷入混乱,形成了军事力量割据的局面。譬如在利比亚,接受美国及其同盟国支持的反政府武装联盟在2011年推翻了卡扎菲的独裁政权,但随后并未能够在领土内成立具有建设新秩序实力的政权,整个国家随即陷入内战中。在叙利亚,各种反对阿萨德政权统治的势力与阿萨德政权之间爆发了持续数年的内战,目前国家陷入战争的泥沼。在伊拉克,虽然以美国为中心的多国力量击溃了萨达姆政权,但直到今日,国家依旧未能恢复安定的秩序。

非洲的情况亦然。包括索马里、南苏丹、中非共和国在内的许多国家政局不稳,内战状态持续。在尼日利亚、马里等国家,引发社会混乱的原因是极端宗教势力,但在除此之外更多的国家,则是因为当地群雄间的争斗。若要探究这些国家内战的根源,一则无疑是因为欧美诸国人工划定的国境线留下的隐患,二则是由于国际政治、武器出口、经济援助等多重因素,当地未能建成安定的国民国家。以上现实如实地展现了主权国民国家并非普适于所有人类,而只适用于部分社会。

由于长期战乱导致的治安恶化与粮食紧缺,许多在当地无法维持生活现状的人们开始计划离开故乡,移居去经济水平较高且较容易就业的国家,结果造成了这几年来欧洲各国直接面对的来自中东及非洲各国的移民及难民问题。目前,问题的焦点在于是否同意这些难民进入欧盟境内,但问题的根源在于迫使人们抛却自己久居的故乡,而选择移民的当地的情况。只要西方诸国视自己的价值观或政治社会管理框架具有"普世性",如宗主国般强行将以上"普世性"理念输出至这些区域,那么问题就永远得不到解决。西方诸国不应当强求这些国家成立以自己为模板的民族国家,而应当允许当地实践包括威权主义在内的各种政治体制,抑或在充分理解当地实际情况的基础上,探索可以为当地构筑安定社会秩序的新政体,并在各种层面上给予足够的援助,直到新政体切实稳固。

四、俄罗斯与中国

俄罗斯与中国分别继承了前三张全景图中出现的俄罗斯帝国与清帝国的广袤领土中的大部分。那里居住着多样的族群,在历史发展中国土逐渐形成现在的规模。在1960年的全景图中业已说明,苏联和中国之所以可以几乎原封不动地继承两大帝国的领土,理由之一就是它们依靠社会主义这种新式的统合理念。

然而,苏联于1991年解体,成立了俄罗斯、波罗的海三国、乌克兰与白俄罗斯、高加索地区的亚美尼亚与阿塞拜疆、中亚的哈萨克斯坦与乌兹别克斯坦等新兴独立国家。

可以说,数百年时间内被纳入俄罗斯帝国版图的各族群领地,在这一时期获得了独立。

作为结果,当今俄罗斯的地理版图与帝国时代相比出现了大幅缩水。而伴随着这种变动,俄罗斯国民中俄罗斯人的占比上升,可以说,俄罗斯向主权国民国家迈进了一步。但是对比其他国家,俄罗斯依旧拥有辽阔非凡的国土,居民中除了俄罗斯人之外,还存在多个族群,因此俄罗斯至少并非日本及西欧诸国那样的典型国民国家。俄罗斯背负着旧帝国的外壳,是故维持社会安定并非易事,但是新建立的俄罗斯社会秩序看起来比较安定。这种安定的根源来自何处呢?是来自旧帝国一直以来的惯性,还是强权政治体制的确立?现代俄罗斯的治理理念是一个非常值得探讨的重要课题。

在1960年的全景图中,还有一个社会主义大国——中国。中国共产党目前依旧是中国的执政党,共产主义依然是统合中国社会的重要理念。当然,中国同样面临着许多严峻的问题,例如经济快速发展导致的社会性、地区性贫富分化,以及即将到来的人口老龄化问题,两者均是目前政府需要优先解决的问题。①

---

① 译者注:在本书写作期间,国家已对消除国内地区间经济发展差异做出了战略性部署。2015年11月27日至28日,中央扶贫开发工作会议在北京召开。中共中央总书记习近平强调,消除贫困、改善民生、逐步实现共同富裕,是社会主义的本质要求,是中国共产党的重要使命,并要求全国全党确保到2020年所有贫困地区和贫困人口一道迈入全面小康社会。

与俄罗斯一样，中国继承了旧时的清帝国的领土框架，人口中除了占据多数的汉族外，还存在着各种各样的少数民族。广阔的领土与庞大的人口在成为财富的同时，也是社会秩序安定的挑战。什么样的理念才能维持执政正当性呢？漫步于今日的中国，在住宅区、商业街、公园墙壁、立交桥等各显眼处，都可以看见"富强、民主、文明、和谐、自由、平等、公正、法治、爱国、敬业、诚信、友善"总计12个名词的社会主义核心价值观。这些价值观是人类建立政体时最基本的价值观，具有普遍性价值。国家将这些价值观与社会主义进行结合，以此作为国家的重要稳定器。

中、俄两国秉持着与本节开头所述的区域统合不同的形态，治理着广袤的国土与多样族群的人民。曾经古老帝国的统治方法早已失效。与1600年及1700年的全景图有所不同，广袤大地上的人们已经理解了民族与主权的概念，从这层意义上来说，国民国家式主体的构建较往昔相对容易，但即使如此，团结全体国民、建成稳定的主权国民国家也并非易事。

日本人认为国民国家这种形态不言自明，并且一直认为自己是以美国为首的西方同盟中的一员，因此日本有时无法理解中、俄两国的方针与行动，甚至会对此产生抵触。但事实上，中、俄两国政府在切实把握本国社会特征的基础上，制订了维持国家安定与秩序的计划，并将这些计划付诸实施。日本与两国在价值观与常识上存在差异，但应避免对两国国内外政策随意批判,而应致力于慎重且友好地加深对两国政策的理解。如果中、俄两国在安定地治理广大疆土时,确立了既非由宗教支撑的旧帝国,亦非主权民族国家的新型国家理念及治理基础,那么两国在未来世界中扮演的角色想必会更加重要。

五、日本

将四张全景图排布在一起,该如何理解日本列岛的政体变迁呢?第一张、第二张全景图描绘了江户时代的幕藩体制,两张图中的基本构造并无太大变化。从领土上看,当时北海道的大部分地区还未被纳入幕藩体制的统治之下。琉球王国同时向德川幕府与清帝国两大政治权力进贡。①作为一个岛国,日本统治的领土的界限多与自身海岸线一致,与他国间泾渭分明,但诸如北海道、冲绳等远离本岛的区域,与邻国间却并无明确的国境线。彼时日本列岛的政治体制受到外部,特别是中国的影响。来自其他区域如西欧诸国的影响十分有限。

与此相对,第三张全景图(1900年)中世界各国在政治理念与管理形式层面深受西欧诸国的影响,彼时日本已变身新帝国之一。日本迅速引入了主权国民国家这种思考方式和制度,巩固了国内秩序,亦步亦趋地追随西欧

---

① 村井章介、三谷博编:『琉球から見た世界史』,山川出版社,2011年。

诸国，开始向海外谋求殖民地。截至这一时期，明确的国境线已得以设置，可以说，日本作为主权国家的诸般要素已经完备。

接着是经历了两次世界大战之后的第四张全景图。这一时期，日本与其他国家一样成为主权国民国家，这个国家的国民保有第二次世界大战战败的共同回忆。从语言、宗教、习惯等人类文化环境的均质性来看，日本可以说是当时世界上最典型的国民国家。

这种情况直到当今基本上仍未改变。日本与1960年一样坚持着主权国民国家体制，政治家、政府、大众媒体对一切事情的言说、传播、计划、判断都基于"日本"这个前提。国家明确区分日本人与外国人，即使本国人口出现下滑，也不放宽对移民和难民的限制。虽说东京等大城市中已有相当数量的外籍就业人员，但与北美或欧洲的大都市相比，这部分人员所占的比例依然相当有限。

日本并未全力投入区域统合的尝试。虽说日本与美国之间存在同盟关系，但这种同盟与欧盟或东盟是截然不同的。从世界范围来看，日本主权国民国家体制的独特性非常显眼。

六、现代世界的特征与未来的构图

关注全球化及上述五个要素，就可以认清我们究竟生活于怎样的时代中。

主权国民国家这种第二次世界大战后被全世界采纳的统治的基本形式已在世界多个地区弊端尽显，摇摇欲坠，各种区域统合的动向与失败国家的出现便是此中明证。此外，国家间以及国家内部的发展不平衡问题已愈发明显。本书对以上现象不做深究，但笔者认为，这些动向与问题的根源在于全球化的进展及资本主义价值观中的偏向性。

由以上事实可以看出，主权国民国家这种政治形式似乎并非统治世界上各种人类集群，维持其社会秩序的最终的普遍性解决方案。我们可以认为，主权国民国家遍及全球的时代已经终结。同时，我们也可以看到像日本这样固守主权国民国家的体制，或者试图重回主权国民国家序列的现象。最近美国与英国的动向就是这方面的例子。除此之外，尽管不太引人注目，但是冷战时期处于苏联影响下或直接治理下的各国也在默默向主权国民国家的方向努力，在一些暂时失能的国家中，也可以看见建设崭新主权民族国家的动向。由此可见，主权国民国家这一政体还未到宣告历史使命终结的那一天。

对于日本而言，无疑最乐于守望世界范围内主权国民国家体制的全面复兴，因为日本的政治与社会形式就是以该体制为前提所构筑的。相反，如果区域统合成为新兴且普遍的有力潮流，那么现在不属于任何区域统合运动的日本的处境将会变得十分艰难。

展望今后的世界时，要点在于不应认为世界上所有的人类集群都必须保有相同的国家构造与政治形式。19世纪西方近代生产的知识的根本性前提是人类正往同一个方向前进，或者应往同一个方向前进，尽管这种前进的程度存在着差异。即使知道这种根本性前提存在问题，只要人们（特别是欧美人和日本人）在西方近代知识框架中思考问题，就会经常忘记这一点。我们不妨抛弃对"普遍"的信仰，认可世界各地的人类集群只需采用最适宜维持自己社会秩序的政治形式。当然，主权国民国家也是这些政治形式中有力的组成部分。

然而，事情并非如此简单。如果所有人类集群各自采用独特的政治组织形式，那么这些政体应当如何缔结彼此间的关系？应当如何处理主权的问题？又应当如何处理预想主体为主权国民国家的当今各种国际条约及国际法？即使仅将关注点置于政治上，难题也已经多到不计其数。在第一张全景图（1700年）的时代中，世界上存在着各种政体，这理应可以作为参考，但是当今世界与1700年相比已发生根本性变化。随着全球化的急剧进展与信息科技的飞跃式进步，世界在经济与信息两个层面上前所未有地紧密结合在了一起。

首先看经济层面，当时世界中不存在国民国家，当然也不存在以GDP为尺度，追求一国经济增长这样的想法。而在现代社会中，各个国家都将经济发展作为最重要的任务，采取各种方针推进自由主义经济，结果导致各国经济状况超越了国家界限,形成紧密相连的全球性的整体经济,这样的整体经济并无特定的人在特定的地点进行调控。虽说目前存在国际货币基金组织(IMF)与世界银行等国际组织,但这些组织的设计前提是所有成员国都为主权国家,因此面对目前世界上的国家体系及全球性经济时,未必可以进行最优化的应对,结果就是目前全球各地喷涌而出的国家间或国家内部发展不均衡问题。可以想象,如果每个国家在最初就以国家为单位推行经济自由化,那么在世界层面管理全球经济自然会成为相当棘手之事。

接着看信息层面,信息层面展现的问题更为严苛。正如第三幅、第四幅全景图所示,20世纪的世界中各种政治体为了管理人类集群而建立,而被管理的人类集群居住在地球上固定的地理领土中。也就是说,这些政治体(系统)建立的前提是管理国境线内的固定领土以及居住于领土上的人。但是,信息科技的发展蕴含着彻底颠覆这一前提的可能,因为那些居住在不同区域却具有相同价值观及思想的人们,可以通过信息技术互相结交,并在赛博空间中建立自己的共同体。谁也无法断言是否会出现管理这种共同体并具备军事力量的政府,国际恐怖网络"基地"组织即可说是其中一例。在不久的将来,也许会出现共同居住于日本列岛的人们分属于不同赛博政府的情况,信息技术轻松地跨越了人类一直以来认为无法跨越的物理距离这层屏障。

就这样,伴随着经济与信息技术的全球化进展,既存的国家框架与国境线开始溶解。那么,面对这种状况,世界上的人们还可以仅仅基于现有的经验,谋求只使自己的社会秩序安定的政治管理形式吗？这是一个很自然的疑问。然而除此以外,人类还能够如何处理这种情况呢？

笔者认为,如果分居各地的人们都怀有对地球的归属意识,从地球居民的立场出发,主体性地构思自己共同体的政治管理形式,并在互相协作的过程中完成对这种形式的构建,那么人类社会将会有一片光明的未来。此外,还有两点非常重要：其一,已经完善自身政体的集群在必要时可以为其他集群提供适当的援助（而非强迫）；其二,需要思考建立某种组织机制,以便包含新政体在内的各种人类集群组织（不限于既存的国家形态）得以整合,从而应对全球性问题。我们必须意识到时间的紧迫性,切实履行以上诸种方案。笔者相信,只要人们为了"地球利益"而非"国家利益"在自己所在的层面展开行动,未来的道路自然会逐渐宽广。笔者自身亦将通过描绘能使世界各地的人们拥有地球居民这种归属意识的世界史,来为推动人们走向这样的未来尽绵薄之力。

终　章
为了连接未来的新世界史

第一节　新世界史与全球史

一、本书论点

在本书的第一部分中,笔者指出"默会知识"和"知识基于语言被体系化"这两点是既存人文社会科学研究的特征,并说明了使用日语进行的人文社科研究通过自身独特的视点与观察方法,为建设国民国家日本做出了重大贡献。此外,第一部分也论述了在人文社会科学领域中研究者的立场具有重要意义,因此学者们不应抱有"何处才是研究的主场"这种思考方式。所有语言都拥有各自的知识体系,每个体系中都存在着在其他语言里无法被正确表达的概念与意象。语言之间没有优劣之分,不同语言的知识体系的价值也不应有高低之别。

接着,对于在全球化急速发展的当今社会中,日语人文社会科学研究的意义及今后应涉及的研究方向,笔者阐述了自己的看法。要点有三:其一,为了将日语知识体系推向更高的层次,学者们应当继续推进人文社会科学研究;其二,学者们应将基于日语发现的知识创见及其背景通过其他语言进行说明;其三,学者们应开拓全球人文社会科学这一新领域。

在第二部分中,笔者将日语语境中的"世界史"及"全球史"与英语中的"world history"和"global history"相互进行比较,分别确认每个词语的意涵,随后强调了作为全球人文社会科学领域之一的新世界史研究的重要性。全球史方法论在推进新世界史研究的层面非常有效。此后,笔者通过几个例证展示了实际使用全球史视角与方法论后,对历史的新理解与既存历史认识之间会呈现怎样的区别。最后,作为采用全球史的方法解释新世界史的具体事例,笔者简单地描绘了1700年、1800年、1900年以及1960年这四个年份的世界全景图,尝试确认了我们所处的当代在历史中的位置,同时对未来进行了展望。

如果说历史学的重要责任是为理解现代世界提供材料的话,那么我们绝不能满足于如今将各个区域的纵向历史收束在一起的世界史研究。现代世界中一体化不断推进,世界史不仅需要对个别国家与地区的过去进行说明,还需要对世界整体的过去进行说明。这就是为什么我们需要新世界史。如第九章所示,全球史观在新世界史的构想中不可或缺。

在本书第七章论述康拉德的著作时,笔者已经阐述了全球史的具体研究方法。全球史方法最显著的特征便是将既存的分析与叙述框架相对化,并且重视各地区间的横向联结与相互交涉。在第九章中,笔者尝试运用"世界"这一新框架,在重视横向联结的同时,对某个时代的世界过去进行解释。在描绘这四个时代的全景图时,笔者重视的是国家构造及统治理念,除此之外,当然也可以将焦点集中于某种事物的流通或某些组织、文化、技术等。我们需要以世界规模的宏大视野观察以上诸项,采用适度比较的方法,来论述世界各地的人类集群间的关联与相互之间的影响关系,以及各种人群的相同点和不同点。采用上述研究方法的话,各个时代的世界特征将会浮现在我们面前。

除了"世界"之外,还有在既存的历史研究中几乎不被使用的许多分析及叙述框架。例如海域、以离散族群网络为代表的交易网等都属于这一范畴。除了这些超越国家范畴的分析框架外,全球史还有一些重要的研究方法,比如将微观研究对象如村落、家族、个人的过去置于全球语境下进行考察。这些通过多样性研究方法探明的历史,会成为眺望新世界史时值得信赖的重要案例。

二、全球史系列①

本书是"全球史"系列著作的理论篇。之后将要刊行的

---

① 译者注:"全球史"系列目前已出版羽田正《全球化与世界史》及铃木英明《不解放奴隶的人们与不被解放的奴隶们:奴隶制废除的世界史》(解放しない人びと,解放されない人びと―奴隷廃止の世界史)。后者的日文版已于 2020 年 10 月由东京大学出版社出版。

其他八部专著都是各书著者以自己的专业领域为主题,提炼叙述框架,重视横向联结的实践篇。著者们改变分析的框架,并将研究对象置于更广阔的语境中进行分析,想必能生产出崭新的结论来。

其中,岛田龙登进行了荷兰东印度公司研究;守川知子进行了宗教圣地研究;杉浦未树进行了传统服饰研究;太田淳进行了海盗研究;铃木英明进行了奴隶制废除研究。以上这些研究的分析与叙述以"世界"为大框架,并且根据各自的思考制订出适用于具体叙述的子框架,运用比较研究等研究方法,对其中的联系与割裂、交流与整合等因素进行论述。与之相对,另外三位作者的专著选择了相对世界而言较小的区域作为研究框架。村上卫的研究关注位于中国及其周边海域世界的中介组织;森永贵子的研究以亚欧大陆的茶叶贸易作为主题;工藤晶人的研究聚焦活跃于地中海的个人。虽然这些研究都有一定的限制,但他们是在充分意识到世界的前提下,才选择了这些既存研究中不会涉及的论述框架。如果读者能够通过这几部以全球史为研究方法的作品感受到新世界史的魅力与重要性的话,作为这一系列的负责人的笔者将感到十分高兴。

笔者自 2009 年起担任五年一期的日本学术振兴会科学研究费补助金基础研究 S——"亚欧大陆的近代与新世界史"共同研究项目的负责人。全球史系列其他八卷的著者都是该研究的核心成员,亦是十分活跃的优秀学者。他们积极研讨了各种论题，拥有敏锐的问题意识，敬请各位期待他们基于前述的共同研究以及各自的研究成果所写下的专著。

三、历史学者的立场

此前，日本大多数的历史学者不论研究日本还是外国，都以国别为框架解释人类的过去，并且主要通过日语叙述自己的见解及研究成果。这些历史学者大多是日本人，他们无意识地假定了自己的听众、读者也是日本人。他们出色的研究成果通过日语知识体系进行编排，构筑了日本人观察世界的方式。这些研究成果固然是十分重要的贡献，但相对的，这些成果也只能在对日本具有归属意识的读者中流通。

作为重视现代性的全球人文社会科学中的领域，本书所提到的新世界史由研究者们通过全球史的研究方法，将过去发生的事情置于世界这一语境中加以分析而得出。这些研究者对包括日本在内的整个地球怀有强烈的归属意识，他们会将成果分享给有着"地球居民"意识的听众和读者们。这样的研究受语言影响较小，即使与既存的研究一样使用日语，但若研究者所处的立场和视角有所不同的话，即便分析相同的历史事例，有时也会得出许多不同的结论。

例如，我们可以将经常被在日本史语境中讲述的"明治维新"与同一时期类似的事例置于世界史的语境中进行比较研究；又或是把"工业革命"这一在英国史语境中被人们研究的课题置于世界史语境下，通过"工业革命"与其他地区的联系的视点进行理解与说明等。

当然，并无必要比较两种不同种类的研究方法孰优孰劣。如果历史学家想要将自己的立场和归属意识及研究成果传递给拥有不同归属意识的人群，那么研究中解释与说明的重点必然会有所差异。重要的是，应当在国别史框架下细致的历史解释与新世界史语境中的俯瞰型研究之间，进行具有建设性的信息及意见交换，这亦是对两类研究的反馈。每一位优秀的历史研究学者都会乐于通过其他学者的结论以及理解方法，对自己学说的内容进行部分修正，或者追加新的信息。

此外，并非只有日本人才需要拥有"地球居民"的意识，因此，用日语写作的新世界史研究成果也要积极地通过以英语为代表的其他语言进行译介说明。即使事件发生在一个特定的国家或是地区，那也不仅是现在建立在此处的国家或地区的历史而已。在新世界史的语境中，这一事件是作为"地球居民"的我们共同的历史。只要我们将人类的过去理解为地球居民的过去，即使对某些过去的解释或理解存在差异，这些过去也应该被全世界的地球居民所共同探讨。至少我们必须理解为何面对同一事件，不同的人会抱有相异的意见。

第二节　基于日语的知识与
　　　　基于英语的知识

最后,笔者想通过一则与本书讨论的内容有关的趣事来为这本书画上一个句号。

2017年4月末,在清华大学举办了"亚洲大学联盟"(Asian Universities Alliance)的成立仪式及各种相关活动。该组织作为一个新的国际化大学联盟,由清华大学发起,东至日本,西至沙特阿拉伯,以每个国家一所代表大学的形式汇集了亚洲地区的15所大学,旨在促进各个成员校之间开展教育研究层面有组织的合作。值得一提的是,联盟预期开展的教育项目十分完备,其中具有特色的夏季课程每年由一所成员校作为举办方,其他成员校的学生前往参与。日本方面由东京大学作为发起成员,笔者与五神真校长出席了此次开幕式。

开幕式相关活动中有一项是"校长论坛"。由15所大学的代表者进行座谈,中国中央电视台的女播音员现场主持,代表们就成立该大学联盟的种种话题进行讨论。讨论由"什么是全球化"展开,涉及亚洲的知识、亚洲大学联盟的意涵及作用等多方面的话题。

虽然出席者们没有特意指出,但是在会场中听着各大学校长讲话的笔者感到,这场论坛正是全球化的世界现状的缩影。来自亚洲各地区的主要大学的校长和副校长们汇聚一堂,使用英语讨论如何共享、合作、实现或解决由全球化导致的各种积极或消极的问题。毫无疑问,这就是由世界一体化及世界狭隘化带来的新现象。

从大学联盟的成立过程中可以看出中国政府的意向,例如某些国家及地区的大学暂时没有加入联盟,又如在开幕式上时任国务院副总理刘延东到会并发表基调演讲。这些都彰显了全球化时代中主权国家这种框架的强力韧性。

论坛中抛出了许多具有深意的话题,笔者最感兴趣的是首尔大学校长和北京大学校长关于"语言"的一段交流。

> 首尔大学校长:我坐在新加坡国立大学和香港科技大学两所大学的代表之间。两所大学本来就是用英语授课,这并无任何问题。但全球化导致的弊端是首尔大学的教员们也被迫经常使用英语进行教学。明明有自己的朝鲜语,为什么非要用英语授课不可呢?

> 北京大学校长:虽然作为科学与交流的语言英语确实非常重要,但北京大学从未构想过要对本科生进行全英语的授课。相反,我们强烈建议留学生们学习汉语。

由此可见,有关应该如何对待英语这门学术通用语言的讨论绝不仅限于日本。非英语国家在此前的教育与研究中都使用本国语言,现在则抱有如何在高等教育中给英语定位的困惑。这种困惑不仅限于亚洲诸国,同样亦波及着法国、德国等欧洲主要国家。据笔者从友人处得到的消息,欧洲国家现在的总体趋势依然是在本科教育中坚持使用本国语言。例如,在柏林自由大学的本科教育中,英语课程最多占比10%,法国的大学的正规本科教育也都以法语进行。虽然也有如北欧各国的大学那样实行本国语言与英语并行授课,并且部分课程全由英语授课的政策的例子,但在本国语言的知识体系已经十分完备的西欧各国,舍弃母语转而使用英语进行高等教育的情况并不多见。

与之相对,日本文部科学省不断提案并出台措施,鼓励大学通过英语进行授课。在2009年到2013年末的五年间展开的"大学国际化网络形成推进事业"(通称"全球30事业")中,将项目申请条件之一设定为大学本科、研究生院至少各设置一门仅修读英语课程就能完成学业的专业方向,以此来吸引留学生。2014年下半年开展的"超级全球大学"计划明确表示,只资助有能力冲击世界大学排名前100的学校,该计划要求申报项目的大学贯彻"国际化"与"大学改革",以提高大学的国际认可度。在审查过程中,该项目也极度重视学校是否积极设置了通过外语(主要是英语)进行教育的科目,或是否设置了只通过外语授课便能够毕业、取得学位的专业方向。中标该项目的大学必须每年上报外语授课科目及外籍教员的具体数字,以便检验其推进"国际化"的情况。

笔者认为，这些政策自有其意义。在全球化迅速进展的当下，从在国际上享有盛誉的研究型大学毕业的优秀学生们如果不擅长通过外语进行沟通，将会成为严重的问题，在今后的世界中，学生们必须掌握有关其他语言的知识体系中的基础知识。另外，对于理工科而言，某些情况下也需要通过英语进行授课和讨论。如果政府和文部科学省能够提供应对这些情况所需要的改革资金，将是非常好的事情。

但是，如果要求大学开展英语授课，并设置通过英语教学取得的学位，其目的仅仅是为了增加学校的留学生和外籍教员人数，以提升学校的世界大学排名，那么这对于理应珍视作为国民国家的"日本"的政治家和文部科学省而言，将是一种自杀行为。因为只通过英语来进行高等教育，势必会妨碍日语的知识体系进化到更高的层次，而这种体系正是日本国民智慧的源泉，这样做也会导致日语作为语言的衰退，并最终引发日本国民对日本归属意识的消亡。

正如本书中所述，认为人文社会科学有所谓"主场"这一点本身，就是西方以及受西方人文社会科学影响颇深的日语知识体系中特有的思考方式。在西方近代知识体系中这被作为一种默会知识，即将西方社会及从中延伸出的知识视作带有普遍性的模式。日本的人文社会科学到某一时期为止，也是基于这种前提展开研究的，因此也无法指责那些接受了这一思考方式的知识分子把西方看作"主场"。

本书想传递给读者们的是以下两点(至此已强调过数次):其一,日语的知识体系和包括英语在内的各种外语的知识体系之间并无高低之分;其二,想要将高度升华的思想和表现形式在两种不同语言的知识体系间进行互译并非易事。这不仅仅是日语的问题,将人文社会科学中多样的领域的前沿思想译为其他语言,无论在何种语言体系下都不那么简单。毋宁说将一种语言中的理论展开通过另一种语言进行说明,这件事本身就是一种研究。从这层意义来说,日语知识体系本身就是全人类的财富。

保护世界上知识体系的多样性非常重要。此外,很多人也认为要在今后继续坚持日本的国民国家体制及其立场。因此笔者强烈建议,政治家们绝不应轻易发布提案和政策,来敷衍或区别对待通过日语进行的高等教育和科学研究。①

然而,使用日语进行研究并发表成果的人文社会科学研究者们绝不能满足现状,而应当努力将自己的成果及研究意义通过外语进行说明(本书至此也已强调过数次)。特别是在全球人文社会科学这一新领域中,将基于日语的思

---

① 笔者认为,日本的研究型综合大学目前的课题是构筑本科基本通过日语进行教学,而重要科目的基础知识通过英语,或是其他外语进行学习的体制。其意为避免日语、英语两者择一,而是两者兼顾。考虑到如今本科阶段的教育大纲及课程安排过于紧凑,想要让学生们系统性地接受基于两种语言的教学确实有难度。在这种情况下,笔者认为提供慕课等线上教育的内容是非常有效的方法。

考转译成外语,尤其是英语,这一点非常重要。笔者迫切希望越来越多的研究者们能够进入全球人文社会科学这一领域,与国外学者们交流切磋,公开发表可以培养读者地球居民意识的优秀成果。

后　　记

这是我第二本书名中冠有世界史字样的作品。第一本是 2011 年 12 月在岩波书店出版的《面向新世界史》(新しい世界史へ)。自那时起,"世界史"就成了我学术研究的中心。在此,我想简明阐释一下本书从起笔至出版的情况。

自《面向新世界史》一书出版后的 2012 年 4 月起,我开始担任东京大学副校长,主管负责大学整体国际事务的各个部门,任期三年。此后间隔一年,我于 2016 年 4 月至今① 再次就任东京大学主管国际事务的副校长及理事。在这所可以代表日本的综合性研究型大学的执行机构中,每日与我一起协同工作的校长与管理层几乎都出身理科背景。而与我产生各种形式的学术交流的国外各大学的校长与副校长也几乎都是理工科的研究人员。在这样的交流中,我不得不思考自身研究的意义,以及更广泛意义上大学中文科

---

① 译者注：即 2018 年 2 月。

研究整体的意义。

在此期间,有另一件事情也一直萦绕在我的脑海中:2015年6月,日本文部科学大臣向国立大学法人传达了《有关国立大学法人等的组织与业务整体改组》通知,文件指示国立大学法人应制订计划,改组师范类及人文社会科学类本科生院与研究生院的院系,改组的方向是废除相关院系,或者将这些院系与社会需求更强烈的专业领域融合起来。这是在日本发生的事情,但来自各国同行的信息准确无误地表明,不仅在日本,全世界都在重新思考文科研究的意义。

我置身于这样的环境中,对现代大学中历史研究,乃至人文社会科学的使命问题做出了自己的思考。我将这些思考落实于笔头,就构成了本书的第一部分。这数年来,我有机会多次在国际性大学联盟或两国间大学校长会议上进行有关人文社会科学意义的报告,并多次与国外各大学的国际事务负责人进行了信息与意见的交流。我从以上活动中获得了相当程度的刺激与启示,这使我决意在书中探讨在日本用日语进行的研究的意义。

在书中,我除了涉猎自己相对熟知的历史研究领域外,还勉力广泛探讨了人文社会科学的整体情况,可以想象,讨论中包含了许多不充分的论点、错误的理解以及不严谨的概括等。例如,绝不能轻言人文社会科学的所有领域都共享着本书论述的默会知识,且与人们的归属意识形成存在着密切的关联。我虽然对这些不足已经深有所悟,但是仍然在书中写下了一些大话,因为只在各研究领域内部积累精细的研究成果,并不足以对抗现代世界中无法忽视的"轻视知识"的流弊。我希望有幸获得读者诸贤的建设性批评。

《面向新世界史》一书出版前后,我曾多次组织广义上的世界史相关国际会议,并受邀参加各国举办的世界史相关会议,在会上进行报告或演讲。这是因为2009年度至2013年度,我主持了日本学术振兴会科学研究费补助金基盘研究S——"亚欧大陆的近代与新世界史"共同研究项目。如书中所述,自2014年度起,我又在日本学术振兴会研究基地建设工程的框架内,从事"全球史合作"(Global History Collaborative)这一国际性教育研究网络的建构和发展工作。并非仅仅由我外出参加各种活动,亦有许多国外的研究人员与研究生造访我所在的东京大学东洋文化研究所,进行长期或短期的交流。我作为接收访学者的负责人,在这些学者、学生的协助下,举办了各种国际研讨会或演讲。与这些外国研究人员的紧密交流构成了本书第二部分第五至七章的叙述基础。

随着与外国研究者交流的机会日益增多,我再次强烈地意识到,自己对世界史的思考方式与论述方法中存在着典型的日本特征。我发现这样一个事实:日本存在着通过日语讲述和理解的世界史常识,而这些常识与世界各国研究者所持的"世界史"思考方式之间屡屡产生微妙的差异。

之前我只经历过伊朗史及伊斯兰史等个别专业领域内的国际学术交流，那时的我对此并无自觉。

这种差异的本质是什么？体现在何处？因何而生？这十余年间在世界范围内急速扩展的全球史（Global History）的意涵究竟是什么？全球史与世界史又存在着怎样的关联？为了能对以上问题产生一定见解，我在这几年中涉猎了外语及日语的相关文献，就世界史的研究方法与框架问题，和国内外的研究者反复进行探讨。笔者参与编撰发行的以下四册书籍即是部分成果。

①《观海知史》（"遨游东亚的海域"Ⅰ，东京大学出版会，2013年）
②《全球史与东亚史》（东京大学出版会，2016年）
③《地域史与世界史》（密涅瓦书房，2016年）
④《全球史的可能性》（山川出版社，2017年）

以上书籍中刊载有我关于世界史或全球史的研究，特别是在钻研方法论的过程中进行思考的论文。我对其中部分论文的语言进行了或多或少的修改后，将其融合进了本书的论述中。具体而言，本书第五章第一节、第六章、第七章第一节的论述全部或部分引自以下五篇论文：

《什么是新世界史/全球史？》《新世界史与地域史》，引自《全球史与东亚史》。

《地域史与世界史》，引自《地域史与世界史》。

《全球史中的丰富可能性》《全球史与世界史在日本》，引自《全球史的可能性》。

在《面向新世界史》出版后不久，我就从多方收到了一条共同的评价：想要强调"新世界史"的必要性，就应当不仅展示其方向性，更要展示新世界史的具体叙述。这一评价多来自出版业从业人员及在高中实际教授世界史课程的教员们。真是一语中的的评价！本书的第八章和第九章正是在某种程度上回应这些评价的尝试。想必读者可以接受本书运用全球史方法理解的世界的过往与当下，但笔者深知这种理解中存在着许多不足之处。因此希望可以接受各方的积极回应与建言，以期今后展开更加有深度的论述。对于用日语写作的新世界史而言，成败的关键在于可以在何种程度上将融合进世界史中的日本史相对化。

为了将2014年3月结束的学术振兴会科学研究费补助金基盘研究S——"亚欧大陆的近代与新世界史"共同研究项目的成果公之于世，我们策划了包含本书在内的"全球史"系列丛书。迄今离2014年又过了四年，可能有一些批评的声音认为丛书已经错过了最佳出版时机。对于我个人而言，如果这段时期未从事管理岗位的话，本书也许可以提早面世。但是如若提早面世，那么本书的内容想必会与现在大相径庭。本书是基于我兼顾大学管理工作与自身研究两方面的个人经验而成，从这一点来看，我确信这是一部非常有意义的书。我衷心期望读者也能有相同的感受。

本书与前几部书一样,在出版过程中受到了东京大学出版会山本彻先生的大力协助。不仅对于本书,自主动开始策划"全球史"丛书起,山本先生就对我提供了大量帮助。对于作者而言,能和精明强干的编辑人员一起工作是非常愉悦且有益的体验。我期待着在"全球史"丛书余下八卷出版的长路上,能继续与山本先生齐心协力。

2018年2月

羽田正

译 后 记

承蒙东京大学羽田正教授、复旦大学出版社人文编辑部主任陈军博士、时任东华大学张厚泉教授的垂青与信任,笔者有幸担任羽田教授著作《全球化与世界史》(日语原名『グローバル化と世界史』,東京大学出版会,2018年)的翻译工作,经过一年多的反复斟酌与修改,中文版译稿正式付之枣梨。本人硕士阶段在王柯教授指导下学习外交史方面的知识,博士阶段受教于藤涛文子教授,在翻译思想史领域进行了些许探索。按照现行学科分类,我目前为止接受的学术训练与进行的学术尝试都属于专门史范畴。但自研究生时代起,我始终对世界史与全球史领域抱有一定程度的求知欲,十年以来陆续粗读了布罗代尔(F. Braudel)、斯塔夫里阿诺斯(L. S. Stavrianos)、麦克尼尔(W. H. McNeill)、蒂利(C. Tilly)、王赓武、李伯重、入江昭等前人巨擘的著作,可能是这些阅读经验赋予了我承接羽田教授著作的勇气。

羽田教授该部著作的学术成就与普及价值已获得学界公认,葛兆光先生在导读中已进行了高屋建瓴的分析与解读,因此有关该著作的种种自然已无须笔者贸然置喙。但正如日本翻译学界一位前辈所言,译者天然应该是读者。笔者忝列读者,精读全书后,有一些个人体悟希望能与其他读者分享。与传统史学相比,羽田教授在书中主张的新世界史(包括更广泛意义上的全球史、跨国史)最重要的特征在于去国家化与去中心化,即通过探明人、物或某种征候(如气候、政体等)在全球范围内的变化及迁移过程,来培养读者的"地球居民"主体意识,进而改变大众的普遍史观,为全球人民团结一致解决目前或将来所面临的全球性问题做出贡献。这种通过学术关照现实与未来的历史学家的使命感始终贯穿于整本著作中。想必也正因为此,这部著作在叙述策略上具有两个特点:其一,书中通过分析诸多看似不言自明的现象及概念,揭露了其背后隐含的西方中心主义陷阱。例如,日本政府要求大学积极推进的究竟是"国际化"还是"全球化"?通过延聘外教(此处主要指西方人),增加英语授课来实现的"国际化"背后的逻辑究竟是什么?这样的逻辑会对多元化的全球知识体系造成何种伤害?研究语言的单一化(英语)会成就全球人文社会科学的繁荣还是导致其没落?"world history"与"global history"的内涵与外延分别是什么?两者之间呈现出怎样的关系?通过书中对以上一系列问题的提出及其回答,读者想必会清晰地感受到在全球各种族群交流日益紧密的今日,我们迫切需要一种具有普遍性的、可以平等对待世界上所有知识体系的价值认同,并继而摸索出基于这种认同的崭新的全球人文社会科学体系。

其二,著作一方面论述严谨,引注翔实,符合学术专著的体例与规范,另一方面并不触及过于专业化的新世界史微观课题,使用的论述方式也具有较强的亲和力。如在第八章新全球史研究方法应用实例中,羽田教授通过解读过去300年来的四幅世界全景图,来阐释人类政体模式的变迁历程,并展望其未来发展趋势。在分析奥斯曼等传统帝国与大英帝国等新帝国之间的区别时,羽田教授巧妙地将传统帝国比作蛋黄(君主直接统治地区)与蛋白(君主间接统治地区)混合在一起的炒鸡蛋,将新帝国比作蛋黄(作为宗主国的国民国家)与蛋白(殖民地)泾渭分明的荷包蛋,这样的比喻想必可以让读者对数世纪以来政体的变迁产生非常直观的感受。此外,因为目标读者并非单一的学者群体,而是"同时对日本及地球抱有归属意识,或从今往后试图同时对这两者抱有归属意识的人",因此原著在论述时并未拘泥于日语知识体系中独有的论据,在行文上也尽量避免较晦涩的典故与表达。总之,这是一本对译者及日本之外的读者非常"友好"的著作。

在实际翻译过程中,我得到了以下七位同学的帮助,他们是神户大学丁哲宇同学(序章)、名古屋大学郑华同学(第一、二章)、东华大学刘诗婷同学(第三章)、东华大学杨珊同学(第五章)、东华大学贺怡然同学(第七章)、东华大学高敏同学(第八章)、东华大学纪元同学(终章),各位同学承担了括号内章节的初译工作。他们的专业精神及旺盛的求知欲给我留下了深刻的印象。张厚泉教授对本书的最终定稿做出了重要贡献,在定稿前三个月的时间中,身在东瀛的张教授多次与笔者在网络电话中就注解等细节问题进行长时间的探讨与斟酌(正如书中所言,通信技术革命也是全球化进程加快的重要因素之一)。此外,葛兆光教授也通过张厚泉教授传达了对译文整体风格及某些专有名词译法的意见。笔者有幸能够收获两位教授的提点,并在充分听取两位教授的意见后对译稿进行了最终的修改,因此译本的文责由我承担。

译稿杀青之时,正值新冠肺炎病毒在世界范围内肆虐。现在的局势正如本书所预言的那样,这种全球性的事件并非单个主权国家在其地理框架内可以解决的。我们需要思考建立某种组织机制,以便各种人类集群(不限于既存的国家形态)团结起来应对全球性问题。相信只要人们为了"地球利益"而非"国家利益"在自己所在的层面展开行动,未来的道路自然会逐渐宽广。

孙若圣

2020 年 3 月 12 日

于上海

图书在版编目(CIP)数据

全球化与世界史/(日)羽田正著;葛兆光导读;孙若圣译. —上海:复旦大学出版社,
2021.1(2023.4 重印)
(复旦小文库)
ISBN 978-7-309-15420-7

Ⅰ.①全… Ⅱ.①羽… ②葛…③孙… Ⅲ.①全球化-研究 ②世界史-研究
Ⅳ.①C913 ②K107

中国版本图书馆 CIP 数据核字(2020)第 265325 号

GUROUBARUKA TO SEKAISHI
Copyright © 2018 Masashi Haneda
All rights reserved
Original Japanese edition published by University of Tokyo Press, Tokyo
Chinese translation rights in simplified characters arranged with University of Tokyo Press,
Tokyo through YIYUAN HEJUAN Agency, Inc., Peking

上海市版权局著作权合同登记号 图字 09-2020-570

全球化与世界史
(日)羽田正 著 葛兆光 导读 孙若圣 译
责任编辑/赵楚月

复旦大学出版社有限公司出版发行
上海市国权路 579 号 邮编:200433
网址:fupnet@fudanpress.com http://www.fudanpress.com
门市零售:86-21-65102580 团体订购:86-21-65104505
出版部电话:86-21-65642845
江阴市机关印刷服务有限公司

开本 787×1092 1/32 印张 10.375 字数 190 千
2021 年 1 月第 1 版
2023 年 4 月第 1 版第 2 次印刷

ISBN 978-7-309-15420-7/C·404
定价:48.00 元

如有印装质量问题,请向复旦大学出版社有限公司出版部调换。
版权所有 侵权必究